本书受国家社会科学基金项目（16BGL140）资助

流通产业发展对居民消费影响研究

LIUTONG CHANYE FAZHAN DUI JUMIN XIAOFEI YINGXIANG YANJIU

王世进/著

中国财经出版传媒集团
中国财政经济出版社

图书在版编目（CIP）数据

流通产业发展对居民消费影响研究/ 王世进著．—北京：中国财政经济出版社，2017.11

ISBN 978－7－5095－7742－4

Ⅰ.①流…　Ⅱ.①王…　Ⅲ.①流通产业－产业发展－影响－居民消费－研究－中国　Ⅳ.①F126.1

中国版本图书馆 CIP 数据核字（2017）第 230777 号

责任编辑：彭　波　段　钢　　　　责任印制：杨　军
封面设计：孙俪铭　　　　　　　　责任校对：徐艳丽

中国财政经济出版社 出版

URL：http：//www.cfeph.cn

E－mail：cfeph@cfeph.cn

社址：北京市海淀区阜成路甲 28 号　邮政编码：100142

营销中心电话：88190406　北京财经书店电话：64033436　84041336

北京财经印刷厂印装　各地新华书店经销

710×1000 毫米　16 开　13.5 印张　240 000 字

2017 年 11 月第 1 版　2017 年 11 月北京第 1 次印刷

定价：58.00 元

ISBN 978－7－5095－7742－4

（图书出现印装问题，本社负责调换）

本社质量投诉电话：010－88190744

打击盗版举报热线：010－88190492、QQ：634579818

前　言

“十二五”时期，我国要实现经济的可持续发展，转变经济增长方式，就必须将扩大内需、刺激消费作为新时期的国家战略。流通产业作为连接生产与消费的媒介，对当前我国扩大内需起着明显的积极作用。改革开放以来，流通产业作为一个独立的产业对国民经济做出了巨大的贡献，但是仍未摆脱效率低、成本高、集中度偏低、信息化、标准化、国际化程度不高等主要问题，较大程度上抑制了对消费的驱动，面对当前我国流通产业发展的现实，应积极实施流通产业创新驱动消费发展战略，为我国消费驱动战略注入新的活力和动力。

本书遵循现状分析—机理研究—情景模拟—调控政策的研究路线，综合运用产业经济学理论、系统动力学理论、计量经济学理论、发展经济学理论与产业可持续发展理论等基本理论与方法，从系统研究当前我国流通产业与消费的现状出发，深刻认识流通产业的发展定位，着重从宏观角度分析了流通产业发展影响居民消费的因素与一般机理，并对流通产业技术、组织创新、新型城镇化方面进行了重点陈述，构建了评价体系，进行了系统动力学仿真，在明确路径依赖的基础上，提出了流通产业促进居民消费的调控政策，主要内容如下：

(1) 流通产业与居民消费的现状分析。首先明确了流通产业、消费的内涵与范围，进而分析了两者的关系与特征，研究发现，近年来，流通产业对消费的促进作用已经凸显，但是流通产业成本居高不下、流通效率低下、流通企业同质化、大宗商品价格波动、供需矛盾等问题依然十分严重，总体呈现了“高成本、低效率”的特征，具有产业升级的复杂性与特殊性，同时受到消费目标的约束、产业结构单一、历史观念的影响，技术创新能力的不足，流通产业发展促进消费的动力不足。

(2) 流通产业的历史演变与地位问题。为了研究流通产业发展促进消费的问题，首先要明确流通产业在当今国民经济中的地位，不同的历史阶段，对于流通产业的解读存在着不同的观点，“流通无用论”“流通先导论”“流通基础论”“流通战略论”说法不一，本书基于1997～2007年的中国投入产出表，结合菲德模型，对流通产业的历史演变与产业关联进行了系统的分析与验证。研究表明，流通产业与当前国民经济各个部门的关联程度十分密切，尤其是制造业，流通产业在拉动工业化、城镇化增长方面能起到先导作用，同时，流通产业对建筑业、房地产与金融等行业的影响力与感应度系数都非常高，又可以得出其在国民经济中的基础地位的结论，通过投入产出价格模型分析，流通产业内部的价格波动对于国民经济安全，以及其他产业的价格稳定与经济安全作用也十分明显，可以确立其战略地位，本书通过逐层分析，认为流通产业在当今国民经济中的地位是“先导性、基础性与战略性”的综合体，随后还确立了与其他产业的扩张路径与约束路径，分析了流通产业的定位及发展，本书还结合地区实际、经济周期等不同阶段的特点对流通产业如何定位以及流通产业发展政策的制定提出了结论与建议。

（3）流通产业发展影响居民消费的因素与机理分析。流通产业作为独立的产业，其内部的产业发展水平、经营效益与发展环境是促进居民消费影响的关键因素，本书通过选取1995～2011年我国及31省区市的流通产业与居民消费数据，基于面板SUR模型进行了流通产业发展对居民消费的影响程度与关系的实证研究，研究结论表明，流通产业规模的扩大、经营效益的提高、产业环境的完善都对居民消费增长有着明显的促进作用，此外，从个体截距效应可以看出，我国东、中、西部地区流通产业发展对居民促进作用存在着较大的差异。

（4）流通产业技术创新影响居民消费的实证分析。降低流通成本、提升流通效率是我国流通体制改革的核心内容，本书从技术创新的角度对流通产业效率影响居民消费的程度进行了分析，认为流通产业内部的主体之间，是通过社会分工与交易费用的角度进行明确利益、产生流通过程的，本书通过建立数理模型分析了流通商参与流通过程的基础条件，随后，将流通产业效率划分为从业人员效率、零售网点效率、资本效率、企业效率等四大指标体系，进行了DEA模型的有效性计算，研究结果表明，从2000年以来，流通产业效率对消费率的提升作用明显，但是由于城市流通产业的饱和，农村流通市场的薄弱，导致有些年份未实现有效。因此，应积极加快农村流通基础设施、完善农村物流链；之后，本书又将DEA测算出来的规模效率、综合效率与技术效率作为影响因素，在钱纳里函数的基础上，分析了流通产业技术创新对消费的促进作用，结论显而易见，流通组织创新与技术扩散对于消费的促进作用十分明显，但是限于中小企业资金“瓶颈”与我国城乡二元制结构的弊端，我国流通技术与组织创新并未得到强化，一定程度上限制了对居民消费的贡献。

(5) 流通产业发展促进消费的系统动力学研究。通过构建流通产业发展因素对居民消费作用的SD模型，模拟在不同的政策情形下，流通产业各个影响因素对消费乃至经济活动的动态演化过程，对各个影响因素的冲击效应进行了拟合与敏感度分析，研究发现，消费总量、GDP、人口、流通产业总值与流通产业效率均通过了检验，依据因果反馈关系，结合政策效应，得出降税增补是流通产业促进消费的最佳政策选择。

(6) 流通产业对新型城镇化影响机理与因素研究，通过选取2000~2014年江苏省及其13市流通业与新型城镇化的相关数据，基于SYS-GMM与DIF-GMM动态面板数据模型实证分析了流通业对新型城镇化的影响因素与区域差异，主要的影响因素包括：流通产业规模、流通企业规模、人均社会消费品零售总额、流通业经营状况、流通业人均销售额、流通业人均年末固定投资额、城镇人均总收入。实证研究表明，新型城镇化与影响因素之间存在着长期均衡关系，各因素对新型城镇化进程的加快有明显的促进作用，此外，各因素对苏南、苏中、苏北新型城镇化的影响程度存在差异，流通产业规模、流通企业规模与流通业人均年末固定投资额最为显著。

(7) 流通产业发展促进消费的调控政策与保障措施研究，从政府、企业层面、产业发展与政策层面出发，根据流通产业发展影响居民消费的一般机理，构建了我国流通产业发展促进消费的政策调控体系，主要包括提升流通效率、改善流通环境、有效扩大流通产业规模、建立健全流通法律政策体系等方面。

作者

2017年8月

目　　录

第1章

绪　论

1.1 研究背景

不断深入的经济全球化趋势对日益激烈的市场竞争提出了更加严格的要求，随着市场价值的凸显与我国经济体制改革的深入，流通产业在国民经济中的作用愈加明显，流通产业已经不仅仅只是连接生产与消费的桥梁，更多地表现在其结构优化对我国扩大内需、刺激消费的作用。现阶段，我国市场结构已经从卖方市场转化为买方市场，流通产业的发展已经进入一个全新的阶段，流通产业的发展应该以我国“十二五”纲要为导向，不断刺激市场需求，从而保证经济健康良好快速的发展。随着人民收入水平的提高与消费者对商品需求的挑剔，消费者对商场及商品的服务性、效率性以及便捷性提出了更高的要求，不断完善我国流通产业服务体系，加速流通产业基础设施建设，由传统的商业经营模式向现代商业模式转变，已经成为我国全面建设小康社会的重要内容。

近几年来，流通产业的飞速发展对经济增长作用愈发凸显，在国民经济中的作用举足轻重，对拉动消费有明显的积极效应，如图1-1所示，我国流通产业的发展趋势基本与消费的趋势保持一致，流通产业对消费的贡献呈现增长趋势，2012年以来，我国的社会消费品零售总额已经跃居世界第三，实际增长12%，共计207167亿元，其中农村市场已经连续4年超过2万亿元，流通产业在这其中发挥的作用不容忽视；2012年来，我国网络零售已经超过12000亿元，占零售总额的5%；餐饮业收入比上年增长14%，一半以上的企业已经实现了多品牌、多业态的运营；粮食生产产量已经达到58957万吨，增产3%，农产品市场基本实现了农超接轨、农基接轨、农校接轨、农批接轨、农销接轨，增加了人民收入，刺激了农村市场的需求；各种“智能商店”频频出现，成为继互联网、物联网之后的科技新浪潮；连锁行业率先实行了“慢城模式”，尝试春节放假5天或者周二关门休息等举措，为“慢消费”服务转型做好了充分的准备。从以上事实可以看出，我国流通产业正在经历着重大的历史变革，也必将对消费革命带来极大的改善，根据IMF的预测，2013年、2014年全球增长平均速度将为3.5%、4.1%，这些数字预示着我国经济也会趋于缓慢，消费市场仍是十分活跃的市场，贡献力量将继续增强。我国经济也正在经历着由“快增长”到“慢增长”，由“快消费”到“慢消费”的重大变革。

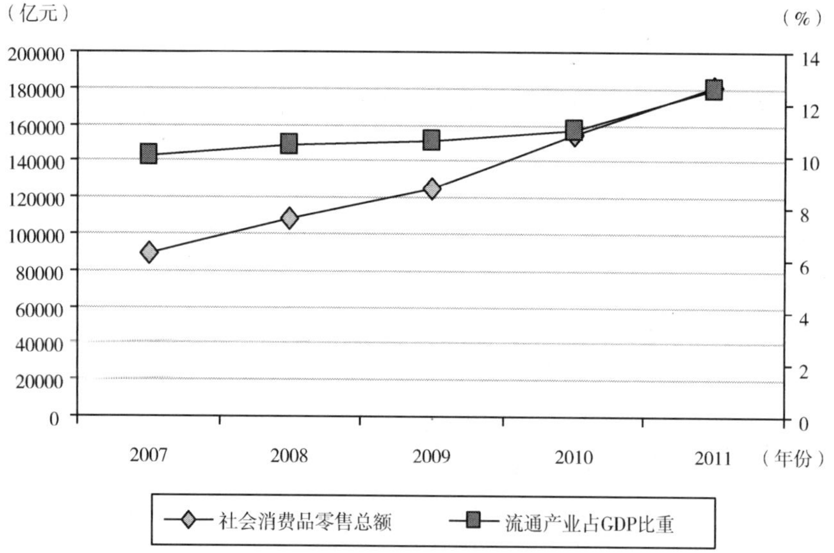

图1-1　国内流通产业与消费状况的变化趋势

消费是国内生产总值的重要组成部分，刺激消费需求、扩大内需是当前发展经济的重中之重，而流通产业发展水平是众多影响消费增长因素中较为重要的一个，流通产业的发展受限以及流通产业效率的低下都成为消费驱动经济增长中的“瓶颈”，流通产业作为生产与消费之间的媒介，不仅仅只是表现在价值链上的一个简单环节，它的产业组织形式、产业规模、产业管理水平、产业技术、产业基础设施，产业零售网点布局都直接影响着消费方式的变革、消费环境的改善、消费结构的升级以及消费效果的实现，尤其是在当前背景下，我国市场结构已经从卖方市场转化为买方市场，国内竞争演变成国际竞争，在市场出现总体过剩的局面下，流通产业在国民经济中的地位愈加重要，流通产业发展驱动消费领域也变成当前经济生活中研究的一个热点问题，流通产业的升级与发展与刺激消费需求息息相关。

长期以来，在学术理论界，“流通无用论”与“流通从属论”是流通领域中研究的主流；针对消费需求的驱动因素更多的是关注制造业升级、科技及制度因素，基本上忽视了流通产业对消费需求的驱动作用，因此，在目前的经济实践中，流通产业还处在粗放的发展阶段中，在国民经济中的比例不大，产业集中度低、网络布局乱、科技化、信息化、标准化、国际化程度不高，流通产业效率低、成本高是其主要特征，同时，城市化、工业化步伐的加快也对资源需求、环境压力、供需矛盾提出了较高的要求，如何加快流通产业结构升级，不断满足消费者在服务中的效率性与便捷性，加快在全国建设不同层次与阶层的流通服务体系势在必行，只有这样才能促进消费结构升级与消费水平的提高，全面建设小康社会。国家“十二五”规划纲要明确提出，“当前扩大内需的重点就是刺激消费，只有将经济转型重点转移到消费上来，才能保证我国国内市场的繁荣，解决这一问题，除了要兼顾分配公平、收入稳定，重点就是流通体制问题。”为此，2012年8月，国务院发布了《有关深化流通体制改革，加快流通产业发展的意见》，明确提出当前流通产业发展的核心思想就是通过各种金融手段与财税手段努力降低流通费用，提高流通效率，保障商业安全与引导消费，真正方便群众生活。

流通是连接生产与消费的桥梁。事实证明，越是收入相对较高、消费能力高的区域，流通产业创新能力也应该越高。消费提升是当前我国经济转型的关键。然而，从投资驱动向消费驱动的转型，需要破解包括流通体制改革在内的一系列制度“屏障”。随着城镇居民收入提升和城镇化的推进，消费潜力巨大，在启动消费需求的变迁过程中，流通产业应该发挥积极的作用，流通模式创新是消费驱动的重要助推器。流通产业如何通过完善自身以及不断创新来促进消费的快速实现，是摆在我国“十二五”时期及转变经济发展方式的现实问题。当前形势下，工业化、城镇化与现代化建设的不断加快使资源供需问题日益严重，建设低碳节约型社会成为社会发展的主流。

新型城镇化是现代化的必由之路，是最大的内需潜力所在。党的十八大以来，我国经济进入“新常态”阶段，以城乡统筹、城乡一体、产业互动、节约集约、生态宜居、和谐发展为基本特征的城镇化建设速度加快，从而有力推动了社会经济的稳定发展。流通产业是我国国民经济的先导产业，在城乡一体化进程，产业联动、内外贸供给侧结构性改革等方面起到关键作用，是生产与消费环节之间重要的中介，流通产业的长足发展与新型城镇化的建设密不可分，流通产业发展是城镇化建设过程中重要的驱动因素，关系着新型城镇化建设中的“以人为本”的核心思想的实现，具体表现在：一方面，流通产业可以有效转移农村劳动力，加快农村与城市的融合，促进产业结构的优化；另一方面，流通产业会扩大城镇的规模，增强城镇的功能，并改善城镇的环境。两者协调发展，有序并进是我国城乡一体化与经济可持续发展的重要途径与必由之路。

1949年后，受“重生产，轻流通”思想的影响，我国流通产业的发展方式较为粗放，产业结构未能优化，资金周转速度差，流通成本较高，流通效率十分低下，流通产业的整体发展不能满足日益更新的消费需求。一般来说，我国流通产业现存如下问题：

（1）流通产业的定位存在问题。

受“重生产、轻流通”观念的影响，我国对流通产业的定位一直悬而未决，大致经历了“流通无用论”“流通先导产业论”“流通基础产业论”“流通战略产业论”的阶段，随着消费市场更加开放、信息更加透明、新型业态及经营模式的层出不穷，新的市场经济形势下更需要全面系统地研究流通产业，对其进行合理定位，以适应目前消费驱动型的经济增长方式。

（2）流通产业的受重视程度、市场化程度不高。

长期以来，无论是从中央政府还是地方政府，对待流通产业发展并未给予较高的重视。主要体现在以下四个方面：首先，相对于工农业等基础产业的预算，各级政府对流通产业发展的资金支持与投入远远不够；其次，我国当前还存在着不同程度的地方歧视与保护主义，“市场大，流通小”现象严重，不易形成真正的国内市场流通一体化；再次，加入世贸组织后，我国长期依赖出口刺激经济，无形中形成了“重外贸、轻内贸”的观念，导致内贸体制存在着明显的政策导向性与不发达性，内外贸关系不协调，在税收政策与招商引资政策上，国内流通企业遭遇到不同的差别待遇与歧视；最后，由于流通产业隶属于第三产业，其本身的产业特征决定了在资源使用上，不管是用电还是用水都较之工业企业偏高，这些都会增加其经营成本与费用，而在政府层面，对上述诸多现象并未给予较多关注。

流通产业的市场化程度不高主要体现在我国流通市场分割严重与流通不畅。一方面，国外商品鉴于国内市场较高的交易成本与壁垒重重，不愿意进入国内；另一方面，国内商品也因为国内市场割据严重、渠道不畅无法“走出去”，不能控制国外的工业产权与渠道，迫使大量产品“外贸转内销”，两种情况导致我国流通产业长期处于“微笑曲线”的低端而赚取较少的产品附加值，无法抗衡外来风险，一旦遇到外国的反倾销行为，国内市场就很容易丢失，再加上国内市场内部格局不能优化，城乡市场分割严重，实现流通现代化较为困难。可见，无论是内外贸市场、城乡市场还是区域市场的分割，都无法实现资源配置的最优化，造成大量的生产浪费，无法与消费协调发展，产品积压现象严重，价值实现落后于价值创造，国内大市场无法形成。

（3）流通企业规模小、集中度低、竞争力不强。

从2007年以来，我国零售业全部商业零售额与社会消费品零售额的比重基本保持在35%的水平，实现了稳定增长，如图1－2所示。然而，衡量我国流通企业规模发展程度的指标是零售百强销售规模及其在社会消费品零售总额中的比重，尽管2011年我国流通产业该指标的规模已达2万亿元，比2010年增长20.9%，但是相比外国零售百强企业，我国零售百强企业整体的销售额仍与外国零售百强差距较大。2011年，我国零售百强企业零售规模总体达到16641.2亿元，占社会消费品零售总额的比例为10.6%，而美国在20世纪60年代就已经达到了这个水平。可见，流通产业在我国的发展还处于不成熟阶段，流通规模小、产业之间关联度低，关联信息缺乏、经营管理水平低下，不能实现现代化、信息化，流通结构不优化、流通效率低下，竞争力不强问题比较严重。

（4）流通环节过多、流通产业效率低下。

我国流通企业集中度低下，规模偏小，销售额低，与国外流通企业相差甚远，从零售业看，2011年，销售额高于1000亿元的流通企业寥寥无几，能进入百强的企业只有国美、苏宁、大商和百联四家，四家整体销售额仅占沃尔玛的70%。相比国外大型连锁企业流通环节少、效率高的特点，国内企业由于实力局限，大多都要经过批发环节，不能直接采用订单与采购，这种情况下，无形中增加了流通环节，造成物流成本过高，企业成本周转与商品流动率下降，流通产业效率低下。

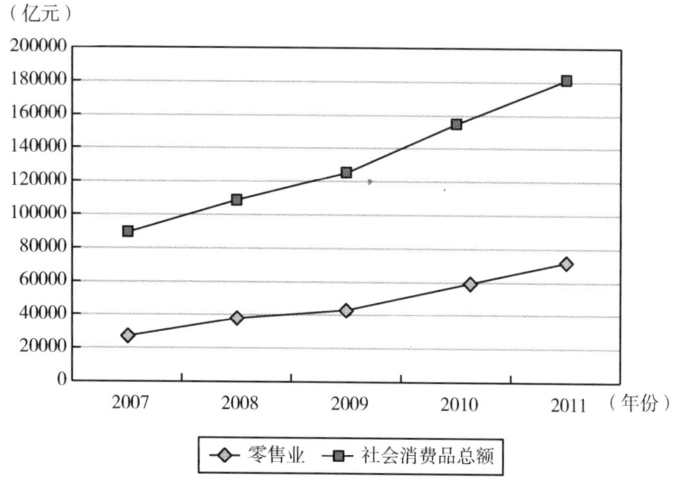

图1－2　国内零售业与消费状况的变化趋势

（5）流通产业盈利模式弊端多，对国内价格波动大。

流通产业内部还存在着严重的供需矛盾，这种矛盾的出现直接导致了我国流通产业盈利模式的弊端。以零售业为例，一方面，对于同一种产品国内外价格差异太大，很多消费者将“MADE IN CHINA”不远千里从外国捎回本国消费；更有一些奢侈品品牌在中国销售的价格远远要比国外高得多，例如，同样是家乐福卖场，西班牙的商品平均价格要较之北京卖场便宜一半以上。另一方面，我国的零售业多以百货店联营、入场费的形式来盈利，盈利基本靠保底倒扣，造成利润率不高，而随着各种成本费用上涨，导致长期亏损。

随着我国流通体制改革的推进，我国流通产业与流通企业面临着巨大的组织变革与利益冲突，并随之产生了一系列的问题：如何重新定位流通产业在国民经济中的地位及作用？流通产业如何有效地驱动居民消费，对消费的增长起到积极作用？这些问题的解决都有助于理顺流通产业与居民消费的关系，稳定流通产业发展，规范市场流通运行过程，建立并完善流通产业与消费协调发展机制。

总体而言，流通产业既要体现出消费需求的导向，也应起到传导消费需求的服务，这种反馈传导作用正是流通的服务功能，而从当前流通产业的实际情况来看，随着流通环节在我国市场经济发展中愈加重要，政策层面、观念层面、技术层面、软硬件层面等问题逐渐凸显，难以胜任这种传导作用的需要，流通环节中的诸多问题与消费的不适应趋于明显。而受政府政策、流通产业发展机理与路径等条件的约束，如果流通产业要促进消费发展，就必须转变经济发展方式，走集约化道路。流通产业的发展必须有序规划，流通产业促进消费效应与作用才能日益凸显。

1.2 问题的提出

基于前述研究背景，回顾与分析流通产业的历史演变以及在当前国民经济中的定位，研究流通产业发展对居民消费影响的一般机理及因素，明确流通产业发展促进消费的调控路径及模式，既能在宏观层面上有助于长期稳定流通产业与消费的关系，有效地保障我国流通安全和产业健康稳定的发展，又可以在微观层面引导流通企业与消费者规避市场风险，防止市场价格的大幅度波动，因此，本书以流通产业发展对居民消费的影响为研究对象，分析流通产业发展影响居民消费的因素及机理，为刺激消费，扩大内需寻找着力点。基于产业规模、产业结构、产业环境、价值链、价格、低碳环保等维度的考虑，总结流通产业发展影响居民消费的一般理论、探求演进机理与影响因素，并利用系统动力学模型（SD）模拟不同政策情形下，流通产业发展促进消费乃至整个经济活动的发展态势，最终确定我国流通产业发展促进消费的调控方式与政策建议。

基于以上考虑，结合国内学者的研究与数据的可得性、客观性，本书选择批发业、零售业与住宿餐饮业的数据代表流通产业，拟解决以下问题：(1) 我国当前流通产业的现状及存在的问题有哪些？这些问题是否对消费的增长不利？(2) 影响驱动我国居民消费的流通产业内部因素有哪些？其程度如何测度？影响方向与影响路径如何？(3) 根据流通产业发展影响居民消费的内涵与机理，如何规范合理的引导路径？如何实现路径的科学性与结果的可靠性？(4) 在新型城镇化进程中，流通产业是如何影响新型城镇化的，机理与因素是什么？(5) 如何制定流通产业促进消费的政策与保障措施？

1.3 研究意义

本书以流通产业发展影响居民消费为研究对象，采用统计分析、投入产出模型、面板数据 SUR 模型、面板数据 GMM 模型、SYS－GMM 与 DIF－GMM 动态面板数据模型、数据包络分析（DEA）与系统动力学（SD）等研究方法，致力于研究流通产业发展对居民消费影响的一般机理、因素分析与调控政策，本书的研究将弥补流通产业促进消费演进机理理论的空缺，完善流通产业发展促进消费的调控政策体系，为政府决策提供理论指导和政策依据。本书的研究有助于促进流通产业的有序发展，实现流通产业创新发展驱动消费战略，对目前波动剧烈的大宗交易商品价格的稳定与控制，供需矛盾的不均衡，国内外市场价格的安全，消费需求的增长，新型城镇化背景下国家应对金融危机和扩大内需有十分重要的理论意义和现实意义。

1.3.1 理论意义

（1）由于国外流通产业与消费发展的同步性，流通产业发展程度已经相当发达，与我国不同，长期以来注重对第二产业的发展，而忽视了流通产业的发展，流通产业的作用未能凸显且发展滞后，所以对比国外流通领域的研究，国内理论研究相对较少，实证研究更是凤毛麟角，通过研究流通产业发展对消费的促进作用，可以弥补该领域的理论空缺。

（2）在分析国内外学者研究的基础上，从产业关联的视角来重新验证流通产业在当前我国国民经济中的先导地位、战略地位与基础地位，并对其发展路径进行选择，这种研究有利于明确当前流通产业在经济增长中的先导作用与各产业之间的相互联系，确立流通产业在国民经济的先导、基础与战略地位。

（3）着重从流通产业的发展水平、产业效率、产业环境、产业经营效益等几个方面论述其对居民消费的促进影响，并展开机理分析，建立面板 SUR 模型。并以不同商品为例，系统地阐述流通产业发展影响居民消费的主要因素，论述流通在不同价值链环节对消费的促进效应，为找到合适的调控政策寻找着力点。

（4）流通产业发展对居民消费影响的核心问题是流通产业效率的改进与提高，这也关系到流通产业的技术与组织创新程度，该问题是经济领域一个关注的热点，通过分析流通产业效率影响居民消费的研究，构建评价体系，并从政策层面推动流通效率促进居民消费的测度与仿真，最后配以情景模拟，提出可行的调控路径，弥补了国内流通产业效率对消费促进效应的理论空白。

（5）本书运用产业经济学、系统经济学、演化经济学等分析方法，研究流通产业对消费的促进效应，揭示流通产业内部各因素对消费的促进作用，并通过1995～2011年我国及各省区市相关数据建立流通产业促进消费的评价指标体系及面板SUR模型，探讨两者的协整性，运用计量经济学的分析方法与系统动力学等方法模拟仿真流通产业对消费的传导路径，为提高流通产业效率，对国内消费提升与扩大内需提供理论基础。

1.3.2 现实意义

（1）通过对流通产业历年的投入产出表进行横向与纵向分析，能较好地发现流通产业在整个国民经济中的先导地位、基础地位与战略地位，也可以理清与其他行业的产业关联效应，尤其是对消费的影响作用，充分明晰流通产业在国民经济中的地位及历史演变。

（2）探索流通产业与消费的协调关系，找出目前流通产业驱动消费影响的因素与指标，研究其作用机理，构建面板SUR模型，能有效地提升未来流通产业的竞争力。

（3）通过流通产业对消费传导路径与模式的系统仿真，找出流通产业对消费，以及产业内部的因果反馈，便于国家以此为依据，统筹规划。一方面保证流通产业的可持续发展；另一方面可以缓解资源压力，有效地进行市场资源配置，切实提高经济增长质量。

（4）按照城镇化与全面建设小康社会的要求，研究流通产业发展影响居民消费效应。从本质上看必然能促进流通产业与消费的和谐发展，对构建节约型社会与和谐社会有重要的现实意义。

1.4 研究目标与研究内容

1.4.1 研究目标

（1）分析流通产业在国民经济中的地位。

分析我国流通产业发展现状及与其他各部门的投入产出关系，找出目前流通环节中存在的主要问题与弊端，为流通产业发展促进消费的调控路径与政策找到着力点。

（2）构建流通产业发展影响居民消费的因素体系及模型。

找出流通产业发展促进居民消费的影响因素，建立流通产业发展促进消费的影响评价体系，对流通产业发展促进消费的作用进行评价，形成动态、系统分析和监控的工具与模型。

（3）形成流通产业发展促进居民消费的调控政策。

根据流通产业促进消费的机理与调控路径，利用系统动力学模型（SD）研究流通产业促进消费的调控模式与政策效应，归纳流通产业促进消费的路径及政策方案，并明确提出相关政策与保障措施。

1.4.2 研究内容

（1）本书的选题背景与意义，明确研究对象的内涵、目标，研究思路与研究方法。详细综述国内外学者对流通产业发展对居民消费影响的机理、调控路径的研究，总结重要成果以及理论与研究方法上的缺陷，明确研究的切入点。

（2）界定本书研究对象流通产业与居民消费的内涵，总结并概括流通产业发展促进居民消费效应的理论基础，总结流通规模、流通形式、管理体制、流通发展的结构与速度等方面对居民消费促进的影响作用及研究动态，分析不同商品在价值链环节上对居民消费促进的机理。

（3）利用近年数据，系统地对流通产业的结构、规模、经营效益、区域特征等问题进行统计分析，并研究我国近年来消费市场的特点，包括居民收入水平、消费倾向、消费信心、消费结构等问题，对当前的流通产业及居民消费情况的现状进行详细阐述。

(4) 以钱纳里消费函数与产业关联为基础，对比分析 1997～2007 年全国投入产出表，对流通产业与其他产业进行全面比较，研究流通产业的产业关联效应，分析其上游生产端产业与下游消费端产业的投入与消耗，并对流通产业发展的路径进行选择，找出流通产业未来的发展方向及存在的问题。

(5) 根据上述现状分析与投入产出模型，从流通产业规模、产业效益以及产业环境三个方面探求流通产业影响居民消费的主要因素，并构建评价体系，通过面板 SUR 数据模型分析两者的协调关系及影响程度，找到流通产业发展促进消费的动力。

(6) 流通产业效率提升与技术创新是解决流通产业发展促进居民消费的最关键问题，根据以上指标分析，通过构建流通产业效率影响消费率的动力模型，以数据包络分析（DEA）为主，选择流通产业指标作为投入，消费指标作为产出，着重测算目前流通产业效率促进消费的效应，进而通过钱纳里消费函数构建流通产业效率与消费率的面板数据 GMM 模型，得出流通产业技术创新程度对消费的促进影响。

(7) 情景模拟与路径选择。通过系统动力学模型（SD），根据流通产业发展影响居民消费的因素，假设两种政府模拟策略：政府补贴与降税，定量计算政府单位价格补贴阈值，结合仿真模拟路径，找出不同情境下的流通产业对消费乃至经济发展的促进效应的路径依赖与传导方式。

(8) 流通产业对新型城镇化的影响机理与影响因素研究，选取 2000～2014 年江苏省及 13 市流通业与新型城镇化的相关数据，基于 SYS－GMM 与 DIF－GMM 动态面板数据模型实证分析了流通业对新型城镇化的影响因素与区域差异。

(9) 流通产业发展促进消费的政策建议与保障措施。根据本书的情景模拟，从政府、企业、居民消费等方面提出相关的政策建议与保障措施。

(10) 结论、建议与展望。详细分析全书的一般结论，在总结国际经验基础上得出全书的结论，对书中的创新点与不足进行归纳。

1.5 研究方法

本书以流通产业发展对居民消费的影响为研究对象，以研究流通产业发展促进消费的一般机理与调控路径为重点，在研究过程中，本书汲取国内外学者的研究重点，遵循定量分析与定性分析相结合、整体与分解相结合，理论联系实际的原则，结合本书内容，研究方法主要包括以下几个方面。

（1）理论分析法。运用系统自组织理论、产业经济学理论、创新理论，从理论牵引、制度变革、统筹规划、资源整合等视角，点面结合展开研究。

（2）产业关联分析方法。以产业关联为视角，建立投入产出模型，整理1997～2007年投入产出表，通过后向关联测度方法（计算直接消耗系数、完全消耗系数）、前向关联测度方法（计算直接分配系数、完全分配系数）分析流通产业与其他产业的投入产出关系，并通过2007年流通产业的直接消耗系数、完全消耗系数构建约束与扩张路径。

（3）面板数据模型。借助EViews6.0软件建立面板SUR模型，采用广义最小二乘法（GLS）进行估计，得到流通产业发展影响居民消费的因素；建立面板GMM模型，对流通产业效率与消费率之间的关系进行回归分析，采用SYS－GMM与DIF－GMM动态面板数据模型研究江苏流通产业对新型城镇化的影响机理与因素。

（4）数据包络分析（DEA）。借助DEA模型建立流通产业效率与消费率之间的输入输出关系，详细分解流通产业技术与组织创新对消费的促进效应。

（5）借鉴钱纳里消费函数，系统分析流通产业技术创新对居民消费的贡献，并验证其有效性。

（6）系统动力学。结合政策变量，通过系统模拟路径及因果反馈图，考察不同政策选择下流通产业对居民消费的促进效应。

1.6 技术路线

围绕研究内容，本书的研究技术路线如图1－3所示。

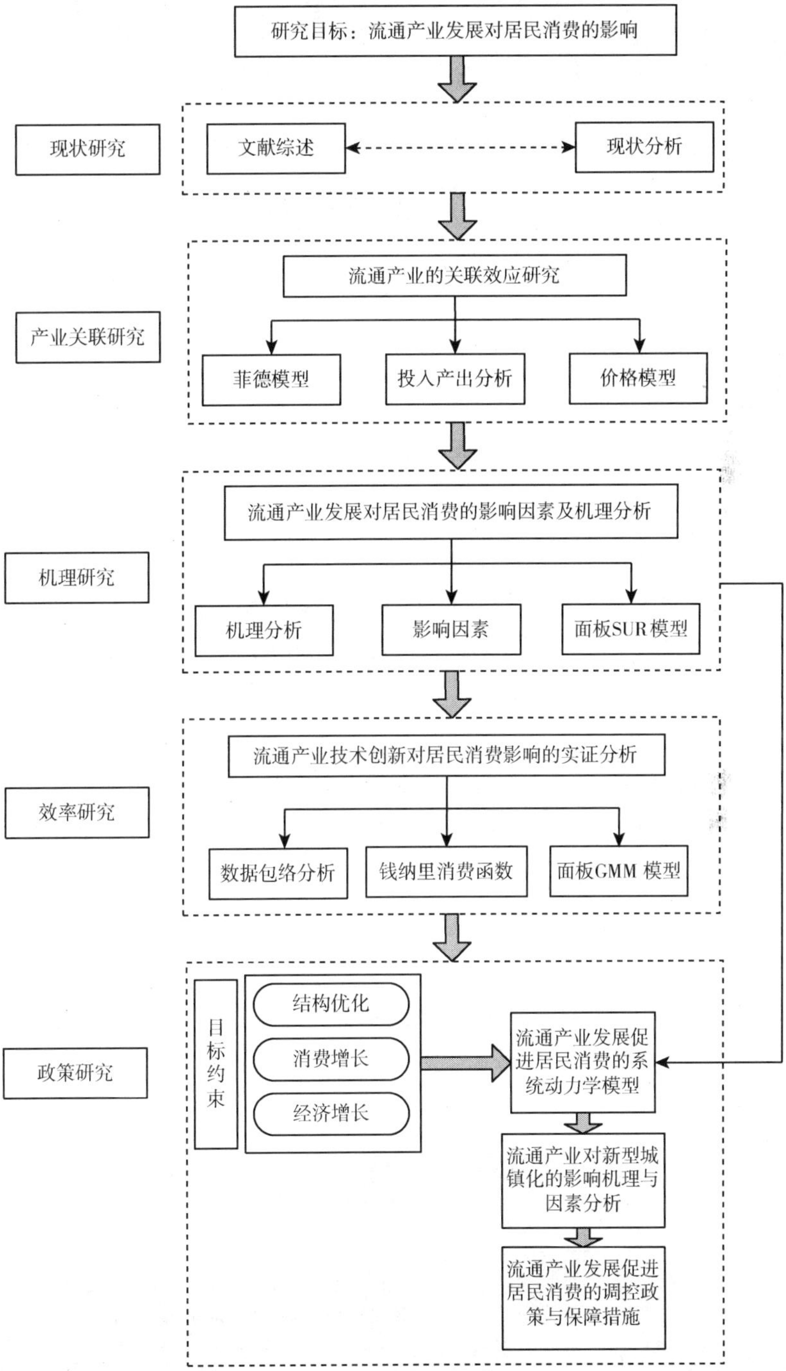
研究目标：流通产业发展对居民消费的影响
现状研究
文献综述
现状分析
产业关联研究
流通产业的关联效应研究
菲德模型
投入产出分析
价格模型
机理研究
流通产业发展对居民消费的影响因素及机理分析
机理分析
影响因素
面板SUR模型
效率研究
流通产业技术创新对居民消费影响的实证分析
数据包络分析
钱纳里消费函数
面板GMM 模型
政策研究
目标约束
结构优化
消费增长
经济增长
流通产业发展促进居民消费的系统动力学模型
流通产业对新型城镇化的影响机理与因素分析
流通产业发展促进居民消费的调控政策与保障措施

图 1－3　研究技术路线

第 2 章

国内外研究评述

2.1 流通产业的定位

2012年8月3日，国务院颁布了《关于深化流通体制改革、加快流通产业发展的意见》（以下简称《意见》），首次从国家层面对于流通产业定性，将原来的商贸流通业提升至流通产业的地位。此次《意见》较之前相比，不论从全面性还是权威性都有很大程度的提高，算是流通产业的纲领性文件。在市场经济条件下，商品价值日益凸显，流通产业作为一个独立产业，对国民经济的作用也日渐明显，系统地认清流通产业的地位并对其明确合理地指导，对国民经济健康发展意义重大。

改革开放以来，关于流通产业的定位基本存在着“流通无用论”“流通先导论”“流通战略论”等观点，在我国，关于流通产业的地位及历史演变，基本上形成了以下几种学说，当然这些学说的出现与流通产业发展的历史阶段与观念不无关系，各个观点与侧重点不同，但是都做出了比较详细的研究，具体见表2-1。

表2-1　不同历史阶段的流通在国民经济中的历史演变

代表人物	主要理论	基本特征
孙治方、卓炯、薛暮桥、高涤陈、徐从才	从属产业论	流通产业不是无用，而是商业经济中重要的组成部分，是国民经济发展中不可缺少的一部分

续表

代表人物	主要理论	基本特征
黄国雄、洪涛、宋则、王先庆	基础产业论	流通产业可以解决国民经济发展中的基础性问题，如提供产品与服务、吸收就业、保障社会安定、促进社会再分配、吸纳劳动力
刘国光 、程瑞芳、赵娴、黄国雄、丁俊发	先导产业论	较为主流的观点，定性方法分析居多，强调流通产业的高度关联，流通决定生产、创造需求
曹金栋、冉净斐、文启湘	战略产业论	强调流通产业已经是国家竞争力的构成部分，事关国家安全
刘子峰	其他	强调流通产业不仅是基础产业，还是先导产业，更应该作为战略产业、将流通业提升到战略产业的高度

2.2 流通产业与居民消费研究

关于流通产业发展影响居民消费的研究，国外学者重点从降低流通成本、改善流通环境等方面展开了研究。Cachon（2008）和 Mago（2010）通过实验研究表明流通过程中搜寻成本的降低可以优化市场资源效率的配置与降低均衡价格，直接刺激需求的增加，社会福利的提高。Watanabe（2010）则构建了生产者在流通中的内生演化模型，研究结果表明生产者可以通过对自身经营设施的投资与改善或者可提供产品的多样性，向消费者索要更高的产品售价，从而确保获取更高的净收益。Anderson（2009）则从换货成本角度证明了减轻消费者退换货成本的顾虑与风险，可以增加产品销售的数量，刺激需求的结论。Guiry（2008）和 Morrison（2011）则从不同的购物环境对消费者需求影响进行了实证分析，结论表明，购物环境是一种享乐型价值，高亢的音乐与浓厚的芳香是吸引消费者购物的重要因素，低沉的音乐与稀薄的芳香则会减少消费者的支出与逗留时间。

国内的学者在这一领域也进行了深入的研究，洪涛（2003）主张建立包括以现代流通理念、体制、管理、业态、基础设施、技术及人才在内的现代流通体系来开拓我国消费市场。万典武（2004）从振兴民族商业、扩大商业资本、提升商品质量、做大做强连锁企业等四个视角阐述了流通产业对消费的重要作用。朱成钢（2006）表明大力发展流通产业可以加快绿色消费的实施，流通产业能直接服务于绿色消费，可以有效改善绿色消费的环境。赵萍（2008）在总结国外流通体制先进经验基础上，从改革流通体制的目标、原则、管理重点等方面提出了具体的政策建议。李正明（2011）提出农村居民的消费能力还有待挖掘，而阻碍农村居民消费的重要原因就是农村流通产业的不发达。张先轸（2013）通过梳理国外相关研究，以社会分工导致生产与消费的分离为逻辑起点，从节约搜寻成本、解决道德风险与逆向选择问题、提供舒适的购物环境以及降低退换货成本等角度对流通促进消费的微观功能进行概括总结。在实证研究方面，文启湘（2010）运用DEA模型和相关资料对我国流通业发展和消费增长的协调促进关系作了分析和论述，进而判别两者相互支撑的有效程度；宋则（2010）则以扩大居民消费为主线，推动需求结构转型为着眼点，提出了流通产业增加消费的政策研究；李骏阳等（2011）利用偏最小二乘法，实证分析了流通产业对农村居民消费的影响，结论表明，发展流通产业对有效拉动农村消费市场，扩大农村消费支出有着积极有效的促进作用；祝合良（2011）则分析了我国流通产业发展不畅是当前消费不足与扩大内需的重要制约因素，通过案例分析，提出了扩大内需与我国流通结构调整的基本思路。贾晓琳（2011）运用Feldstein和Ascauser的模型，对城市、农村以及全体居民的人均消费、人均可支配收入和人均财政支出进行分析，得出：人均可支配收入、人均财政支出以及人均消费逐年增加，三者具有相同的趋势，同时人均可支配收入、人均财政支出的逐年增加，对于人均消费的提高具有积极的促进作用，而推动商品流通的良好发展，可以提高城市居民人均可支配收入以及增加政府财政支出，促进城市居民人均消费增加，即有效扩大内需。除此之外，政府机构要加强市场流通体系以及商品流通基础设施建设；开拓消费领域，完善消费政策；推动农村商品流通，刺激农村居民消费。

综上所述，流通产业发展影响居民消费的研究越来越受到重视，但也存在以下问题：（1）很多文献主要集中在对当前流通产业现状与政策的描述上，未通过实证进行验证；（2）研究方法多以定性为主，跨度长、数据全面的实证分析较少；（3）在运用定量分析方法中，选取指标存在着一定的片面性。

2.3 流通产业创新理论的研究现状

国内外学者对流通产业创新研究集中在：流通服务业战略创新、价值创新、体系创新、流通组织创新、流通模式创新、营销创新、技术创新、观念创新等方面。Theodoridis（2009）和 Masta（2011）认为商业组织集聚创新形成辐射能力强的商业街和城市商圈促使产品与消费集中到城市交通便利的区域；Hausman（2007）主张市场竞争促使流通商不断在服务与品牌上对新产品进行更新，无形中对消费者的支出有削减的作用；Basker（2009）利用计量模型验证了外资大型超市进驻，有利于加速国内商业之间的竞争，这种形式也可以为消费者带来福利的增加；夏春玉（2009）通过实证验证了城乡之间的互动与协调有利于流通组织革新的结论；汪旭辉（2002）指出了流通创新的必要性，并通过实证分析了其对 FDI 的溢出效应；荆林波（2013）通过建立指标体系分析了我国的流通产业效率，从模式、体制、机制三个方面提出了流通创新的途径；丁俊发（2013）则系统梳理了流通创新的文献，并在此基础上提出了流通创新驱动发展战略的论断，主要包括理论创新、制度创新、信息化创新等多项内容。

2.4 新型城镇化与流通产业研究

新型城镇化与完善流通体系是当前经济新常态形势下研究的焦点问题，城镇化建设是加快城乡一体化的动力保障，而优化流通体系是城镇化建设的重要内容。马克思和恩格斯（1961）认为分工即城乡分离，较为发达的工业与商业系统从传统的农业系统中分离出来可以体现城市的水平在进一步提高；杨小凯（2000）在此基础上进一步提出分工演进的结果便是城市化的过程，而城市之所以起源是得益于交易费用的节约与交易效率的提升；王水平（2013）基于城镇化视角对中国流通业发展空间问题进行了阐述与研究，他认为流通业内部的商业网点、服务分工、业态演进、技术创新与产业聚集是城镇化发展的内部要求。

在实证研究方面，国内学者多采用截面数据对两者的关系加以证明，并得出了不同的结论。在城镇化促进流通产业发展的研究上，晏维龙（2006）先后选取我国 1960 ~2001 年与 1960 ~2003 年的城镇化率与流通业增加值截面数据为研究对象，分别利用时间序列分析与协整分析及误差修正模型，得出了城镇化率每提升 1 个百分点，流通产业增加值将增长 2.436 个百分点的结论，直接验证了城镇化发展对流通产业的促进作用；朱发仓、苏为华（2007）在晏维龙的研究基础上，考虑不断变化的变量函数关系与我国城镇化地区差异，利用面板数据分阶段考察了我国城市化水平对流通业的发展影响，结论是城市化水平每增长 1 个百分点，流通业增长 1.1936 个百分点，而且东、中、西部的弹性系数不同，其中东部最高，西部最低。在流通业促进城镇化水平提高的研究上，王德章（2007）建立自回归分布滞后模型研究了我国流通业对城市化水平的影响，研究结论显示，从长期看，流通业发展可以带动城市的消费、就业乃至 GDP 大幅度增加；陈平（2008）通过协整检验我国城镇化率与批发零售餐饮行业数据，建立误差修正模型，证明了长短期内我国流通业发展是未来城镇化率提高的重要原因；王春宇（2009）从省会城市视角，聚类分析了城市发展状态，实证了流通业是城镇化发展的长期原因；陈阿兴（2015）以徽商促进城镇化发展的历程为例，认为流通业的长足发展能在城镇化的商品、要素、消费环境等方面提升其质量与内涵。在两者的互动关系研究上；赵文丽（2008）以长三角地区为研究对象，验证了不同区域城市化水平与流通业相互影响程度也不同的关系，提出合理的城镇化进程必须适应流通业发展的要求；曹静（2011）选取改革开放 30 年来我国城市化与流通业的时间序列数据，运用协整检验分析了城镇化进程与流通业之间互为因果关系，发现城镇化对流通业的促进弹性为 3.61，流通业对城镇化的促进弹性为 0.27，流通业对城镇化发展有重要的战略性意义；从颖睿（2014）通过面板数据模型得出了两者存在正相关关系，流通业对城市化进程具有长期正向促进作用的结论；方聪龙（2014）依托我国 2000 ~2013 年的城镇化与流通业时间序列数据，得出流通业是我国城镇化发展的格兰杰因果关系，而城镇化并不是流通业发展的格兰杰因果关系的结论；熊曦等（2015）通过构建流通业与新兴城镇化的协同发展测度指标，分析了我国各省区市新型城镇化与流通业协同发展水平，结论是江苏、浙江、上海、广东等沿海省市实现了优质协同。

2.5 本章小结

综上所述，国内外学者对流通产业与居民消费发展问题展开了许多不同角度的研究，这对丰富我国流通产业理论，促进我国流通体制改革与流通产业的可持续发展都有十分重要的意义。但是，随着市场经济环境的变化与生态环境的诸多约束，特别是当前流通产业地位历史演变规律的变化，对于流通产业如何促进消费提出了新的要求，流通产业的发展应该本着“降低流通成本，提高流通效率”的指导思想，优化产业结构，科学规划发展，走集约化发展道路。本书综合上述研究，认为应进一步加强以下领域的研究。

（1）虽然国内外学者从不同角度研究了流通产业与消费的协调关系，但是针对流通产业发展对居民消费影响的概念，学术界还尚未形成明确、统一的定义。对流通产业发展促进居民消费的研究迫切需要建立一套具有描述、分析和评价等功能的综合评价体系，以便能反映流通产业发展促进居民消费的各项政策的综合实施效果，制定科学、可行的流通产业发展策略，目前为止还没有学者构建流通产业发展促进居民消费的综合评价体系；

（2）在流通产业与消费需求的增长方面，大部分学者已经注意到两者的关系。但是对于两者关系的分析，实证分析较少涉及，即使涉及也未系统分析，本书在以上研究基础上，探求流通产业发展促进居民消费影响研究；国内学者对流通产业的研究多集中在区域、企业等层面，而系统地从全国及区域比较的研究还比较少有；研究成果未有新意，缺乏深度研究，纵观研究动态，国内外关于此方面的文献明显不足，长期以来对该领域的研究未能细化与系统研究。

（3）关于研究方法的使用上，学者多运用定性方法，研究思路比较单一，而运用计量模型、统计分析方法及综合评价方法几乎没有，没有数据的支持，研究的结果缺少新意与说服力，这也是为何在业界尽管强调流通产业十分重要，但是却未能真正引起相关部门重视的主要原因；尽管涉及实证分析，但是在选择指标上过于单一，方法也缺乏新意，未能理论联系实践，做到横向纵向比较的综合分析。基于以上研究，国内外研究综述为本书的研究展开留下了空间。在现有研究的基础上，本书做出了以下改进与创新：①系统梳理了当前国内外流通产业发展影响居民消费的相关文献，以流通过程为主线，从发展水平、经营效益、发展环境等角度构建了较为完善的影响体系；②选取 1995 ~ 2011 年全国及 31 省区市面板数据建立流通产业发展影响居民消费的模型，保证了实证分析的全面性与可信性；③运用面板数据（SUR）模型进行数理统计，可以有效地避免数据截面之间的同期相关问题，将流通产业对我国居民消费的影响进行系统分析，以期得到较有力的依据；④有针对性地提出流通产业对消费促进的对策研究，以期能对当前流通产业理论发展与政策制定提供借鉴。

（4）关于新型城镇化与流通业的关系问题已经引起国内外学者的广泛关注，但是仍对以下三个方面缺乏足够的关注：第一，许多学者从我国流通业与城镇化整体数据入手已经展开了较多的实证研究，但是从省域层面研究的文献还较少，尤其是本书选择流通大省——江苏省为研究对象，会对其他省区市研究乃至全国研究有带头与示范作用，研究视角也会更加聚焦区域特色与特点；第二，尽管一些学者对流通业促进城镇化发展问题进行了初步探讨，但是考虑因素不够全面，各个区域的流通业发展水平与城镇化水平存在差异，表现出来的影响因素也不尽相同，本书尝试以更多的流通业指标来分析其对城镇化的影响程度；第三，在研究方法上，大部分文献仍然采用时间序列数据分析与面板数据分析方法来验证两者的关系，这种实证研究方法只是从静态的角度分析两者的协整关系，本书选择 SYS - GMM 与 DIF - GMM 动态面板数据模型将流通业对城镇化的影响行为看作是一个动态的变化过程，可以克服模型的内生性偏误，较之以前的模型，有较大改善。

第3章

中国流通产业及消费市场发展态势分析

本章内容主要包括两部分：一是通过对相关数据的搜集及文献的查阅与调研，分析目前我国流通产业发展规模、经营效益、产业结构及区域分布特征，总结我国流通产业发展的现状及一般特征，探讨我国流通产业的发展态势与存在的问题；二是对我国近年来的消费市场进行态势分析，分析居民收入水平，居民消费倾向、居民消费信心与居民消费结构等基础问题，以此来明晰流通产业对消费市场的影响现状与态势。

3.1 中国流通产业的基本状况

改革开放以来，流通产业对国民经济的价值愈加凸显，在整个国民经济中的贡献举足轻重，流通产业产值增长迅速，其在国内生产总值与第三产业总值中的比重在2011年已经上升为12.6%与36.4%，社会消费品零售总额与进出口贸易总额进一步扩大，在2011年已经达到18.33万亿元和23.6万亿元，对比2000年分别增长了近5倍和4.5倍，年均增长率达22%与21%，平均水平均高于GDP的增长速度10%，如图3-1所示。流通产业产值在第三产业的比重继续保持37%的速度增长，已经成为服务业中最重要的部门，如图3-2所示。因此，流通产业作为扩大内需、刺激消费的重要力量，在当前国民经济中的地位不容忽视，尤其是我国加入世贸组织（WTO）后，市场价值日益凸显，加上流通作为生产与消费之间重要的桥梁和纽带，对消费及GDP的贡献也越来越大，具体见3-1。在当前扩大内需保增长的方针下，其承担着实现相当部分消费需求转化的职能，充分了解我国流通产业的发展现状及存在的问题，对于解决当前流通产业存在的“重生产、轻市场，重投资、轻消费”问题会起到积极的作用，同时，也有利于流通产业的可持续发展。

表3-1　　　　2007~2011年流通产业发展及贡献情况

流通产业发展指标	2007年	2008年	2009年	2010年	2011年
行业增加值（亿元）	4459.3	6176.6	5301.8	8703.18	10300.3
占GDP比重（%）	10	10.4	10.6	11	12.6
税收增额贡献（亿元）	10817.62	8601.82	8880.21	11211	12232.11
占全国税收增额比重（%）	13.94	24.74	27.82	31.7	32.6
从业人员（万人）	946.7	1137.4	1149.7	1283.3	2344.6
占从业人员数比重	1.26	1.5	1.52	1.69	1.76

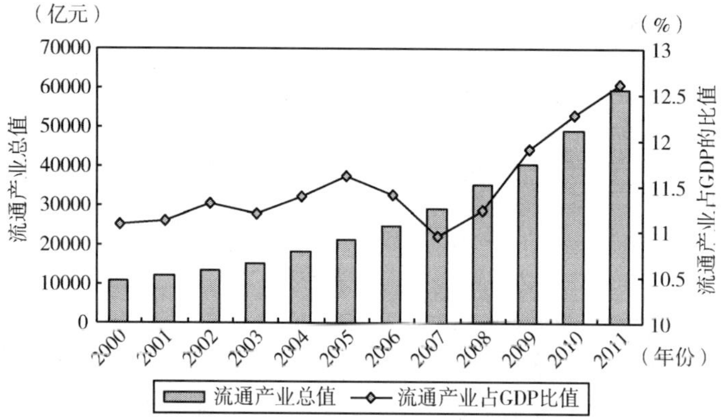

图3-1　流通产业产值占GDP的比重

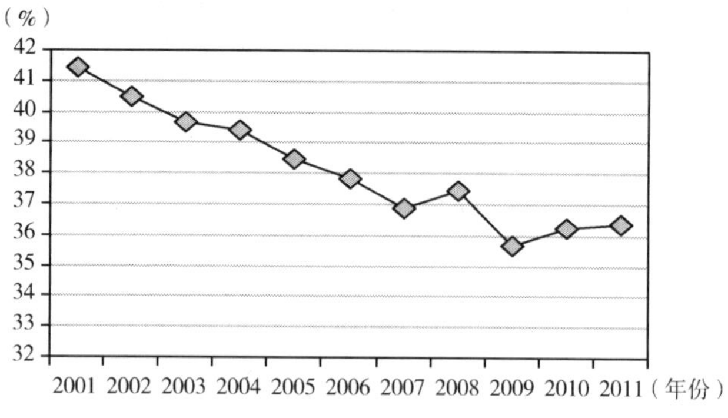

图3-2　流通产业产值占第三产业的比重

从表3－1可以看出，总体来看，随着市场价值日益凸显，买方市场地位的确定，尽管受到了2008年国际金融危机的冲击，流通产业的各项指标从2007年来仍然有大幅度上升，流通产业对国民经济的拉动作用十分明显，流通产业在国内生产总值的比重稳中有升，总体保持在11%的增长速度，从业人员规模不断壮大，由2007年的946.7万人增至2011年的2344.6万人，利税总额也从2007年的10817.62亿元增长到2011年的12232.11亿元，增幅迅速，较好地说明了流通产业在经济增长中的助推作用。尽管流通产业对经济增长的作用十分凸显，但是不难发现，我国流通产业在国民经济中的比重不高，平均保持在11%的比例，这一比例与世界平均水平20%相比还较低；对比图3－2也可以看出，流通产业在第三产业的比重已经很高，比例保持在36%，并以9.2%的速度增长，但是从2001年以来，流通产业在第三产业的比重差距不均衡，有些年份比较接近，有些年份差距较大，说明流通产业平均增速要比服务业低，并未表现出较强的稳定性，所以也要给予高度重视。

本章正是通过分析流通产业在增长过程中的一些数据与特征，找出其整体与结构变化上的差异，这样可以为确定流通产业在国民经济中的地位与影响因素找准着力点，也可以对流通产业进行全面的认识，同时为后面分析奠定基础。对于我国流通产业现状，本章着重从流通产业的规模、经营效益、产业结构、区域分布特征等四个方面进行阐述，并做出相应的总结。

3.1.1　中国流通产业的规模

改革开放以来，中国流通产业经历了由小到大、由弱到强的发展阶段。自1995年以来，我国社会消费品零售总额逐年增长，已经由1995年的不足2.4万亿元增长至2011年的18.33万亿元，增长速度基本保持在17%～18%，但是增幅十分不稳定，特别是受2008年国际金融危机的影响，社会消费品零售总额的增长率从2008年的28.7%降至2009年的15.54%。这表明虽然我国消费总量不断增长，但是抗外界风险能力还有待进一步提升，我国经济发展过程基本实现了“软着陆”，由“快增长”向“慢增长”发展，如图3－3所示。

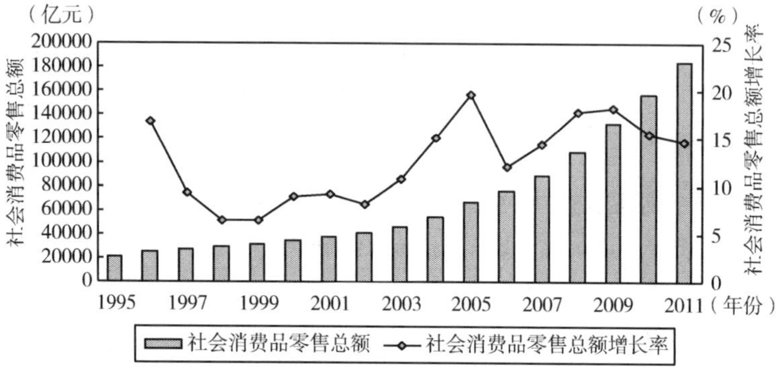

图 3-3　我国社会消费品零售总额变动态势

表 3-2 列出了我国流通产业发展的基本态势，该表主要包括流通产业的产值、增长速度、产值在 GDP 的比重以及流通产业就业人数在第三产业与总就业人数的比重，这些指标基本上可以较好地来描述我国流通产业的规模。

表 3-2　　流通产业规模态势

年份	流通产业增加值（亿元）	增长速度（%）	流通产业产值占 GDP 比重（%）	流通产业就业人数占第三产业比重（%）	流通产业就业占总就业人数比重（%）
2000	1799.3	12.8	11.1	33.9	9.3
2001	2008.0	11.6	11.1	33.5	9.3
2002	2204.8	9.8	11.3	33.4	9.6
2003	2420.9	9.8	11.2	33.7	9.9
2004	2769.5	14.4	11.4	33.9	10.4
2005	3137.9	13.3	11.6	34.2	10.8
2006	3646.2	16.2	11.4	34.5	11.2
2007	4459.3	22.3	11.0	34.8	11.7
2008	6176.6	19.8	11.2	35.1	12.2
2009	5301.8	19.5	11.9	35.4	12.3
2010	8703.2	20.1	12.2	36.3	12.5
2011	10300.3	20.3	12.6	37.4	12.7

从流通产业产值的基本状况可以分析，我国流通产业的增加值保持了较高的增长速度，从 2000 年的 1799.3 亿元增至 2011 年的 10300.3 亿元，增加幅

度为8501亿元，从流通产业增值的速度来分析，我国流通产业增长速度并不稳定，出现了一定的波动性，2002～2003年出现了一次较小的波动，有所下降，从2004年一直到目前基本上保持着稳定的增长趋势，到2011年，增速已经达到20.3%。

从流通产值占GDP比重可以分析出，流通产业占国内生产总值的比例基本是呈稳定递增趋势的，各年的增速变化不大，基本保持在16%的水平，对比图3－2发现，我国流通产业在第三产业的比重虽然基本稳定，保持在36%的比重，但是已经有明显的缓慢下降趋势，这说明，流通产业规模在第三产业中的比重相当大，属于第三产业内部比较重要的部门，但是我国流通产业增加值占GDP的比重与发达国家还存在着较大差距，对比美国与日本流通产业增加值占GDP的比重，我国流通产业增加值占GDP的比重刚刚达到发达国家20世纪90年代的水平，具体见3－3。这也预示着要提升国内生产总值就要大力发展服务业，而发展服务业的前提就是促进流通产业的发展。

表3－3　　发达国家流通产业增加值占GDP比重　　单位：%

时间	美国	日本
20世纪70年代初	16.2	13.7
80年代初	13.9	14.0
80年代末	15.8	13.6
90年代初	16.7	13.9
21世纪00年代末	19.5	20.1

如图3－4所示，从流通企业的数量与从业人数来看，我国流通企业的数量与从业人数也呈递增趋势，产业规模总量不断增大，从业人数逐年增多。1995～2011年，限额以上流通企业数量由18852家增加到147719家，从业人数也相应地从407万人增加到1123万人。流通产业总人数从2000年的6715万人跃居到10325万人，就业人数在第三产业和总就业人数的比重从2000年的33.9%与9.3%增长至37.4%与12.7%，总体来看，流通产业就业人数占社会就业人数的比重逐步上升，基本保持12%的速度，这说明流通产业对接纳社会就业的能力十分巨大，尤其是在城镇化建设的过程中，流通产业可以起到安排农民工进城及吸纳农村人口流动的作用，国家应在就业领域着重鼓励更多农村务工人员从事商品流通领域。

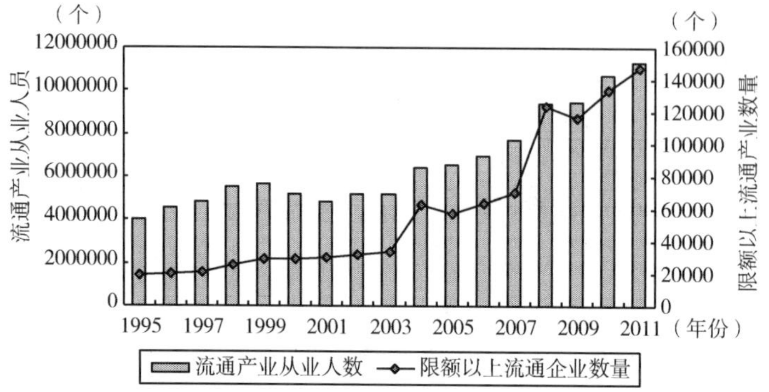

图3－4　1995～2011年流通产业从业人数与流通企业数量图

表3－4给出了2007～2011年我国亿元以上商品交易市场的发展状况，从表中可以看出，我国市场规模一直呈增长趋势，摊位数与成交额逐年递增，其中成交额以18%的速度递增，可见我国消费市场能得以繁荣一方面来自我国居民收入的不断增长，另一方面来自我国流通能力的不断提升较好地满足了市场有效的供给与消费。

表3－4　　亿元以上商品交易市场发展状况　　单位：亿元

年份	市场数量	摊位数	成交额	批发	零售
2007	4121	268.16	44085.1	35871.5	8213.6
2008	4567	283.19	52458.0	43120.0	9337.9
2009	4687	299.48	57963.8	48308.2	9665.5
2010	4940	319.33	72703.5	60954.9	11748.6
2011	5075	333.47	82017.3	69390.8	12626.5

从限额以上批零行业的购销情况来看，与商品交易市场一样，近年来呈现递增趋势，从结果上看，2011年的总额均比2007年有大幅度增长，甚至翻倍，也可以发现，我国在批零行业的销售额基本大于购进额，处于顺差的状态；进一步测算可知，我国批零行业的库存率一直呈现增长趋势，我国2011年商品库存总额占GDP的比例达到5%左右，这一比重与发达国家相比还有一定差距，因为按着发达国家的经验，库存率不应该超过1%，而发展中国家不应该超过5%，我国应在这方面加强管理，降低库存率，减少库存成本（见表3－5）。

表3-5　　限额以上批零行业购销存情况　　单位：亿元

年份	2007	2008	2009	2010	2011
批发业商品购进额	104832.5	152557.5	143008.7	199150.1	266077.1635
零售业商品购进额	24080.1	31481.9	36194.2	48890.8	62083.0938
批发业商品销售额	105619.9	170260.2	157834.6	219121.1	288701.0131
零售业商品销售额	27121	37969.6	43331.6	57514.6	71824.8855
批发业期末库存总额	37969.6	11675.8	11848.3	14712.2	18328.9843
零售业期末库存总额	2543.3	3692.4	4175.7	5104.6	6650.3388

如图3-5所示，限额以上流通企业中，1995~2011年，企业数量不断增加，从业人员数量不断上升，这些数据都体现出流通产业规模的发展壮大；从业人数的不断增加，对促进劳动力就业产生了较大的推动作用。但是，从图中也可以看出，流通产业的企业数量增长率十分不稳定，从业人员数量变化比较大，这表明我国流通产业的体制发展还不健全，在我国流通企业的所有制形式中，99%来自中小企业，这些企业的从业人员的素质不高，诸多生活保障不能保证，离岗率高，从业人员的增长率出现了较大的波动，所以国家应对中小流通企业给予鼓励与支持，保障企业能留住流通人才，改善企业条件与环境，壮大规模。

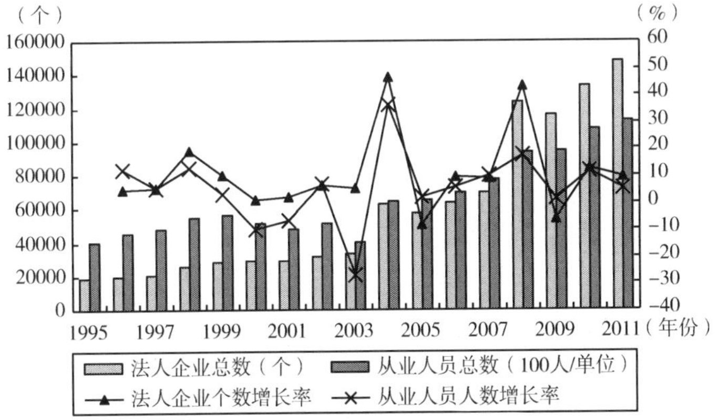

图3-5　限额以上流通企业基本情况

注：此处流通企业指批发业、零售业、餐饮业、住宿业中限额以上的企业数量，下同。

3.1.2 中国流通产业的经营状况

流通产业的发展离不开各类流通企业利润率的提升，我国流通企业大部分以中小微企业存在，经营效益的好坏直接关系到企业的生存与发展，我国流通企业的经营收益提升主要来自国家对流通产业的固定投资投入与要素投入，其中主要包括资本与劳动力及人均增加值与单位资本增加值的投入，如图3－6、图3－7、图3－8、图3－9所示。

从图3－6可以看出，2000～2011年，我国流通从业人员已经从2000年的6715万增长到10512万人，增幅接近一倍，平均增速为5%，2004～2005年出现了一次下降，这与当时我国政府对经济运行过程中的投资过热行为进行控制有关，但是2000～2011年，我国流通产业在劳动投入上一直呈现递增趋势，较好地阐释了流通产业在我国具有强大的吸纳劳动力的作用。

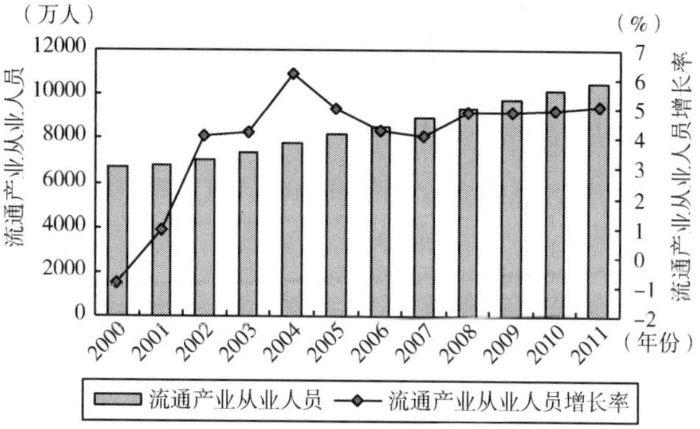

图3－6 流通产业的劳动投入

流通产业资本的投入也是支撑产业前进与发展的重要因素，从2000～2011年分析数据可以得出，我国流通产业在资本投入上保持了较高的增长速度，从2000年的5545.86亿元增长到2011年的49470.4亿元，尤其是从2003年以后，资本投入保持了24%的增长速度。但是也可以发现，我国流通产业的资本投入从2002年以来出现了较为稳定的投入增长趋势，说明我国流通产业内部要素的投入结构从2002年以来出现了结构上的改善，这与国家在这一阶段提倡经济增长方式由粗放型向集约型转变有关，流通产业的内部要素结构发生了根本转变。

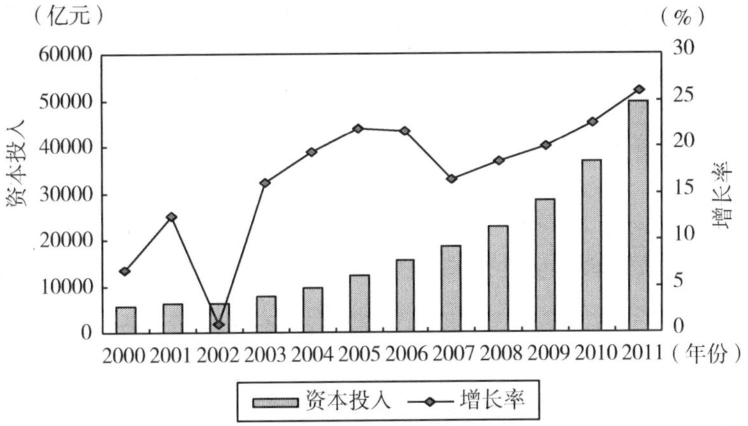

图3-7 流通产业的资本投入

人均增加值可以在一定时期内体现我国流通产业内部的劳动生产率水平，从图3-8可以看出，我国从2000~2011年的流通产业人均增加值不断提升，从2000年的1299.16元增加至2011年的4412元，增加3112.84元，增长速度为正，体现出随着流通技术的革新与组织程度的加深，我国流通产业在劳动生产率上有了大幅度提升，产出的经营效益有了大幅度的改善。

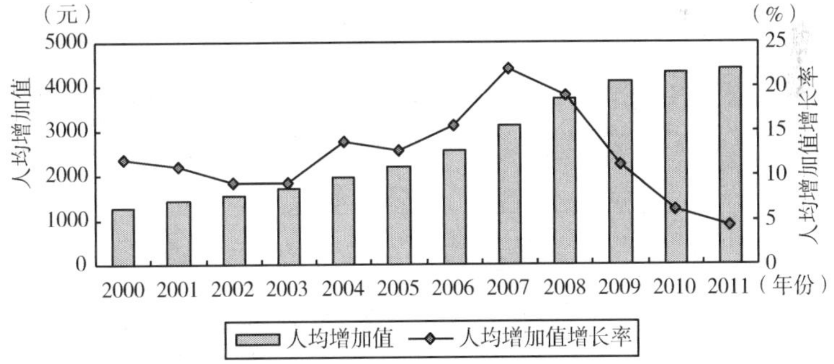

图3-8 流通产业的人均增加值

单位资本增加值主要体现流通产业的资本运用水平，从图3-9来看我国单位资本增加值变化幅度比较大，从2000年的1.94降至2011年的0.67，表示我国流通产业的资本产出水平有所下降。根据这一分析可以得出结论，未来我国应该在改善流通效率方面，注重加强对流通企业资本效率的管理，不断改善其状况，这一结论也说明我国流通产业仍然处于粗放型发展的阶段，属于劳动密集型产业，劳动生产率大幅度上升，而资本增加值却在下降，因此，流通产业的要素投入结构还相当不合理，只有转变流通产业增长方式，流通产业的单位资本增加值才能明显改善。

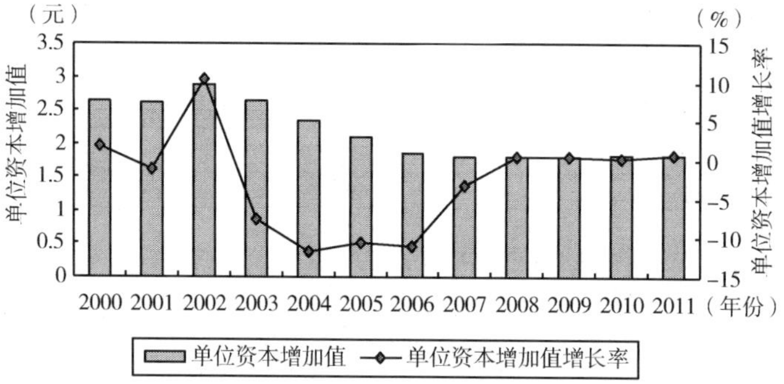

图3－9　流通产业的单位资本增加值增长率

如图3－10所示，流通企业主营业务收入逐年提高，由1998年的23260.8亿元逐步增加到2011年的327930亿元，占当年GDP的比重也由27.6%增加到67.3%。2008～2009年，由于受国际金融危机的影响，流通产业主营业务收入和占GDP的比重均有所下滑，但之后基本实现了连年稳步提升，这是由于国家适当调整宏观经济政策，使流通产业在面对危机时实现了稳步发展。从以上分析可以得出，1995～2011年，我国流通产业实现了快速发展，企业数量、从业人员、主营业务收入均实现了大幅度的增长，主营业务收入所占GDP的比重越来越高，这反映出流通产业在国民经济中占据着十分重要的位置。

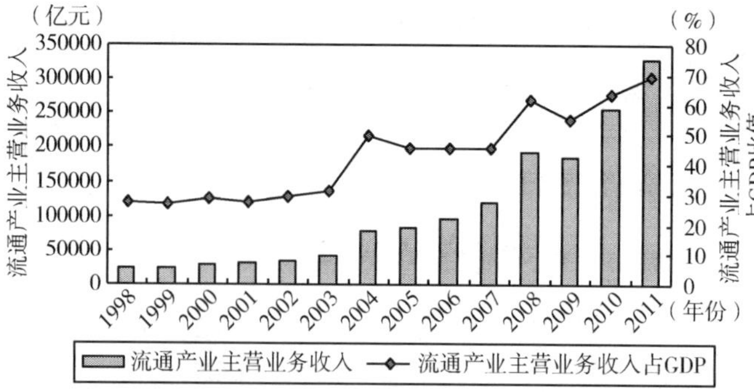

图3－10　流通企业主营业务收入及GDP占比统计

注：（1）2003年前数据不包括餐饮业和住宿业中主营业务收入，2007年数据不包括住宿业中主营业务收入。

（2）此处流通企业为限额以上批发业、零售业、餐饮业、住宿业中的企业。

由于本书研究的流通产业由批发业、零售业、住宿业、餐饮业四个部分构成。根据四个行业 2008 ~ 2011 年限额以上企业主营业务收入统计图 3 – 11 可以看出，批发业在流通产业中所占比重较大，批发行业主营业务收入远超其他三个行业营业收入之和。

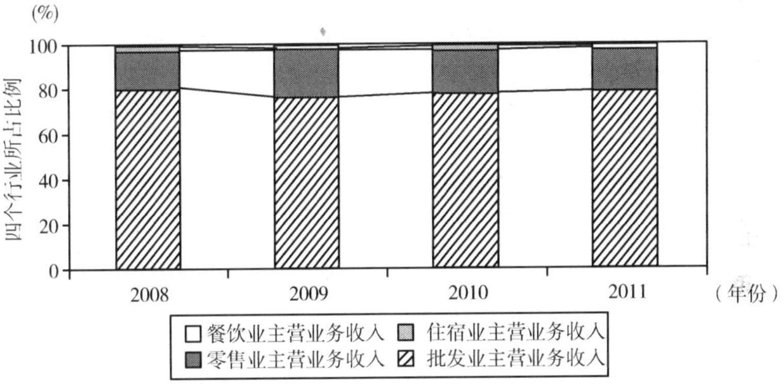

图 3 – 11　2008 ~ 2011 年限额以上企业主营业务收入统计

此外，在资产规模上，批发行业也远远大于其他三个行业之和，且 2008 ~ 2011年，住宿业资产呈稳步上升态势，其他行业所占比重变化不大，如图 3 – 12 所示。

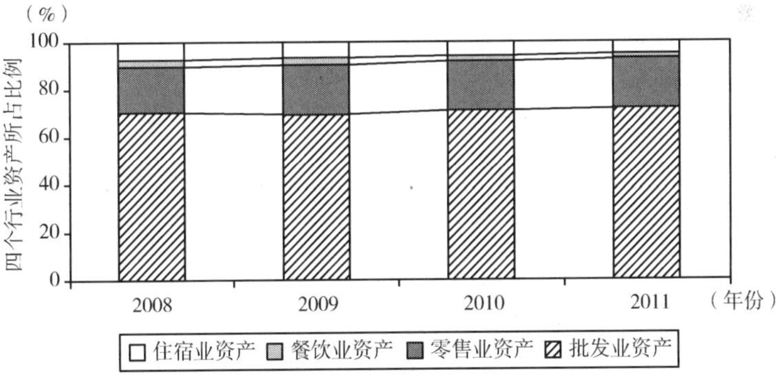

图 3 – 12　2008 ~ 2011 年限额以上流通企业资产规模统计

综上所述，目前流通产业内部经营结构不甚合理，批发业所占比重过大，零售业、住宿业和餐饮业的发展空间还十分巨大。中国流通产业在整体壮大的同时还需要在内部进行合理的结构调整，以期得到长远发展。

3.1.3 中国流通产业的产业结构

流通产业集中度是反映流通产业内部规模以上企业所占市场份额的比重，这一指标从一定程度上反映了产业内部的垄断程度与竞争程度，流通产业集中度的高低直接关系到流通企业内部的市场交易行为，进而影响流通市场绩效。

流通产业集中度的指标主要用流通产业内部各行业的大企业所占市场份额情况来反映，一般有 CR_4 与 CR_8 来表示，其中，CR_4 是指在该产业内部前四位企业的市场占有率，CR_8 则指在该产业内部前八位企业的市场占有率。其计算公式与判断标准如下：

$$CR_n = \sum_{i=1}^{n} x_i / x = \sum_{i=1}^{n} s_i \qquad (3-1)$$

式（3－1）说明，在流通产业内部的销售总数是 x，第 i 个企业的销售数为 x_i，则 s_i 为该产业的市场集中度，其中 n＝4 或者 8。根据芮明杰等人对产业集中度的分类方法见表 3－6。

表 3－6　产业市场结构分类

系数	竞争型	寡占Ⅴ型	寡占Ⅳ型	寡占Ⅲ型	寡占Ⅱ型	寡占Ⅰ型
CR_4	<30	[30，35]	[30，50]	[50，65]	[60，75]	≥75
CR_8	<40	[45，75]	[45，75]	[70，85]	≥85	

2011 年，我国“零售百强”的商品销售额是 20000 亿元，占社会消费品零售总额的 10.9%，其中 CR_4 与 CR_8 的指标仅为 2.1% 和 3.1%，参照表 3－6 可知，我国的流通产业集中度仍然是竞争型，但是较之往年也略有改善，究其原因，一是随着我国加入世界贸易组织，批零行业已经全面开放，各级政府鼓励企业做大做强，向集团化发展；二是因为更多的企业愿意参与到市场竞争中去，不断增强自身的实力，以及将自身具备从垄断竞争到寡头垄断的市场竞争特征参与到更激烈的市场竞争中，所以在这一阶段并购、兼并等形式比较典型。

广义上我国流通产业内部结构主要包括批发业、零售业、住宿业、餐饮业、交通运输仓储与邮政通信业。由于本书选定统计意义上的流通产业进行研究，因此，只对批零行业与住宿餐饮行业进行了统计分析。

从图 3－13 可以看出，我国批发零售业的产值 2004～2011 年保持了较高的增长率，2006 年出现了一次下降，但是其产值在整个 GDP 的比重一直保持在 9%，这一数据体现了批发零售业在国民经济中的传统产业地位。

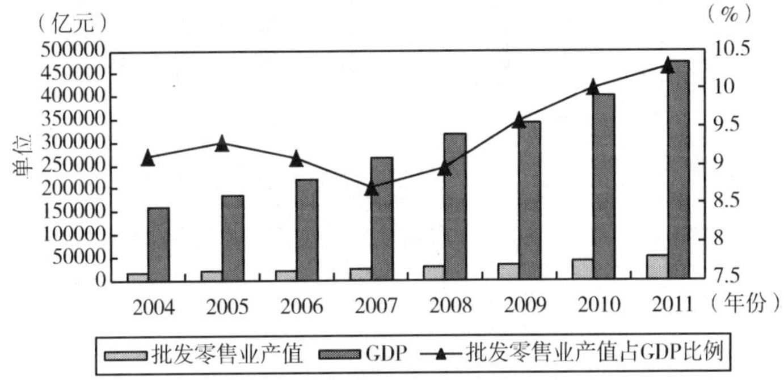

图 3－13　2004～2011 年批零行业产值所占 GDP 比重

根据图 3－13 和图 3－14 分析可知，我国批零行业在整个国民经济中的贡献从 2004 年的 14584.96 亿元增长到 2011 年 48610.50 亿元，增长率基本保持在 8.5%，而对比其在我国流通产业的比重，则从 2004 年的 80.12% 增长到 2011 年的 81.57%，并且呈现了一定的波动性，在一定程度上也反映了流通产业内部的差异性与主体性。

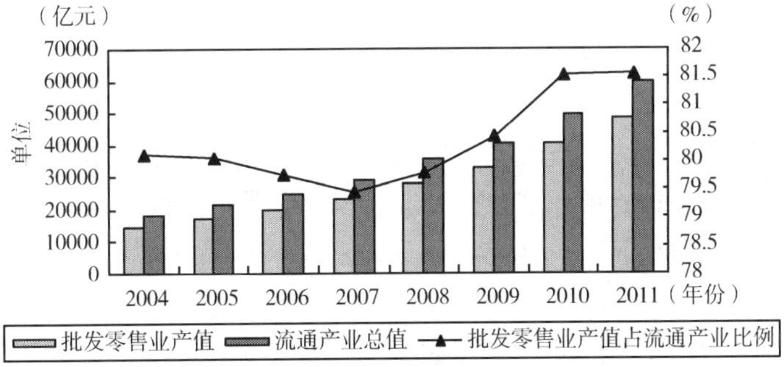

图 3－14　2004～2011 年批零行业产值所占流通产业产值比重

从图 3－15 和图 3－16 可以看出，我国住宿餐饮业的发展一直不快，其占 GDP 的比重从 2004 年的 3617.9 亿元增长到 2011 年的 10981.06 亿元，增长速度保持在 2.2%，同时，在流通产业内部所占的比重也不高，从 2004 年的

19.88%下降到2011年的18.43%，呈现出了下降的趋势。

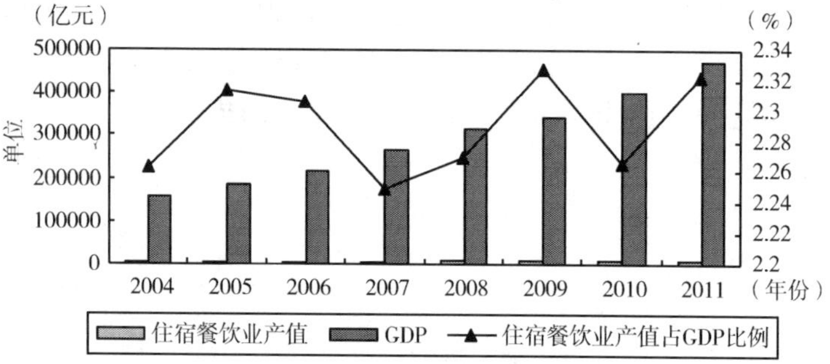

图3-15　2004~2011年住宿餐饮行业产值所占GDP比重

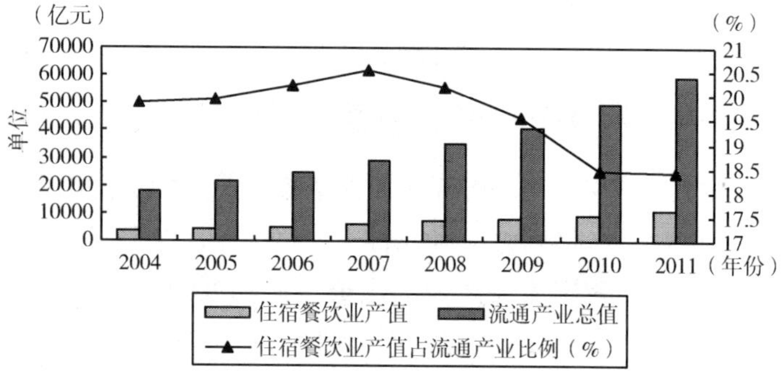

图3-16　2004~2011年住宿餐饮行业产值所占流通产业产值比重

可见，从2004年以来，我国流通产业内部正在经历着日益明显的变化，产业内部的各个行业都取得了快速发展，但是行业之间还存在着较大的差距，传统的批发零售行业仍然占相当大的比重，而住宿餐饮行业所占的比重较低，并且出现了下降的趋势。在这种情况下，国家应及时出台政策与手段，鼓励除批发零售业以外的流通产业继续发展，保证整个产业内部的均衡发展。

3.1.4　中国流通产业的区域分布特征

我国地域广阔，人口众多，经济增长快速。但是由于历史、地理和区位的因素，长久以来，中国经济发展区域差距较大，东部地区地处沿海地区，发展区位优势明显，主要体现在：交通便利，基础设施完备；发展历史时间长，经济基础好；人口密度高，市场集中。而中西部地区绝大多数行政区域地处内陆，经济发展相对落后。特别是西部地区，多数地处我国内陆地区，地理环境差，开发时间短，人口相对稀疏，基础设施落后，流通产业也不例外，经过搜集我国 2000～2011 年省际流通产业数据的最大值、最小值、平均值，对其进行测算变异系数，如图 3－17 所示。

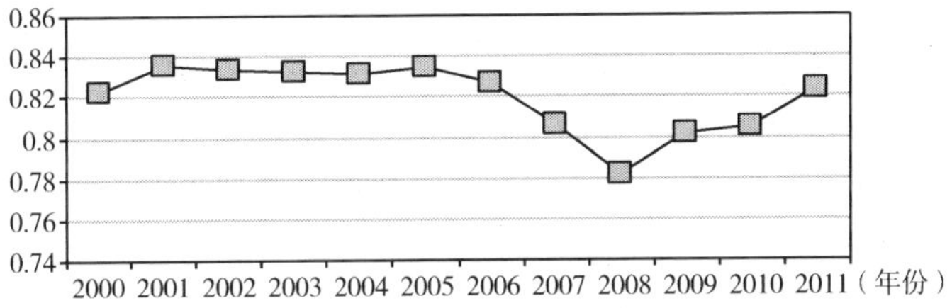

图 3－17　我国流通产业的变异系数

由图 3－17 测算的各个省际的人均增加值的变异系数可以发现，我国流通产业的发展水平变异系数出现了先降后升的趋势，其中在 2002 年和 2008 年出现了拐点，从 2002 年的 0.834 下降至 2008 年的 0.782。总体来看，我国省与省之间的流通产业发展水平变异系数 2000～2004 年变化不大，但是 2004～2008 年出现了较大的下降趋势，到 2008～2011 年又稳中有升，这预示着我国流通产业在各个区域间发展不平衡的现象逐渐加大，各地区之间的流通产业发展不均衡。

从图 3－18 可以看出，对于传统的批发业，我国东中西部差异较大，东部地区远远领先于中部与西部，这与我国经济发展不均衡有重要关系，长期以来我国的大型批发集团与市场都集中于东部地区，各类仓储与货物集散地也分布在东部，中西部地区的批发业很少，且主要以原材料输送为主。

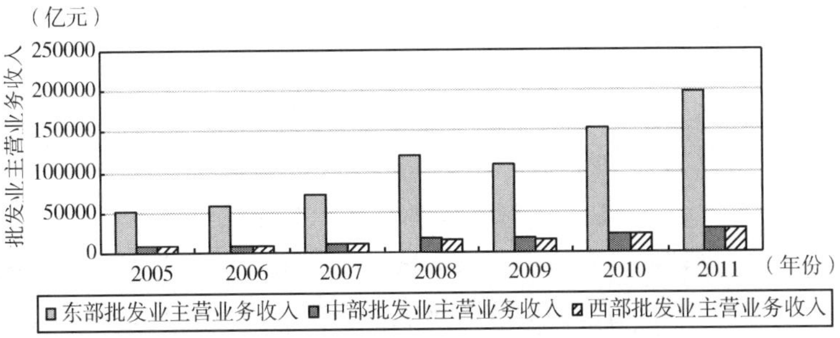

图 3－18　2005～2011 年东、中、西部批发业主营业务收入统计

从图3－19可以分析得出，我国零售业2004～2011年规模呈现逐年递增的形势，但是东、中、西部差异仍然较大，这与零售业的特点关系很大，东部地区经济发达，各种商业业态形式新颖，大型连锁超市、规模以上的百货大楼及便利店、智能商店、电子商务形式都明显多于中西部，而中西部地区的零售业业态还多以百货大楼、供销社等传统业态存在，零售赢利模式以入门费的形式存在，极大地限制了零售业的发展和规模的扩大，在这种情况下，国家应积极推进中西部零售业的商业业态改善，刺激消费，吸引消费者，同时改善中西部零售业整体规模偏小、市场集中度偏低的弊端，加强中西部零售业布局不合理、结构重叠现象的管理，鼓励发展更多自有品牌，增强其与东部零售业竞争的水平，并鼓励在中西部建立有特点的信息化物流配送体系，降低物流成本，为其创造更优越的经营环境与条件，向东部学习更先进的零售业管理经验等，缩小差距。

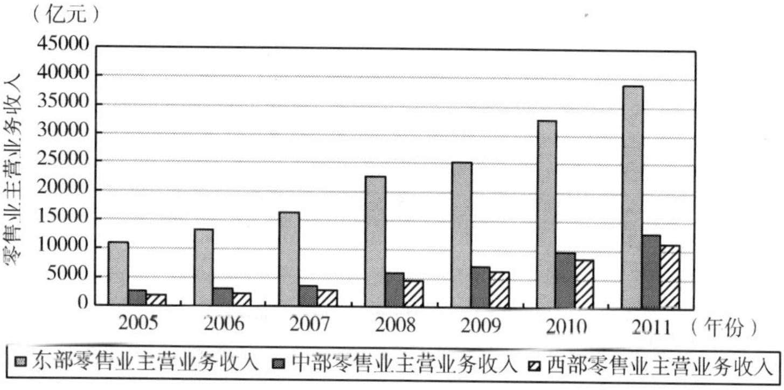

图3－19　2005～2011年东、中、西部零售业主营业务收入统计

从图3－20可以看出，餐饮业是流通产业内部所占比重较小的行业，但是出于产业特点，餐饮业与其他产业关联度高，对整个经济的增长作用非常大，餐饮业的发展可以加快养殖业、种植业与加工业的发展，关联效应较大。同时随着我国居民消费观念的改变，消费层次的提高，餐饮业也能很大程度上刺激消费。但是与批零行业相同，我国中西部的餐饮业业务收入明显低于东部地区，产业化程度也较低，整体综合服务素质有待加强，这些因素都制约了中西部餐饮业的发展水平，所以面对这些挑战，中西部的餐饮业应多向东部地区学习，不断推陈出新，并将餐饮营养化的概念渗入行业发展，积极推进其对消费的促进作用。

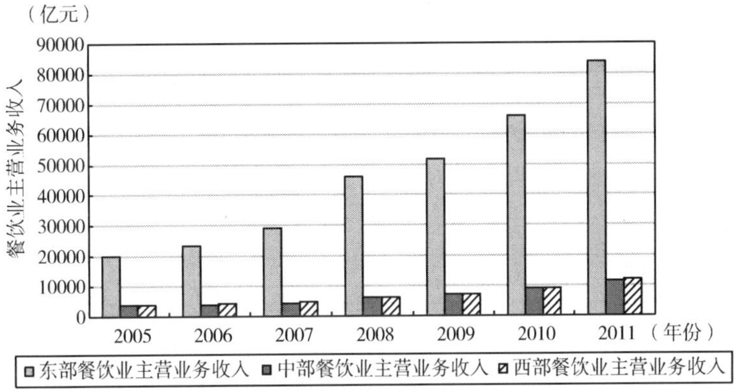

图 3-20　2005~2011 年东、中、西部餐饮业主营业务收入统计

从图 3-21 可以看出，我国住宿业从 2008 年以来保持了较高的增长速度，住宿业作为流通产业的重要组成部分，同样也是产业关联度较大的产业，它可以刺激旅游业的发展，但是同样也出现了中西部住宿业发展水平不如东部地区的趋势，对于住宿业虽然看似是个微利产业，但是区域经济的不平衡对其影响非常大，住宿业态模式创新也是未来亟须变革的主要形式，除此之外，住宿业还要着重从新技术应用、人力资本、新兴市场兴起、品牌塑造、消费者需求方面进行大力变革，中西部地区应加快住宿品牌的建设与管理创新，积极使用各类低碳环保技术、科学管理技术，抓住国家营业税改增值税、银行卡手续费标准降低、金融政策支持等机遇，不断推动住宿业的发展，从而促进消费增长。

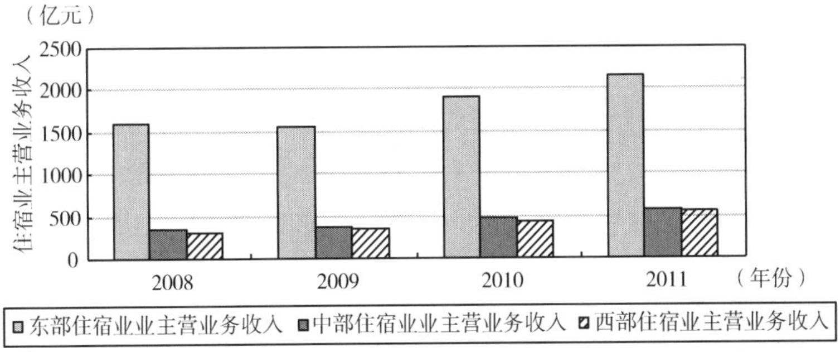

图 3-21　2008~2011 年东、中、西部住宿业主营业务收入统计

从图 3-17~图 3-21 不难发现，中国流通产业内部的东、中、西部差距十分明显，无论是批发业、零售业、餐饮业还是住宿业，东部地区都具有绝对优势，中西部地区基本处于落后水平。但考虑到西部地区覆盖的行政区域更为广阔，所以西部地区流通产业水平发展就更差一些，这一问题反映出当前中国流通产业地区发展失衡，中西部地区特别是广大西部地区流通水平落后，亟须政府给予发展支持与鼓励。

流通产业在我国各地区发展的不均衡也说明了我国经济发展水平的不均衡，因为两者关系十分密切，产业发展的不均衡可以影响到地区发展不均衡，而地区的经济增长程度不均衡也会反馈给产业，由此可见，大力促进流通产业的发展，也要顾及各地区经济发展不均衡的问题，以区域发展带动流通产业发展，是我国“十二五”时期的重大战略问题，本书也将在第 5 章详细研究影响我国居民消费的流通产业因素与区域分布差异。

3.2 中国流通产业的基本特征

从现状分析可以得出结论，我国流通产业自改革开放以来获得了长足的发展，并且在国民经济中扮演着重要的角色，当前流通产业规模不断扩大，业态形式不断更新，经营效益呈现递增趋势，但是仍存在着较为突出的问题：流通产业产值增长速度不稳定，单位资本投入量不足，内部结构不合理，集中度不高，竞争力不强等。具体来说，我国流通产业的基本特征表现在以下九个方面。

（1）流通产业发展迅速，规模不断壮大。

中国的社会消费品零售总额由 1995 年的不足 2.4 万亿元增长至 2011 年的突破 18 亿元，17 年的时间增长了 8 倍，这种速度在世界范围内都是少见的。流通产业对 GDP 的贡献一直保持着较高的水平，流通产业作为第三产业重要的组成部分，对第三产业的贡献平均达到 40%，尽管近年来有所下降，但是仍然不能忽视流通产业对服务业的贡献水平。2007 年以来，我国社会消费品零售总额一直保持每年 15% 以上的增长速度，按此速度，到 2015 年，我国的社会消费品零售总额将突破 32 万亿元，这也标志着我国消费能力真正跻身世界前列；批发零售业实现商品购进额 328160 亿元，销售额 360525 亿元，法人企业超过 12 万个，相比 2010 年增长 15% 以上，流通企业从业人员不断增加，这些因素都对我国经济发展产生了重大的推动作用，这也进一步验证了在拉动经济发展的出口、投资、消费“三驾马车”中消费在国民经济中的主导地位，也说明流通产业俨然已经成为主导产业与基础产业。

（2）流通产业经营效益不断提升。

流通产业经营效益是衡量流通产业经济绩效与水平的重要指标，该指标可以有效地评估流通产业的投入与产出效率，经过上述分析可知，我国流通产业的劳动投入一直呈现递增趋势，并且保持了较高的增长速度，平均增长率为4.5%，从业人员不断增加。但是不足的是，单位资本投入不高，并且出现了下降的趋势，这一趋势远远不能满足我国流通产业快速发展对要素投入的需要；另外，人均增加值也保持了较高的增长速度，但是增长率趋于下降，说明人均增加值波动较大；企业经营效益水平还表现在我国流通产业内部各个行业的主营业务收入出现了较大规模的增长，但是仍然发展不均衡，批发业的主营业务收入最大，远远超过其他行业。

（3）流通产业内部结构不合理。

根据现状分析可知，近年来我国流通产业内部结构变化不大，各行业基本都呈现稳定增长趋势，但是批发业一直在流通产业内部占据着较大的比重，高达64%，并呈不断扩大的趋势，远远大于零售业、餐饮业和住宿餐饮业所占比重之和。一方面反映出批发业在我国的传统产业地位；另一方面也反映出零售业、餐饮业和住宿业发展空间依旧很大，需要针对具体的政策与环境来促进这些产业的进一步发展，因为这些产业的关联效应也比较大，会带动更多产业发展与消费的增长。

（4）区域分布不合理。

长期以来，我国经济区域差距较大，虽然国家出台了一系列的振兴政策，如“振兴东北老工业基地”政策、“西部大开发”战略、“中部崛起”战略等。但是由于历史差距过大，不能在短期之内实现局面的扭转。目前，我国东、中、西部三大地区水平变异系数增大，表明相对差距在拉大，流通产业内部的各行业在东西部发展差异也很大，中西部的流通产业必须尽快转变增长方式才能追赶东部的流通产业。

（5）渠道淤塞，流通不畅。

只有搞活流通，才能刺激消费，搞活流通，就一通百通，若存在问题则会出现“不通则痛”的不堪境况，流通渠道是流通环节保持畅通实现的基本条件，流通环节的畅通无阻是生产者利润提升的重要前提，也是居民消费得以实现的强有力保障，没有良好的流通渠道，消费者强烈的购买意愿就不能实现，生产环节就无法有效到达消费环节，市场价值就不能体现。

（6）流通成本居高不下。

流通环节中的成本问题是阻碍消费实现的重要原因，流通成本的提高间接导致了消费者购买商品价格的提高，这一问题在很大程度上影响了居民消费实现的可能，此外还有体制性成本使供应链的主体都深受其害，“体制性成本”是一种行政性额外负担，是由于人为因素或因体制问题导致的部分本可以不用花费资金的总称，这笔昂贵的“入门费”加剧了流通企业的负担。我国地区封锁比较严重，地区的市场监管部门通过一些强制性的手段来打击其他地方产品以保护本地产业的现象依然盛行，存在大量地方性、行政事业性收费，尤其是在很多地方政府的管理层面，各种不适当的行政与审批手段的使用，导致流通环节税负负担增大，标准不一，不能做到真正的“绿色通道”，也使农村的商品要经过重重关卡才能到达城市消费者手中，城乡物流体系的不健全，给农民增加了成本，降低了收入，增加了农民负担，同时，城市工业品下乡的高成本也阻碍了农民的消费。可见，我国还存在着综合物流成本高昂这个不容忽视的问题，这主要由以下两个因素造成的，一是农村流通基础设施的不健全导致流通产业对工业发展的保障能力不足；二是流通企业以中小企业为主，不能形成规模效应，流通效率提升困难。2011 年我国流通成本占 GDP 的比重为 17.8%，比发达国家高出 8 到 10 个百分点。因此研究如何降低流通成本隐含着巨大的经济潜力，科学地改善流通的基础设施建设就可以带来巨大的经济效益，改善农村流通效率低下的境况。

（7）流通市场受体制约束，内部市场不统一。

体制机制问题极大地阻碍了促进消费增长和扩大内需政策的有效落实。我国行政划定的边界以及种种行政隶属关系一定程度上阻断禁锢了国内市场分销渠道，分销渠道被体制划分成一个个零碎的个体，难以形成体系。行政划定的边界大大压缩了产供销的辐射半径，使商品无法高效流动，进而影响实力雄厚、基础好的商业集团的产生与出现，导致内部市场不统一，流通企业成本居高不下，从而影响整个国民经济的正常运行，生产者积极性不高，消费者福利下降。例如，每年外地商品进京的“展销大集”充分地说明了这个问题，集会上有很多产品竟是首次与首都北京的市民见面，在一个国家内部，特别是首都北京，还有很多产品无法流通到这里，这说明了我国流通产业的闭塞程度非常之高。由此，可以得出结论，假如渠道足够顺畅，就可以促进更多商品的流通与消费，提高生产者的利润以及居民的消费水平。同时，流通渠道的阻滞使农民受到双重损失，一是流通成本高即增收代价高，导致农产品销售难，农民增收难；二是农民购买难，很难像城里人那样方便快捷、安全可靠地买到各种各样物美价廉的消费品，可见，构建农村流通的畅销体系是解决农产品“卖难保增收”“买难促消费”的有效措施，有效地建设农村流通体系，也事关下一阶段需求结构调整的成败。

流通领域对外开放有余、对内开放不足。为应对内需不足，国家应大力推进“出口转内销”战略；体制机制上的不健全导致部门不科学的分割和内部市场的不统一，这导致了国内市场产销脱节以及渠道缺失与流通不畅的问题，对我国应对金融危机有一定的负面影响。有些转型企业反映，由于国内市场在资金回笼和知识产权保护等方面与外贸相比存在着明显的差别，外贸企业若要建立对内销售渠道比较困难；若选择进入国内企业的分销渠道，则需要支付卖场租金、物流配送成本、人力资源成本、产品营销成本等诸多税费。此外，我国流通产业发展滞后、渠道不畅、内外贸脱节状况造成了“中国制造的东西国外便宜国内贵”的奇特现象，这等于是拿中国纳税人的钱补贴了进口国，我国消费者福利下降。

（8）流通主体不成熟且遭受外资挤压。

传统业态占有的资源过多，新型业态得到了较快的发展但规模很小，大型企业在总企业数中所占比例较小，缺少走向国际的大型企业；流通主体由于总是拖欠彼此的资金导致商业信用降低，供、产、销之间不能形成一个完整的系统；缺乏健全的法律法规、监管机制和行业标准来约束流通主体。由于流通主体的不成熟和法律法规的缺失，导致我国流通市场不够规范。在这样的条件下，很难形成公平竞争的市场机制和市场环境，这就成为阻碍我国流通产业稳步发展的重大因素之一。

据粗略调查，我国80%以上的零售企业不重视管理，50%以上企业没有足够的运转资金，零售企业管理层的整体水平也很低，使这些企业不能利用规模效益降低成本、提高经济效益，更不能实现向其他区域的扩张。业内普遍流行的简单、低端的盈利模式——“收取通道费”降低了企业获取利润的能力及充分利用流通渠道的实力。2011年，我国零售企业百强前5名的销售总额只相当于沃尔玛的27.12%，且在排名百强中占有较大比重的一直都是单一业态。同时，自从流通产业走向国际市场以来，越来越多的外资零售企业进入中国市场，挤压了国内企业的发展空间，并呈加速扩张的趋势。截至2010年，外资零售企业总共2400家，在零售百强企业中，外资企业占了将近20%，这些外资企业门店数合计比上年增长32.3%，比整体水平高18.4个百分点。当前，虽然大型国有企业可以与外资企业抗衡，但外资企业凭借着各级地方政府提供的很多优惠政策，正在加速其扩张的进程，将来或许会占有更高的市场份额。从现状和趋势看，国内企业在发展过程中遭受到外资挤压是阻碍我国流通业发展的另一个重要因素。

（9）市场不规范、交易成本高。

我国流通市场不规范、流通主体不成熟、商业信用缺失导致消费意愿下降、市场交易成本增加。与国外流通企业相比，我国流通主体存在很多不足之处：企业规模较小，盈利模式简单；资金短缺、周转范围狭小；缺乏专业的经营管理人才；缺乏服务意识和商业信用。流通企业的不诚信行为影响了消费者的正常购买行为，也影响了各个企业之间的交流与合作。消费者因为害怕上当受骗而拒绝购买，企业之间也由于相互之间的不信任而放弃了许多商业机会，交易成本偏高也影响了企业之间的商务往来。

3.3 中国居民消费市场发展态势分析

在当前错综复杂的国内外经济形势下，加快发展现代流通产业，既是转变经济发展方式、应对复杂国际经济形势的当务之急，也是实现全面建设小康社会、和谐社会的长远需要。“消费”作为拉动中国经济增长的“三驾马车”之一，在发展我国经济中所占的地位毋庸置疑。在当前的刺激消费、扩大内需背景下，对于现代流通企业而言，要及时适应买方市场的状态与环境变化，不论其发展水平、经营规模与结构如何，必须认清消费在当今市场经济中的意义与状况，熟知我国消费市场的现状与存在的问题，适时调整自己的营销计划与战略，不断满足消费者的需求，有针对性地制定企业发展对策，这才是企业在市场经济运行过程中制胜的法宝。2011 年我国社会消费品零售总额达到 18.3 万亿元，同比增长 17.1%，扣除物价因素，实际增长 11.6%，贡献率达 51.6%，2012 年消费拉动经济增长的作用已超过投资。随着经济的发展，人民生活水平的提高，城乡居民的消费结构较前几年相比已经发生了明显的变化，已经不光只侧重于食品支出，各个领域都有发展，这说明居民的生活变得愈加丰富多彩。消费需求对经济增长具有拉动作用，决定着经济增长速度的快慢和质量的高低。

2008 年以来，由于受次贷危机的影响，国家明确提出了发展流通、刺激消费的战略，及时在城乡家电市场提出了“以旧换新”的政策，并取得了初步成效，尤其是在农村市场，这一政策极大地改善了农民的物质生活与精神生活，提高了农民消费的积极性，各类摩托车、家电、汽车以“以旧换新”的方式下乡，在一定程度上满足了农民对这些商品的需求，也在某种程度上提高了农民用于该领域消费的支出，即可以在不同的价格条件下享受与城镇居民相同的待遇，这些举措的实施，大大地刺激了我国整体消费水平，加快了经济的可持续发展，并为进一步搞活流通产业建立了良好的开端，也为我国农村流通产业的发展提供了较好的政策支持。

社会消费品零售总额是在我国商业经济地位确立后，为了更好地描述市场上各类商品生产与商品交换行为设立的指标，这一指标可以较好地体现我国在社会主义市场经济体制建立后，居民与各类社会组织生产与销售实现的消费品零售总额之和。从图 3 – 22 中可以看出，1995 ~ 2011 年，中国社会消费品零售总额逐年递增，特别是 2005 年以来，社会消费品零售总额保持了 10% 以上的增长率，消费规模保持了比较稳定的水平。进入 21 世纪以后，我国消费总量持续增长，消费主体呈现多元化趋势，各种商业业态与流通方式发展迅速，市场空前繁荣，产品极大丰富，各类销售模式层出不穷，我国社会消费品零售总额从 1995 年的 2.4 万亿跃居到 2011 年的 18.33 亿元，增长速度超过 17%，消费市场进入了高速发展的阶段。同时，也要注意到，在 2008 年，受国际金融危机的影响，我国 GDP 增幅有了明显的下滑，但是社会消费品零售总额依旧保持了 10% 以上的增幅。这表明我国消费水平已经保持了比较稳定的规模。

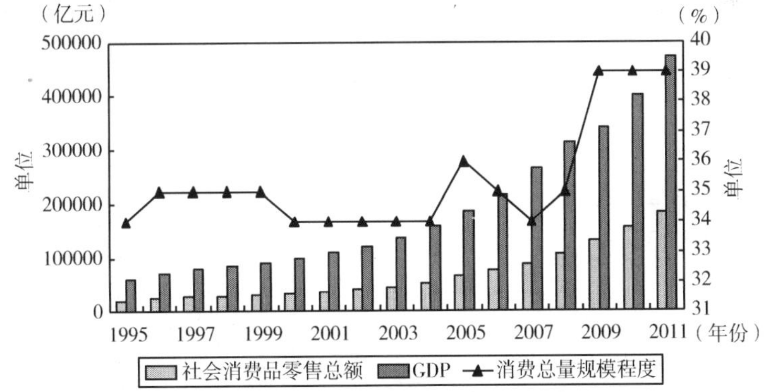

图 3 – 22　社会消费品零售总额与消费总量规模程度

居民收入是消费的基础。居民收入的增加，才有可能带动消费的进一步增长。从图 3 – 23 中可以看出，全国城乡居民人均收入自 1995 年以来一直处于增长状态，且 2005 年以前城乡居民收入增幅都比较平缓，自 2005 年之后增幅明显加快。此外，从消费水平来看，城乡消费水平一直处于城镇居民消费水平大于农村居民消费水平的现状并未改变，虽然这一现象自2005年之后有缩小的趋势，但是两者依旧处于较大的差距中。这表明农村市场消费水平不高，有待于进一步的开发。

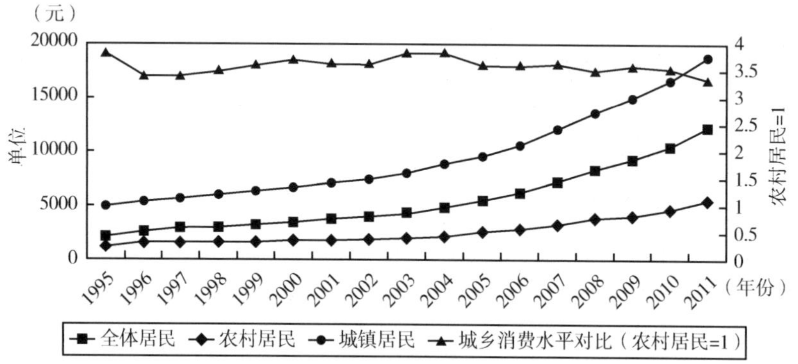

图3-23　1995~2011年城乡居民消费水平

从图3-24可以看出，自1995年以来，中国居民年人均消费支出一直处于上涨的态势，但是增长水平十分不稳定。1995~1998年，增幅连年下跌，而1999~2004年，居民人均消费支出曲折增长，直到2007年达到15%以上的增幅。但是在2008年，由于国际金融危机的影响，居民人均消费支出增幅下跌到10%的幅度。在2009年之后，由于国家出台了一系列的扩大内需的政策，如家电下乡、汽车下乡、家电节能补贴、汽车节能补贴等，居民消费支出增幅再次上升。以上表明，中国的消费水平依旧是低水平的，受经济环境的影响很大，需要国家政策的进一步扶植。

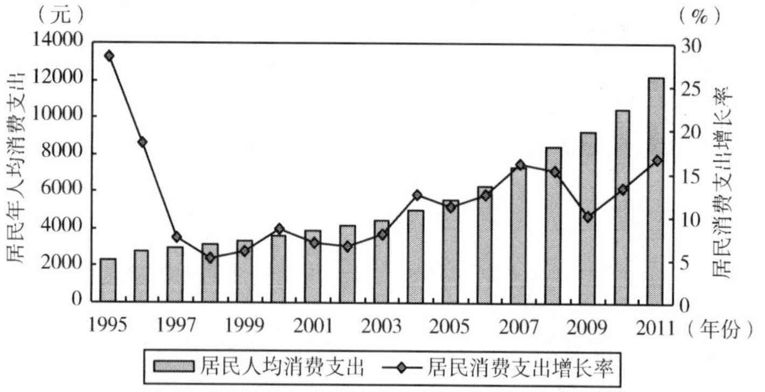

图3-24　1995~2011年城乡居民消费增长率

3.4 本章小结

本章从流通产业规模、经营效益、产业结构、区域差异等方面分析了流通产业的发展现状以及与消费之间内在密切的联系，研究表明，我国流通产业已经呈现出规模日益扩大、流通主体多元化、业态多样化、产业升级快速化的特征；我国消费状况继续改善，消费市场愈加活跃，但是城乡消费水平不均，应进一步刺激农村消费需求，具体表现如下。

（1）根据我国流通产业基本状况的分析，可以得到如下结论：我国流通产业规模逐渐增大，但是人均产业值发展不稳定，且远远低于世界平均水平，长期内我国仍然以扩大流通产业规模为主，但是更要注重经济运行过程中的结构优化与质量提升；受我国流通产业区域发展不均衡的因素影响，产业发展也不均衡，呈现出东西差距较大的现象，表现为“东高西低、东多西少”的现象；流通企业单位资本投入量不足是困扰流通产业发展的一个重要原因；流通产业内部结构不合理，批发业仍然是流通产业内部贡献的主力；流通环节中的创新方式不多。

（2）通过对流通产业现状的分析可知，我国流通产业快速增长基本还是依托于日益增长的流通要素投入，包括营业面积的扩大与不断增长的网点数量，这种流通产业增长方式在一定程度上可以解决劳动力就业与主营业务收入增长的问题，但是最终还是会带来很多问题，如资源浪费、库存增多、流通成本较高、人均利润额不断下降。要从根本上改变这种现状，还要转变流通产业的增长方式，以便更有效地服务于消费。

（3）我国目前消费水平呈递增趋势，居民收入水平的不断增长与流通有效供给的增加都刺激了我国消费的升级，通过对我国社会消费品总额及与流通产业的密切关系的分析，基本可以断定两者存在着长期的影响关系。流通产业规模、经营效益与环境改善、效率提高，组织创新都可以促进消费的进一步增长，有效地解决当前国内外供需矛盾、价格稳定与经济安全等问题，流通产业方式的转变必定会更好地服务于我国扩大内需、刺激消费的基本战略。

第 4 章

流通产业的关联效应研究

本章内容主要包括两大部分：一是通过对我国历年投入产出表进行产业关联效应分析，总结出流通产业发展的现状与趋势，分析我国流通产业的特征及关联程度。从政府、企业及产业环境约束等方面分析流通产业的结构特征，探讨我国流通产业的地位及存在的主要问题；二是总结流通产业在国民经济中历史地位演变的理论，分析流通产业在我国经济增长中的发展趋势，科学区分流通产业在每个历史阶段对国民经济的贡献，以上研究有利于进一步验证流通产业在经济发展过程中的重要作用，准确地分析流通产业与其他产业之间的关联效应与影响程度，符合我国目前扩大内需、经济增长方式转变的政策与“十二五”目标的要求。

4.1 流通产业关联效应的模型与方法

4.1.1 研究模型

4.1.1.1 菲德模型

自由贸易学者认为产业内贸易是国际贸易发生的根本原因，即贸易所给消费者带来的溢出效应，具体解释为本土企业与外地企业在某个产业内的贸易，由于贸易所带来的价值不能自身“消化”，便形成了溢出效应。美国经济学家菲德曾利用该模型验证了这种效应，为了便于表示，他试图将一个经济活动分为出口活动与非出口活动，通过计算模型来推算出口部门对非出口部门的溢出效应，这一模型很快被推广到很多行业，蔡增正（1999）曾经利用这一模型推算了教育部门对非教育部门的溢出效应。

本书借鉴菲德模型，首先从一个部门对其他部门的影响角度，研究国民经济内部的流通部门对非流通部门的影响程度，通过设定假设来验证结果，证明流通产业在国民经济中对非流通产业部门的影响程度。

根据上述模型的陈述，本书借鉴菲德模型将国民经济内部分解成两个部门，即流通部门与非流通部门，利用该模型得出的系数建立回归模型，可以探求流通产业对国民经济的直接贡献以及流通产业所带来的溢出效应即对经济增长的间接贡献，通过这一模型，可以找到流通产业对其他部门的关联程度大小，也可以分析流通产业在整个国民经济的正外部性有多大。

根据菲德模型，在国民经济内部建立如下假设：

假设 4－1：市场是完全竞争市场。

假设 4－2：非流通产业部门产出的一部分依赖于自身劳动力与资本的投入，而另一部分要依赖于流通部门的供给。

在以上假设基础上，将模型变为流通产业与非流通产业的产量：

$$D = f(L_d, K_d) \tag{4-1}$$

$$N = g(L_n, K_n, D) \tag{4-2}$$

假设劳动力与资本要素是影响流通产业产量的两个重要因素，其中下标 d、n 分别表示不同的生产部门。式（4－2）为了表明流通产业产量水平对其他部门的外溢作用，将 D 作为影响 N 的一个重要因素。

式（4－3）、式（4－4）、式（4－5）表示社会部门的资源（劳动力、资本）总量，具体可以表达为：

$$L = L_d + L_n \tag{4-3}$$

$$K = K_d + K_n \tag{4-4}$$

$$Y = D + N \tag{4-5}$$

由此根据菲德模型，进而推导可知：

$$\frac{f_l}{g_l} = \frac{f_k}{g_k} = 1 + \sigma \tag{4-6}$$

其中 f_l，f_k，g_l，g_k 表示边际产出，σ 近乎于 0，表示劳动力部门与资本部门边际生产力不同，即表示流通产业的边际生产力近乎接近于非流通产业，进一步分析：

$$\frac{dY}{Y}=\alpha\left(\frac{I}{Y}\right)+\beta\left(\frac{dL}{L}\right)+\gamma\left(\frac{dD}{D}\right)\left(\frac{D}{Y}\right) \qquad (4-7)$$

其中，α 为非流通产业资本的边际产品；β 为非流通产业的弹性系数；流通产业对经济的贡献；$\frac{dY}{Y}$为国民经济总部门经济增长率；$\frac{dL}{L}$为劳动力部门的增长率；$\frac{dD}{D}$为流通产业的产业增长率；$\frac{D}{Y}$为流通产业在国民经济中的比重；$\frac{I}{Y}$指投资在国民经济中的比重；γ 表示外溢效应与要素之间的作用之和。

假定非流通产业需求弹性不变，继续估计流通产业的外溢效应和相对要素差异（σ），仍然遵循非德模型：

$$N=g(L_n,K_n,D)=D^9(L_n,K_n) \qquad (4-8)$$

方程继续变形，其中 θ 表示回归系数，即流通产业对总部门的影响与贡献：

$$\frac{\partial N}{\partial D}=\theta\left(\frac{N}{D}\right) \qquad (4-9)$$

$$\frac{dY}{Y}=\alpha\left(\frac{I}{Y}\right)+\beta\left(\frac{dL}{L}\right)+\left[\frac{\sigma}{1+\sigma}+\theta\left(\frac{N}{D}\right)\right]\left(\frac{dD}{D}\right)\left(\frac{D}{N}\right) \qquad (4-10)$$

$$\frac{dY}{Y}=\alpha\left(\frac{I}{Y}\right)+\beta\left(\frac{dL}{L}\right)+\left[\frac{\sigma}{1+\sigma}-\theta\right]\left(\frac{dD}{D}\right)\left(\frac{D}{Y}\right)+\theta\left(\frac{dD}{D}\right) \qquad (4-11)$$

由此可以得出，国民经济部门中的流通产业与非流通产业部门的模型，通过式（4-8）与式（4-11）可以计算出流通产业对其他产业的直接贡献与间接贡献，进而通过回归模型计算出流通部门对其他部门的关联程度。

4.1.1.2 投入产出模型

（1）投入产出模型的应用与推广。

由美国经济学家里昂惕夫提出的投入产出表是为了验证 1947 年和 1952 年美国外贸结构的要素密集度而应运而生的，传统意义上美国是一个典型的资本密集型国家，里昂惕夫却通过该方法证明了美国贸易结构中以出口劳动密集型产品为主的结论，从此这一工具得以推广，将各个部门的投入分析情况通过统计工具与公式进行表示与计算的方法。投入产出表可以较好地表示经济系统中各个部门之间的投入与产出的依存关系。目前我国统计局已经公布了三版投入产出表：《1997 年中国投入产出表》《2002 年中国投入产出表》《2007 年中国投入产出表》。

（2）投入产出表的基本构成。

投入产出表可以较好地揭示生产过程中各个部门的相互制约与依存的技术与经济联系。通过投入产出表一方面可以获知各个部门所有产出产品有多少被其他部门用于中间品，另一方面也可以获知各部门为了得到自己部门的产品耗费了多少其他部门的产品被作为中间产品与投入。投入产出表不仅仅反映各个生产过程中简单表面的经济技术联系，连部门与部门之间较为间接与隐蔽的经济技术联系也可以得到较好的反馈，通过该模型可以较好地反映国民经济部门中的投入产出水平、效率和价格方面的情况，本书拟采用的基本表格形式，如表 4 –1 所示。

表 4 –1　　投入产出模型的基本构成（价值型）

产出 投入	中间使用					最终使用					总产出
	部门 1	部门 2	…	部门 n	中间使用合计	消费	积累	出口	最终使用合计	其他使用	
部门 1	x_{11}	x_{12}	…	x_{1n}	$\sum x_{1j}$	y_{11}	y_{12}	y_{13}	Y_1	q_1	X_1
部门 2	x_{21}	x_{22}	…	x_{2n}	$\sum x_{2j}$	y_{21}	y_{22}	y_{23}	Y_2	q_2	X_2
…	…	…	…	…	…	…	…	…	…	…	…
部门 n	x_{n1}	x_{n2}	…	x_{nn}	$\sum x_j$	y_{n1}	y_{n2}	y_{n3}	Y_n	q_n	X_n
中间投入合计	$\sum x_{i1}$	$\sum x_{i2}$	…	$\sum x_{in}$	$\sum x_{ij}$	$\sum y_{i1}$	$\sum y_{i2}$	$\sum y_{i3}$	$\sum Y_i$	$\sum q_i$	$\sum X_i$

续表

投入＼产出		中间使用					最终使用					总产出
		部门1	部门2	…	部门n	中间使用合计	消费	积累	出口	最终使用合计	其他使用	
增加值	固定资产折旧	D_1	D_2	…	D_n	$\sum D_j$						
	劳动者报酬	V_1	V_2	…	V_n	$\sum V_j$						
	生产税	M_1	M_2	…	M_n	$\sum M_j$						
	营业盈余	R_1	R_2	…	R_n	$\sum R_j$						
	合计	N_1	R_2	…	R_n	$\sum R_j$						

注：X_{ij}同时表示第j部门对i部门的使用量及i部门对j部门的投入量；Y_{ij}表示i部门最终使用分配；x_i 第i部门的总产出；y_i 表示第i部门最终使用的中间品；q_i 表示第i部门的产品被用于其他使用的数量；D_j 表示j部门的固定资产折旧额；N_j 表示第j部门的增加值总量；V_j 表示j部门的劳动者报酬量；R_j 表示第j部门的营业盈余：M_j 表示j部门的生产税净额。

表4－1的投入产出关系是由两条双行线被分成了四个象限。这四个象限的内容各不相同。第一象限是全表的核心，主要反映各部门之间相互依存、相互制约的技术经济联系；第二象限主要反映最终使用的规模与结构，包括消费、投资与出口的结构和最终使用的结构。第三象限反映的是各部门增加值分配和最初投入构成的情况。在第四象限一般认为主要反映再分配关系，因为这一部分的资料比较难获得，所以这一栏往往空着。

按横向来分析的话，表示某一部门对其他各部门的销售走向，如 x_{11}，x_{21}，…，x_{n1}表示部门1的生产产品被作为中间品销售给各部门的量，然后用于出口、投资和消费等经济增长活动，Y_1 则表示作为最终品用于经济发展的量：

$$\begin{cases} x_{11}+x_{12}+\cdots+x_{1n}+Y_1+q_1=X_1 \\ x_{21}+x_{22}+\cdots+x_{2n}+Y_2+q_2=X_2 \\ \cdots\cdots\cdots \\ x_{n1}+x_{n2}+\cdots+x_{nn}+Y_n+q_n=X_n \end{cases} \tag{4-12}$$

纵列和横列一样，表示某一部门的增加值，即某个部门在生产中消耗了多少其他部门的中间品：

$$\begin{cases} x_{11}+x_{21}+\cdots+x_{n1}+Y_1+q_1=X_1 \\ x_{12}+x_{22}+\cdots+x_{n2}+Y_2+q_2=X_2 \\ \cdots\cdots\cdots \\ x_{1n}+x_{2n}+\cdots+x_{nn}+Y_n+q_n=X_n \end{cases} \tag{4-13}$$

从方程式（4-12）、式（4-13）中可以看出，整个投入产出表中总是存在着总投入等于总产出、增加值之和等于最终使用的关系，这说明该模型建立在基本假设基础上，任何部门的产出都来源于其他部门的不断投入，同时该部门的产品也会被分解成不同的中间品用于满足其他部门的生产，这些关系相互影响与依赖，证明了国民经济部门中分工门类细分的道理。

（3）投入产出模型的基本假设。

表4-2给出了使用投入产出模型的基本假设，主要包括技术不变、各部门产量之和可以累加以及同质性的假设，具体内容如表4-2所示。

表4-2　　　　投入产出模型的基本假设表

假设条件	主要内容
技术是常量	即在用同一时期内，其技术投入、技术与管理水平不变，便于利用该模型进行静态分析
累加性	不存在外部效应，各部门的产出之和可以累加，各部门之和即总产出
同质性假设	在完全市场竞争条件下，生产的产品具有同样的质量

（4）投入产出表的基本分析步骤。

投入产出模型的分析步骤是一套比较固定的程序，主要通过研究投入产出表，来研究经济系统中的各个产业与部门之间的相互依存关系，用于计算直接消耗系数、完全消耗系数、分配系数、关联系数、需求率、投入率、感应度系数与影响力系数等指标，如表4-3所示。

表 4-3　　　　投入产出表的基本分析步骤

主要指标	指标含义	计算公式	主要释义
直接消耗系数	该部门为了得到总产出需要消耗多少中间量	$\alpha_{ij}=\frac{q_{ij}}{Q_j}$	q_{ij}表示第 i 部门所生产的产品对第 j 部门的投入量，Q_j 表示每生产单位 j 产品要消耗的 i 部门产品的直接消耗量
完全消耗系数	即间接消费系数 + 直接消费系数之和	$b_{ij}=\alpha_{ij}+c_{ij}$	q_{ij}表示第 i 部门产品被称为中间品向第 j 部门的投入量，也表示第 j 部门为了生产产品对第 i 部门的耗费量；Q_i 表示第 i 部门产品总量
分配系数	某产品生产后被当作中间品继续分配使用的量	$\gamma_{ij}=\frac{q_{ij}}{Q_i}$	
直接关联系数	主要包括前向关联系数与后项关联系数，前向关联系数的指标含义表示为了加大该部门生产产品的产量，就必须加快为生产该产品提供原材料产业的发展，便于刺激下游产业发展；后向关联系数表示为了该部门产量的增加，必然加大这一产业原材料需求，同时也会加大增加这些原材料生产行业的产量，即原材料的原材料	$FF_j=\sum_{j=1}^{n}\alpha_{ij}(i=1,2,\cdots n)$（前向关联系数）$BF_j=\sum_{i=1}^{n}\alpha_{ij}(i=1,2,\cdots n)$（后向关联系数）	
中间需求率	较好地反映了某产业产品内部的生产资料与消费资料比率，即某部门生产的产品有多少被作为中间品服务其他部门，当某部门该指标低而最终需求率高则表明该产业的最终产品性质，反之，表明具有原材料产业性质，成为生产服务业	中间需求率 = 中间需求量/（中间需求量 + 最终需求量）= 中间使用量/总需求量	
中间投入率	即某产业部门中间投入与总投入的比重，表示为了生产该部门产品，中间需要投入多少附加值，中间投入率越低表明该产业越是高附加值的行业	中间投入率 = 中间投入量/（中间投入量 + 最终投入量）= 中间投入量/总投入量	

续表

主要指标	指标含义	计算公式	主要释义
影响力系	表示当某部门增加单位最终使用后对其他部门需求的波及程度，主要描述后向联系的广度。系数越大，说明该产业的辐射力强	$T_j = \dfrac{\frac{1}{n}\sum_{j=1}^{n} A_{ij}}{\frac{1}{n^2}\sum_{i=1}^{n}\sum_{j=1}^{n} A_{ij}}$ $(i,j = 1,2,3\cdots,n)$	式中 T_j 为 j 产业部门拉动其他产业部门的影响力系数，A_{ij} 为里昂惕夫逆矩阵中第 i 行第 j 列的系数
感应度系数	为了其他部门的生产需要这个部门为其他部门提供的产出量，它主要反映前向关联程度，系数越大说明对经济发展效用越大	$S_i = \dfrac{\frac{1}{n}\sum_{j=1}^{n} A_{ij}}{\frac{1}{n^2}\sum_{i=1}^{n}\sum_{j=1}^{n} A_{ij}}$ $(i,j = 1,2,3\cdots,n)$	式中 S_i 为 i 产业部门受其他产业部门影响的感应度系数，A_{ij} 为里昂惕夫逆矩阵中第 i 行第 j 列的系数

（5）投入产出的价格模型。

投入产出价格模型是投入产出模型的一种变化形式，由于价格是影响流通产业的一个重要因素，价格波动对于我国流通产业安全与经济波动影响巨大，因此本书对价格模型进行重点讨论。

流通产业的诸多环节直接关联着消费者的终端价格，流通产业发展不利，必将会增加流通过程中的交易费用，假定其他条件不变，在消费者的名义收入不变的情况下，就意味着商品价格的升高，价格升高就会带来商品量与消费者福利的下降。

随着国际市场与国内市场联系日益密切，我国国内诸多商品的价格越来越多地受到外来因素的干扰，很多大宗类商品包括能源、铁矿石、原油价格涨跌不定，给经济增长带来了一些不稳定因素。反映市场供需的一个关键因素便是价格的波动，尤其是在流通环节，这一问题就更加突出。目前，物流成本的偏高、流通费用的增多，无形中助长了我国物价水平的波动，通过投入产出变化的价格模型来测算流通产业对其他产业的价格影响问题，对当前我国流通市场规避市场风险，维护我国经济安全有重要作用，该问题的研究也是分析投入产出模型的另一个角度。

按着投入产出模型的步骤，根据前面计算的直接消耗矩阵，假设 $\overline{V}$ 表示劳动报酬消耗系数的列向量，$\overline{M}$ 表示部门之间的营业盈余额与各个部门生产税的净额，用 P 表示在供需相等的情况下均衡价格的列向量，在以上条件不变的情况下，计算各类商品的价格，投入产出模型的价格公式为：

$$p_j = \sum_{i=1}^{n} \alpha_{ij} p_i + \nu_i + m_j (j = 1, 2, \cdots, n) \tag{4-14}$$

也可以表示为：

$$P = (I - A^T)^{-1} (\bar{V} + \bar{M}) \tag{4-15}$$

为了详细了解流通产业一个部门的价格变动对其他部门的影响，首先建立下列假设条件，进行分析：

①不考虑流通企业因为受动力、燃料及原材料价格的波动，为了降低损耗所采取的措施。

②忽略产业内部因为固定资产带来的折旧变化。

③忽略市场条件与供求变化对价格的影响程度。

④部门的变化均有成本中的物耗变化而引起的，工资、生产税净额与营业盈余变化对价格的影响固定。

根据以上假设可知，价格的波动完全取决于劳动对象的变化，其计算公式为：

$$\Delta P_i = \sum_{i=1}^{n} \alpha_{ij} \Delta P_i (j = 1, 2, \cdots, n) \tag{4-16}$$

将公式移项：

$$\left.\begin{aligned}
&\alpha_{n1} \Delta p_n = (1 - \alpha_{11}) \Delta p_1 - \alpha_{21} \Delta p_2 - \cdots \alpha_{n-1,1} \Delta p_{n-1} \\
&\alpha_{n1} \Delta p_n = -\alpha_{12} \Delta p_1 + (1 - \alpha_{22}) \Delta p_2 - \cdots \alpha_{n-1,2} \Delta p_{n-1} \\
&\cdots \\
&\alpha_{n,n-1} \Delta p = -\alpha_{1,n-1} \Delta p_1 - \alpha_{2,n-1} \Delta p_2 - \cdots + (1 - \alpha_{n-1,n-1}) \Delta p_{n-1}
\end{aligned}\right\} \tag{4-17}$$

将公式精炼：

$$\begin{bmatrix} \alpha_{n1} \\ \alpha_{n2} \\ \cdots \\ \alpha_{n,n-1} \end{bmatrix} \Delta p_n = (I - A_{n-1}{}^T) \begin{bmatrix} \Delta p_1 \\ \Delta p_2 \\ \cdots \\ \Delta p_{n-1} \end{bmatrix} \tag{4-18}$$

根据式（4－18），同理可以延伸出，若是 n 个部门价格提高 Δp_n 后，第 1 个至第 n－1 个部门的价格变动的计算公式：

$$\begin{bmatrix} \Delta p_1 \\ \Delta p_2 \\ \cdots \\ \Delta p_{n-1} \end{bmatrix} = (I - A_{n-1}{}^{T}) \begin{bmatrix} \alpha_{n1} \\ \alpha_{n2} \\ \cdots \\ \alpha_{n,n-1} \end{bmatrix} \Delta p_n \tag{4-19}$$

其中，$A_{n-1}{}^{T}$ 表示原流量表中的的直接消耗系数矩阵，去掉第 n 行 n 列后，剩余的 n - 1 阶直接消耗系数转置矩阵。

公式继续变形为：

$$\begin{bmatrix} \frac{\Delta p_1}{\Delta p_n} \\ \frac{\Delta p_2}{\Delta p_n} \\ \cdots \\ \frac{\Delta p_{n-1}}{\Delta p_n} \end{bmatrix} = (I - A_{n-1}{}^{T}) \begin{bmatrix} \alpha_{n1} \\ \alpha_{n2} \\ \cdots \\ \alpha_{n,n-1} \end{bmatrix} \tag{4-20}$$

令 $\Delta p_n \to 0$ 时，方程变形为：

$$\begin{bmatrix} \frac{dp_1}{dp_n} \\ \frac{dp_2}{dp_n} \\ \cdots \\ \frac{dp_{n-1}}{dp_n} \end{bmatrix} = (I - A_{n-1}{}^{T}) \begin{bmatrix} \alpha_{n1} \\ \alpha_{n2} \\ \cdots \\ \alpha_{n,n-1} \end{bmatrix} \tag{4-21}$$

根据公式（4 - 21）可以推算出流通产业内部价格变化对非流通产业部门的变化程度。

4.1.2　研究方法

（1）产业关联效应分析。产业关联分析可以较好地呈现各个产业与部门之间的相互影响关系，并可以深刻揭示产业结构变动的特征，用定量的方法研究各个产业部门在社会再生产关系中所形成相互影响的技术关系。在通常情况下，产业关联有两种形式：前向关联与后向关联。本书将前向关联效应定义为流通产业对其前向产业的推动效应，将后项关联效应定义为流通产业对后向产业的带动效应。

（2）产业发展路径。本书的目的是了解流通产业对国民经济的贡献及未来的发展趋势，所以仅仅定义流通产业发展路径为以下两种：扩张路径与约束路径。具体的路径与调控模式将在本书的第7章陈述。

①扩张路径。当该产业的完全分配系数与直接分配系数差别较大，即间接分配系数较大时，表明该产业在部门的间接分配过程中经历的产业链较为复杂，网络关系杂糅，这种分配关系具有较强的自适应、自调节能力，具体表示为：

$$\max_{i=1}^{n}(l_{ij}) = \max_{i=1}^{n}\frac{d_{ij}}{r_{ij}}(i,j=1,\cdots,n,\text{且 } a_{ij}\neq 0) \tag{4-22}$$

其中，l_{ij}为第i产业对j产业的完全分配系数与直接分配系数的比值，$\max_{i=1}^{n}(l_{ij})$表示弹性与刚性的问题，是扩张选择模型。

②约束路径。与扩张路径正好相反，当产业的完全消耗系数与直接消耗系数较为接近、间接消耗系数较小时，表明该产业在部门间接分配过程中经历的产业链较为简单，网络关系单一，这种分配关系具有较弱的自适应、自调节能力。

$$\min_{i=1}^{n}(s_{ij}) = \min_{i=1}^{n}\frac{b_{ij}}{a_{ij}}(i,j=1,\cdots,n,\text{且 } a_{ij}\neq 0) \tag{4-23}$$

其中，s_{ij}为第j产业对i产业的完全消耗系数与直接消耗系数的比值，$\min_{i=1}^{n}(s_{ij})$ 表示最短路径和最大流问题，是约束选择模型。

4.2 流通产业关联效应的数据来源与结果

4.2.1 菲德模型的数据来源与计算结果

（1）数据来源。

鉴于流通产业内部形式的复杂性与动态性，在保证数据连续性与客观性的基础上，选取 2000 ~ 2011 年的相关数据，数据来源于《中国统计年鉴 2012》，选择以下指标进行直接与间接测算，如表 4 – 4 所示。

表 4 – 4　　菲德模型指标选取

主要指标	代表符号	
流通产业总值	D	批发、零售、住宿、餐饮与其他服务业的总值之和
国内生产总值	Y	按当年价格计算
投资	I	全社会的固定投资之和
就业人数	L	城镇就业人口 + 农村就业人口

（2）菲德模型计算结果。

$$\frac{dY}{Y}=\alpha\left(\frac{I}{Y}\right)+\beta\left(\frac{dL}{L}\right)+\left[\frac{\sigma}{1+\sigma}-\theta\right]\left(\frac{dD}{D}\right)\left(\frac{D}{Y}\right)+\theta\left(\frac{dD}{D}\right) \tag{4-11}$$

将选择好的数据，代入式（4 – 11）中，可以得到流通产业部门的各个指标数据，如表 4 – 5 所示。

表 4 – 5　　菲德模型计算结果

年份	Y（亿元）	dY/Y	I（亿元）	I/Y	D（亿元）	D/Y（亿元）	L（万人）
2000	99214. 6	0. 1	32917. 7	0. 3	10997. 9	11. 1	72085
2001	109655. 2	0. 1	37213. 5	0. 3	12195. 6	11. 1	73025
2002	120332. 7	0. 1	43499. 9	0. 4	13602. 3	11. 3	73740
2003	135822. 8	0. 1	55566. 6	0. 4	15210. 9	11. 2	74432
2004	159878. 3	0. 2	70477. 4	0. 4	18202. 9	11. 4	75200
2005	184937. 4	0. 1	88773. 6	0. 5	21460. 2	11. 6	75825
2006	216314. 4	0. 1	109998. 2	0. 5	24653. 4	11. 4	76400
2007	265810. 3	0. 2	137323. 9	0. 5	29112. 7	11. 0	75321
2008	314045. 4	0. 2	172828. 4	0. 6	35289. 3	11. 2	75564
2009	340902. 8	0. 1	224598. 8	0. 7	40591. 1	11. 9	75828
2010	401512. 8	0. 2	278140. 1	0. 7	49294. 3	12. 3	76105
2011	472881. 6	0. 2	311022. 0	0. 7	59591. 6	12. 6	76420

注：根据《中国统计年鉴 2012》计算得知，流通产业总值 2003 年及以前数据不包含住宿业产值。

（3）回归分析。

根据2000～2011年所得的相关数据，为了排除方程存在的异方差性与序列相关性，本书利用Eviews6.0进行加权最小二乘法（WLS）回归分析，得到如下回归方程：

$$\frac{dY}{Y}=0.324\left(\frac{I}{Y}\right)-4.56\left(\frac{dL}{L}\right)+11.2\left(\frac{dD}{D}\right)\left(\frac{D}{Y}\right)+0.152\left(\frac{dD}{D}\right)+0.409921 \tag{4-24}$$

通过计算可知，$R^2=0.980$说明该模型对流通产业溢出效应的拟合度在98%，模型可以在98%的程度上解释流通产业的影响力，$P=0.011<0.05$，检验显著性通过。将θ代入式（4－31）可得：

$$\frac{\sigma}{1+\sigma}-\theta=11.2 \tag{4-25}$$

其中，$\theta=0.152$，$\sigma=-1.09$，σ值为负意味着流通产业的相对边际生产力低于非流通产业。

（4）菲德模型的实证结果。

根据上述分析结果可以明确得出，流通产业产值对国内生产总值的贡献是11.2，即意味着假定其他条件不变，当流通产业投入1个百分点，则国内生产总值将增加11.2个百分点，当然这其中既包含流通产业对GDP的直接贡献，也包含对GDP的间接贡献，经过计算θ值，可以得到流通产业的外溢系数是0.152，即当流通产业生产一个产品，对国民经济的直接贡献是0.152个单位，可见流通产业对国民经济的拉动作用以及对其他部门与区域的辐射力和消费的服务能力是非常巨大的，这些作用将对我国经济增长产生翻倍的效应，σ为－1.09表明国家应积极出台政策，平衡流通产业部门与非流通产业部门的投入。

通过菲德模型的测算，得出了流通产业部门对整个国民经济贡献较为明显的结论，对经济增长起到了显著的正外部性，但是由于这一外溢效应在长期的历史错误认识与观念影响下，并未被重视，或者说社会并未对这一外溢效应支付交易费用，所以在统计过程中得以忽略，以前的统计数据只说明了流通产业对国民经济的直接贡献，对于间接效应是忽视的。

综上所述，流通产业在经济部门中的影响力、辐射力以及对上游产业的控制程度和下游消费服务上，无不显示其早已经成为经济运行中的先导产业、基础产业乃至战略产业，但是从上述分析结果还可以得出流通产业自身对经济增长的贡献率只有 15.2%，说明当前流通产业对国民经济其他部门的影响还较弱，未能充分体现其辐射作用，分析其原因：第一，当前我国流通体制改革步伐缓慢、现代流通组织机构未能建立、计划经济体制下政企不分的弊端，导致市场环境中的垄断与不公平竞争，内外贸体系未能较好融合；第二，各种体制弊端影响流通产业外溢作用对其他部门与行业的传导，不充分的信息、投资无效、结构失衡等宏观问题阻碍了流通产业效率的提升及成本的提高。

（5）协整检验。

为了更进一步分析流通产业在国民经济部门中的作用以及对我国 GDP 的贡献水平，将 2000 ~ 2011 年的流通产业产值与全国 GDP 进一步做协整分析，分析两者的关系，如图 4 – 1 所示。

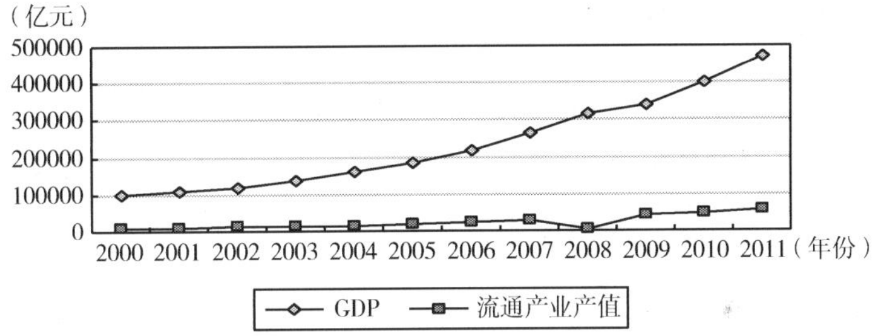

图 4 – 1　我国 2000 ~ 2011 年 GDP 与流通产业产值的关系

从图 4 – 1 可以粗略地看出，流通产业产值与 GDP 的增长水平在 2000 ~ 2011 年一直存在着上升趋势，并且有一定长期的稳定关系。为了消除异方差带来的影响，将变量取对数，记为 ly 与 lc，其变化趋势如图 4 – 2 所示。

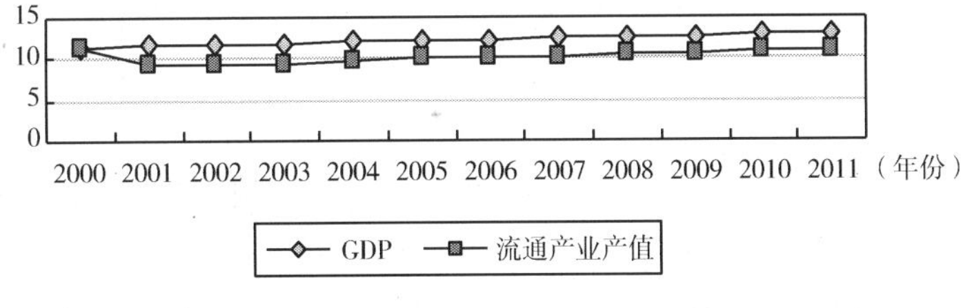

图 4 – 2　取对数后我国 2000 ~ 2011 年 GDP 与流通产业产值的关系

从图 4 – 2 可以看出，流通产业产值与 GDP 之间存在着较强的相关关系。通过对两者进行 ADF 检验，来判断数列的稳定性，检验结果如表 4 – 6 所示。

表 4-6　　流通产业产值与 GDP 的 ADF 检验结果

变　量	检验类型	ADF 值	P 值	检验结果
ly	(c,t,1)	-2.01481	0.9955	非平稳
ly(-1)	(c,0,1)	-9.15689	0.0001	平稳
lc	(c,0,1)	-2.8965	0.9569	非平稳
lc(-1)	(c,0,1)	-2.9658	0.0002	平稳

从表 4-6 可以看出，对流通产业产值与国内生产总值进行对数化后，两者的关系是一阶平稳单整，属于平稳序列，两者存在着协整关系。

（6）Granger 因果检验。

Granger 因果检验是将某个变量的滞后变量导入其他变量方程中的方法，本书根据该检验方法来分析流通产业产值与 GDP 产值之间的关系与传导机制，在进行了数据平稳性检验后，排除"伪回归"现象，检验通过估计以下方程：

$$y_t = \sum_{i=1}^{m} \alpha_i y_{t-i} + \sum_{i=1}^{m} \beta_i x_{t-i} + \varepsilon_{1t} \qquad (4-26)$$

$$x_t = \sum_{i=1}^{m} \lambda_i x_{t-i} + \sum_{i=1}^{m} \delta_i y_{t-i} + \varepsilon_{2t} \qquad (4-27)$$

假定方程式（4-26）、式（4-27）中的白噪音 ε_{1t} 与 ε_{2t} 不相关，既然流通产业产值与国内生产总值之间存在着协整关系，说明两者长期内存在着密切联系，下面对两者的因果关系在 EViews6.0 里做 Granger 因果检验，结果如表 4-7所示。

表 4-7　　流通产业产值与 GDP 的 Granger 因果检验

原假设	F 统计值	P 统计值	结论
lc does not Granger Cause ly	490.616	0.0332	拒绝
ly does not Granger Cause lc	1.44916	0.04329	拒绝

从表 4-7 可以看出，流通产业产值与 GDP 之间互为 Granger 因果关系，一方面，流通产业隶属于第三产业，而第三产业是 GDP 的重要组成部分，流通产业近年来在第三产业的贡献平均保持在 40%，所以流通产业产值的增长必将引起国内生产总值的增加；另一方面，GDP 的增长代表经济发展水平的提升，经济发展水平的提升必将加快流通产业建设的步伐与流通基础设施的建设的进程，所以 GDP 的增长也必将带来流通产业发展水平的提高，两者互为

因果关系。

（7）误差修正模型（ECM）。

误差修正模型（ECM）是用来衡量现实生活中短期经济行为的一种模型。由于现实经济中 X 与 Y 很少处在均衡点上，因此实际观测到的只是 X 与 Y 间短期的或非均衡的关系，假设具有如下（1，1）阶分布滞后形式。

$$Y_t = \beta_0 + \beta_1 X_t + \beta_2 X_{t-1} + \mu Y_{t-1} + \varepsilon_t \tag{4-28}$$

$$\begin{aligned}\Delta Y_t &= \beta_0 + \beta_1 \Delta X_t + (\beta_1 + \beta_2) X_{t-1} - (1-\mu) Y_{t-1} + \varepsilon_t \\ &= \beta_1 \Delta X_t - (1-\mu)\left(Y_{t-1} - \frac{\beta_0}{1-\mu} - \frac{\beta_1 + \beta_2}{1-\mu} X_{t-1}\right) + \varepsilon_t\end{aligned} \tag{4-29}$$

该模型显示出第 t 期的 Y 值，不仅与 X 的变化有关，而且与 t－1 期 X 与 Y 的状态值有关。由于变量可能是非平稳的，因此不能直接运用 OLS 法，对上述分布滞后模型适当变形得：

$$\Delta Y_t = \beta_1 \Delta X_t - \lambda(Y_{t-1} - \alpha_0 - \alpha_1 X_{t-1}) + \varepsilon_t \tag{4-30}$$

$$\lambda = 1 - \mu \qquad \alpha_0 = \beta_0/(1-\mu) \tag{4-31}$$

如果将式（4－30）中的参数，与 $Yt = a_0 + a_1 X_t + \mu_t$ 中的相应参数视为相等，则式（4－36）中括号内的项就是 t－1 期的非均衡误差项。式（4－30）表明，Y 的变化决定于 X 的变化以及前一时期的非均衡程度。同时，式（4－30）也弥补了简单差分模型 $DY_t = a_1 \Delta X_t + \mu_t$ 的不足，因为该式含有用 X、Y 水平值表示的前期非均衡程度。因此，Y 的值已对前期的非均衡程度作出了修正。

由于流通产业产值与 GDP 之间是非平稳时间序列，为了建立误差修正模型，将方程进行差分，分别对 ly(－1)、ly、lc 一阶差分，可以得到流通产业产值与 GDP 之间的误差修正模型：

$$\Delta ly = 0.008\Delta lc + 0.118\Delta ly(-1) - 1.14ECM(-1) \tag{4-32}$$

经过测算，误差修正模型表示流通产业的产值每变化 1%，则对全国的国内生产总值增加 11.8%，这一结论也验证了菲德模型中的结果即流通产业产值对 GDP 的影响程度的有效性。由于流通产业产值与 GDP 之间在长期内并不是一直保持这种关系，短期内会有所偏差，－1.14 正说明了这种作用，即流通产业产值每变化 1%，而国内生产总值本身的修正机制，会使 GDP 下降 1.14 个单位。

(8) 小结。

通过菲德模型与协整分析可知，我国流通产业对经济增长的外溢效应十分明显，流通产业除了为国民经济做出了直接贡献外，对其他非流通产业部门的贡献也起到了比较明显的推动作用，但是流通产业发展过程中却没得到其他产业提供的费用，根据大卫·李嘉图的比较优势原理可知："两优取最优，两劣取次劣"。由于流通产业部门的贡献率大于非流通部门在国民经济中的贡献，所以政府在进行调整发展战略时，应积极发展流通产业的先导作用，带动其他部门的发展，高度重视流通产业在国民经济中的地位，将流通产业充分放到先导产业、基础产业与战略产业的地位进行审视。为了更细致地分析流通产业对其他产业的影响程度与产业关联，鉴于此原因，本书进一步分析流通部门对其他部门的投入产出分析，对比 1997 ~ 2007 年我国的投入产出表，详细分析流通产业与其他产业的内部联系与关联效应。

4.2.2 投入产出分析步骤与结果

4.2.2.1 流通产业与投入产出模型的研究动态

对于我国流通产业与投入产出模型的使用，国内学者展开了相关研究。刘国光（2004）明确指出，随着消费主体与形态的变化，扩大内需成为当前经济运行中的重中之重，流通产业作为连接消费的一个媒介，应起到将消费者的潜在需要转化为现实需要的作用；孙明贵（2001）则借鉴日本经济学家秋山哲南的思想，将流通产业结构定义为"T"型与"土"型两种，认为流通产业结构部门的规律应该根据两种形式进行调整，他认为工业化时期，应以"T"型为主，因为这一时期，制造业所占比重比较大，而批发零售企业主要是起到中介与渠道的作用，而到了后工业化时期，这一结构恰恰相反，就变成了"土"型；袁建文（2009）则利用投入产出模型验证了流通产业与第二产业之间长期稳定的关系，指出流通产业可以通过拉动工业增长，进而促进经济增长；夏明（2010）利用了 2002 年的全国投入产出表分析了流通产业对其他产业部门的感应系数与影响力系数，并验算了流通产业内部的各个系数大小，实验证明：运输邮电部门的感应系数要远远大于批发零售、住宿餐饮行业的系数；吴为怡（2011）则以山东省投入产出表为例，为山东流通产业的发展设计提供了思路。

综合来看，国内学者已经利用投入产出模型对流通产业进行了有益的探索与实践，但是大部分学者只是针对经济系统中某一个部门与流通产业的关联进行研究，系统详细、比较综合的分析较少，本书选用我国最新的投入产出表，并在 1997 ~2002 年的投入产出表基础上对其进行综合比较分析。

4.2.2.2　投入产出表的整理

为了简化流通产业对其他行业的影响力，将 2007 年全国 42 部门及产业的投入产出表进行调整与合并，将原表中与流通产业内部涉及的批发与零售业、住宿餐饮业、交通运输及仓储业、居民与其他服务业、租赁与商务服务业合称为流通产业，将剩余的 37 行业合并为其他 8 个部门，简表如 4 –8 所示。

表 4 –8　　2007 年投入产出模型合并后的产业分类

整合后的部门	整合前的部门
1. 农林牧渔业	农林牧渔业
2. 采掘业	非金属矿及其他采矿业、煤炭开采和洗选业、金属矿采选业、石油与天然气开采业
3. 制造业	食品制造及烟草加工业、纺织业、纺织服装鞋帽皮革羽绒及其制品业、石油加工、炼焦及核燃料加工业、木材加工及家具制造业、造纸印刷及文教体育用品制造业、化学工业、非金属矿物制品业、金属冶炼及压延加工业、金属制品业、通用专用设备制造业、交通运输设备制造业、电气机械及器材制造业、通信设备、计算机及其他电子设备制造业、仪器仪表及文化办公用机械制造业、工艺品及其他制造业、废品热料
4. 水电燃气业	电力、热力的生产和供应业、燃气生产与供应业、水的生产和供应业
5. 建筑业	建筑业
6. 流通产业	批发与零售业、住宿餐饮业、交通运输及仓储业、居民与其他服务业租赁、商务服务业
7. 金融、房地产业	金融业、房地产业
8. 技术产业	信息传输、计算机服务和软件业、研究与试验发展业、综合技术服务业
9. 其他服务业	水利、环境和公共设施管理业、教育、卫生、社会保障和社会福利业、文化体育和娱乐业、公共管理和社会组织、邮政业

4.2.2.3　投入产出模型的计算结果

（1）直接消耗系数的计算结果。

依据直接消耗系数的公式，分析我国2007年九大部门的直接消耗系数，可以得到如下结论：为了得到一个流通产业的产品，需要直接消耗0.1248159个单位的劳动报酬，0.0716209个单位的生产净税额，0.0577148个单位的固定资产折旧和0.218个单位的营业盈余。除此之外，还需耗费0.527067单位的中间投入与0.4729383单位的行业增加值才能形成一单位的流通产业产值。

从中间投入看，为了生产一个单位的流通产业商品，需要直接消耗0.0263045单位的采掘业，0.0237017单位的农林牧渔业，0.2682102单位的制造业，0.0166632单位的水电燃气业，0.0031581单位的建筑业，0.0528557单位的金融与房地产业，0.0101709单位的技术产业和0.0080884单位的其他产业，同时，还需要消耗0.1416107单位的流通产业，这主要表现在流通产业内部的价值循环流。其中对流通产业的直接消耗系数进行排序，如表4－9所示。

表4－9　　流通产业直接消耗系数顺序表

标　记	部　门	流通产业直接消耗系数及比重	
3	制造业	0.26821019	48.70%
6	流通产业	0.14161074	25.71%
7	金融与房地产业	0.05285571	9.60%
2	采掘业	0.02630451	4.78%
1	农林牧渔业	0.02370173	4.30%
4	水电燃气业	0.01666319	3.03%
8	技术产业	0.0101709	1.85%
9	其他产业	0.00808838	1.47%
5	建筑业	0.00315809	0.57%

从表4－9可以得出，在中间产品中，流通产业的48.70%的消耗来自制造业，25.71%的消耗来自流通产业自身，其次就是9.6%的消耗来自金融与房地产业，三者合计的比例已经超过了84%。

根据表4－9也可以得出：一个单位流通产业的价值形成，都需要消耗0.26821019单位的制造业，0.1248189单位的劳动报酬，0.14161074单位的产业本身，另外，每一个单位的技术产业的价值形成，需要直接消耗0.123349单位的流通产业价值。可见，流通产业与制造业、技术产业密不可分，而流通产业产品的生产也需要付出很多的劳动报酬，两者关系也非常紧密。

（2）完全消耗系数的计算结果。

假设用 A 来表示直接消耗矩阵，用 B 来表示完全消耗系数矩阵，经过投入产出的计算步骤，可知：

$$B = (I - A)^{-1} - I \tag{4-33}$$

根据式（4－33）计算可知，为了生产 1 单位的流通产业的最终产品，需要消耗 0.1779696 单位的采掘业，0.0940377 单位的农林牧渔业，0.9271435 单位的制造业，0.0914981 单位的水电燃气业，0.0053009 单位的建筑业，0.093269 单位的金融与房地产业，0.0269959 单位的技术产业，0.0179639 单位的其他产业，同时需要本身提供 0.2612201 单位的价值，与前面的直接消耗系数对比，结果基本相同，制造业与流通产业的联系密不可分。

根据表 4－10 的分析结果可知，对比完全消耗系数表与直接消耗系数表，流通产业对各个行业的作用，其完全消耗系数与直接消耗系数的结果基本一致，根据产业关联路径分析，当直接消耗系数与完全消耗系数接近时，说明流通产业自身发展对流通产业的未来趋势是约束的。这也表明，为了生产 1 个单位的流通价值，要完全消耗 0.927143 单位的制造业，0.17797 单位的采掘业，0.094038 单位的农林牧渔业，0.093269 单位的金融与房地产业，0.091498 单位的水电燃气业、0.026996 单位的技术产业，0.0531 单位的建筑业和 0.017964 单位的其他产业，从表 4－10 可以看出，制造业与流通产业的关系仍然最为紧密。

表 4－10　　　　流通产业完全消耗系数顺序

标　记	部　门	流通产业完全消耗系数
3	制造业	0.927143
6	流通产业	0.26122
2	采掘业	0.17797
1	农林牧渔业	0.094038
7	金融与房地产业	0.093269
4	水电燃气业	0.091498
8	技术产业	0.026996
9	其他产业	0.017964
5	建筑业	0.00531

（3）分配系数的计算结果。

根据分配系数的计算公式，得到我国2007年投入产出表各部门的分配系数见表4－11。研究发现，若是将1单位的流通产业中间品投入其他行业，有0.033347373单位进入采掘业，有0.0294182单位进入农业牧渔业，0.018276493单位进入水电燃气业，0.401546478单位进入制造业，有0.1109802单位进入建筑业，有0.051835147单位进入金融与房地产业，有0.0306078单位进入技术产业，有0.110823109单位进入其他产业，另外，还有0.213165186单位作为中间产品，投入流通产业本身，从表4－11中可以看出，有40.2%的流通产业中间产品被用于制造业，因此可以得出，较之其他行业，流通产业与制造业之间的联系较为密切。

表4－11　　流通产业分配系数顺序

序　号	部　门	流通产业分配系数
3	制造业	0.4015465
6	流通产业	0.2131652
5	建筑业	0.11098
9	其他产业	0.110823
7	金融与房地产业	0.0518351
2	采掘业	0.0333474
8	技术产业	0.0306078
1	农林牧渔业	0.0294182
4	水电燃气业	0.0182765

（4）关联系数的计算结果。

表4－12与表4－13分别给出了我国流通产业的直接前向系数与后向关联系数的计算结果。

表4－12　　流通产业直接前向系数顺序

序　号	部　门	流通产业分配系数
2	采掘业	3.709029
3	制造业	2.437279
6	流通产业	0.798933
4	水电燃气业	0.515235
7	金融与房地产业	0.256474

续表

序 号	部 门	流通产业分配系数
1	农林牧渔业	0.232818
8	技术产业	0.12183
9	其他产业	0.091078
5	建筑业	0.036859
2	采掘业	3.709029

表 4-13　　流通产业直接后向关联系数

序 号	部 门	直接后向关联系数
9	其他产业	3.935018
3	制造业	0.7862337
5	建筑业	0.7686057
4	水电燃气业	0.7163436
6	流通产业	0.5507634
8	技术产业	0.4527057
1	农林牧渔业	0.4138389
2	采掘业	0.3145871
7	金融与房地产业	0.2614393

从表 4-12 可以看出，较之制造业与采掘业，我国流通产业的直接前向关联系数比较小，而比金融与房产业、水电燃气业、农林牧渔业、技术产业、其他产业与建筑业大。这说明，当流通产业增加一个单位的产量，对国民经济的贡献要比水电燃气业、农林牧渔业、技术产业、金融与房地产业和其他产业高得多，对国民经济的推动作用更大，而对于制造业与采掘业则不尽其然。

我国流通产业的直接前向关联系数是 0.798933，直接后向关联系数是 0.5507，对比两者可知，前向关联系数大于后向关联系数，这说明流通产业属于中间投入的基础产业。

从表 4-13 中可以看出，对于直接后项关联系数，流通产业要比其他产业、制造业、建筑业、水电燃气业小，比技术产业、农林牧渔业、采掘业、金融与房地产业大，该项指标的经济含义表示同样增加一个单位的产量，流通产业的国民经济的贡献大于技术产业、农林牧渔业、采掘业、金融与房地产业，而小于其他产业、制造业、建筑业、水电燃气业。这说明流通产业对整个经济增长中的促进与拉动作用是处于中等影响力的。

（5）中间需求率与最终需求率的计算结果。

表4－14给出了流通产业中间需求率与最终需求率的计算结果。

表4－14　　各行业中间需求率和最终需求率一览

部　门	中间需求率	最终需求率
农林牧渔业	0.707404632	0.292595368
采掘业	0.973952156	0.026047844
制造业	0.68862214	0.31137786
水电燃气业	0.91235884	0.08764116
建筑业	0.032160204	0.967839796
流通产业	0.618454159	0.381545841
金融与房地产业	0.540986481	0.459013519
技术产业	0.179279066	0.820720934
其他产业	0.609966223	0.390033777

在整个投入产出表中，总有个等式成立，就是中间需求率与最终需求率的和为1，所以对某个产业而言，最终需求率越小，这个产业的性质就偏向于中间品的性质，即该产业以提供中间产品为主，而最终需求率则表示该产业所生产产品的用于消费资料的比例，对于我国的流通产业而言，61.8%作为生产资料用于生产，38.2%用于人们的日常消费，可见其他产业对流通产业的依赖程度也相当大。

（6）中间投入率与最终投入率的计算结果。

表4－15给出了流通产业的中间投入率与最终投入率的计算结果。

表4－15　　各行业中间投入率和最终投入率一览

部　门	中间投入率	最终投入率
农林牧渔业	0.413838918	0.5861611
采掘业	0.413838918	0.5861611
制造业	0.786233711	0.2137663
水电燃气业	0.716343559	0.2836564
建筑业	0.768605712	0.2313943
流通产业	0.52706169	0.4729383
金融与房地产业	0.248283961	0.751716

续表

部　门	中间投入率	最终投入率
技术产业	0.431490664	0.5685093
其他产业	0.508913896	0.4910861

与需求率的等式相同，中间投入率与最终投入率之和也等于 1，由此可得，流通产业的中间投入率为 52.7%，这一比例低于制造业、建筑业、水电燃气业，附加值不是太高，流通产业对上游产业的拉动能力有待提高。

经过以上对我国国民经济各个部门的中间投入率与中间需求率的分析，结合钱纳里、渡边等经济学家提出的以 50% 的中间需求与中间投入率分界点的划分法，构建坐标系，将横轴定义为中间需求率，纵轴定义为中间投入率，并以社会平均数为准线，将各个部门划入四个象限中，如表 4－16 所示。

表 4－16　　产业立体结构划分

	中间需求率小	中间需求率大
中间投入率大	最终需求型产业 建筑业	中间产品型产业 制造业、水电燃气业、流通产业
中间投入率小	最终需求型基础产业 其他服务业	中间产品型基础产业 农林牧渔业、采掘业、金融与房地产业、技术产业

由表 4－16 可知，流通产业内部的批零产业等几个行业都是属于高附加值的行业，对其他行业的影响水平也比较高，应该鼓励发展流通产业，保持经济快速增长；同时，制造业、水电燃气业和流通产业的中间需求率比较大，说明了这些产业更具有提供中间产品的性质，对社会生产过程中的贡献大于对产品转化为最终需求的贡献；而中间需求率较小的建筑业，说明该行业的最终贡献要大于社会生产过程中的贡献；除此之外，批零行业与住宿餐饮行业都属于中间需求率小而投入率较小的行业，运输邮电业属于中间需求率大而中间投入率小的行业，这些足以说明流通产业内部的各个行业均属于基础行业，对国民经济的作用是先导地位的，如果不加以发展，势必影响到其他行业的发展。

（7）影响力系数与感应度系数的计算结果。

从表 4－17 可以得出各个行业的影响力系数与感应度系数，制造业、建筑业、水电燃气业、其他产业等四个产业的影响力系数都大于流通产业，而流通产业系数又大于农林牧渔产业、采掘业、金融与房地产业、技术产业四个产业。流通产业的影响力为2.695407。一般通过影响力系数可以判断产业对国民经济的贡献，若大于1表示对国民经济的影响力是大于平均值的，而表中的流通产业影响力系数为0.78144，表明流通产业的波动对国民经济的影响程度是小于全国平均值的。

表4－17　　流通产业的影响力系数与感应度系数的计算结果

部　门	影响力	影响力系数	感应度	感应度系数
农林牧渔业	2.24981455	0.652256	1.984982333	0.57547666
采掘业	1.987101	0.576091	6.67448537	1.93503512
制造业	3.53079099	1.02363	11.1225515	3.22459735
水电燃气业	3.14230133	0.911001	2.777464717	0.80522939
建筑业	3.56380781	1.033202	1.059008413	0.30702269
流通产业	2.69540768	0.78144	3.173367621	0.92000768
金融与房地产业	1.78108602	0.516364	1.706060024	0.49461283
技术产业	2.66495598	0.772611	1.331598755	0.38605079
其他产业	9.42828914	2.733405	1.214035762	0.35196749

从感应度系数来判别，流通产业的感应度系数小于采掘业与制造业，却大于农林牧渔业、水电燃气业、建筑业、金融与房地产业、技术产业与其他产业六个产业。流通产业的感应度为3.173367621，表示每增加1单位的流通产业增加值，国民经济就会增加3.173367621单位的增加值。一般而言，感应度系数的含义与影响力系数相反，说明了国民经济对流通产业的拉动程度，如果该系数大于1，说明国民经济的波动影响超过了全国的平均值，由于流通产业的感应度系数已经到了0.92000768，接近于1，说明流通产业对国民经济的波动感是十分大的。通过对比两类系数，可以明显判别国民经济对流通产业的推动作用，要远远大于流通产业对经济增长的波及作用。

按着前面同样的方法，如果将得出的影响力系数与感应度系数放入产业立体结构表中进行综合分析，结果如表4－18所示。

表4－18　　产业立体结构

	中间需求率小	中间需求率大
影响力系数大于1	需求拉动力大，供给推动力小	需求拉动力，供给推动力大
影响力系数小于1	需求拉动力小，供给推动力小	需求拉动力小，供给推动力大

根据表 4－18 的结论，我国流通部门内的批发零售行业与住宿餐饮行业的感应度系数都小于 1，表明当前流通产业部门接受其他产业影响要远远大于自身对其他产业的影响，如果不提升流通产业部门的影响力，那么，流通产业的辐射力及拉动作用会变得更小。

从中间需求率上来分析，住宿餐饮业在最终需求的提供上起到重要的作用，而批发零售业则在经济发展中提供着各种中间产品，所以真正要使需求扩大，真正让流通产业起到媒介作用，也必须努力均衡发展流通产业领域内的各个行业。

若是看中间投入率，可以看出流通产业内部的各个部门具有较高的产品附加值，对国民经济起到重要的基础作用。

从感应度与影响力上看，批发零售与住宿餐饮的影响力都比较小，还未起到在国民经济中应有的影响作用，这种情况下，造成流通产业领域的影响力与感应力较弱，所以在我国推动流通体制改革势在必行，应不断提高该领域相关产业的技术与管理水平，实现大跨越发展。

4.2.3　流通产业投入产出价格模型的计算结果

根据投入产出模型的价格公式，得出流通部门在不同增量 Δp_n 情况下，其他部门价格的变化系数，结合我国的基本国情与“十二五”规划纲要中提出的基本要求，“争取努力实现居民收入增长和经济发展的同步”，同时，结合 2012 年我国政府工作报告，近几年我国经济增长的预期指标是在明显提高质量与效益的基础上年均增长 7%，根据前面的假设，如果劳动收入与经济增长保持同步增长，流通部门的增长幅度也保持在 7% 的增长速度。假设其他因素不变，选取 5%、7%、10% 三个变动幅度对该部门进行测算，结果显示了若是流通部门价格上涨 5%、7%、10%，其他部门的变动程度如表 4－19 所示。

表 4－19　　流通产业价格模型的计算结果

排　位	部　门	5%	7%	10%
1	其他产业	2.582%	3.615%	5.164%
2	建筑业	1.113%	1.558%	2.225%
3	技术产业	0.981%	1.373%	1.962%
4	制造业	0.824%	1.154%	1.649%

续表

排　位	部　门	5%	7%	10%
5	水电燃气业	0.610%	0.854%	1.221%
6	金融与房地产业	0.593%	0.830%	1.186%
7	农林牧渔业	0.370%	0.518%	0.741%
8	采掘业	0.250%	0.350%	0.499%

从表4－19可以看出，该表的经济含义是表示当流通产业部门一个部门的价格进行调整后，对其他部门的价格变化率。同时可以看出，虽然各部门由于流通部门价格上涨引起的价格变化各不相同，但变化趋势却是一致的，各个部门的产品价格呈上升趋势。其中涨幅最大的部门是其他产业，上涨幅度在10%的情况下高达5.164%，其次是建筑业高达2.225%，技术产业是1.962%，制造业是1.649%，说明这几个部门对流通部门价格的上涨与变化敏感程度较大，产品价格的变动受其影响很大。

4.3 流通产业关联效应的分析结论

综合以上投入产出模型的分析结果，如表4－20所示，流通产业在国民经济中的地位表现出以下特征，具体如下：

（1）通过对表4－20分析可知，我国流通产业在9个部门的中间需求率较小，为0.618454，说明流通产业具有提供最终产品的的特征，并且容易将产品转化为最终的需求贡献要远远大于生产过程的贡献。我国流通产业部门的中间投入率为0.527062，相较其他部门也比较小，加上中间需求率也小，可见流通产业部门是属于最终需求的基础产业，在国民经济运行中起基础作用。

（2）我国流通产业部门的感应度系数为0.920008，是除了采掘业之外较高的行业，影响力系数（0.78144）较小，这说明流通产业对国民经济其他部门的提供支持的能力比较强，应率先发展该行业，发挥其在国民经济中的先导作用，带动其他行业发展，以促进社会生产过程的再循环。但目前流通产业发展还不完善，应出台相关政策与手段大力发展流通产业。

表 4 – 20　　2007 年九大行业的投入产出模型分析

	农林牧渔业	采掘业	制造业	水电燃气业	建筑业	流通产业	金融与房地产业	技术产业	其他产业
直接消耗系数	0. 023701732	0. 026305	0. 26821	0. 016663	0. 003158	0. 141611	0. 052856	0. 010171	0. 008088
直接消耗百分比	4. 30%	4. 78%	48. 70%	3. 03%	0. 57%	25. 71%	9. 60%	1. 85%	1. 47%
完全消耗系数	0. 094037707	0. 17797	0. 927143	0. 091498	0. 00531	0. 26122	0. 093269	0. 026996	0. 017964
完全需求系数	0. 094037707	0. 17797	0. 927143	0. 091498	0. 00531	1. 26122	0. 093269	0. 026996	0. 017964
分配系数	0. 029418228	0. 033347	0. 401546	0. 018276	0. 11098	0. 213165	0. 051835	0. 030608	0. 110823
直接前向关联系数	0. 232817669	3. 709029	2. 437279	0. 515235	0. 036859	0. 798933	0. 256474	0. 12183	0. 091078
直接后向关联系数	0. 413838918	0. 314587	0. 786234	0. 716344	0. 768606	0. 550763	0. 261439	0. 452706	3. 935018
中间需求率	0. 707404632	0. 973952	0. 688622	0. 912359	0. 03216	0. 618454	0. 540986	0. 609966	0. 179279
最终需求率	0. 292595368	0. 026048	0. 311378	0. 087641	0. 96784	0. 381546	0. 459014	0. 390034	0. 820721
中间投入率	0. 413838918	0. 413839	0. 786234	0. 716344	0. 768606	0. 527062	0. 248284	0. 431491	0. 508914
最终投入率	0. 586161082	0. 586161	0. 213766	0. 283656	0. 231394	0. 472938	0. 751716	0. 568509	0. 491086
影响力	2. 24981455	1. 987101	3. 530791	3. 142301	3. 563808	2. 695408	1. 781086	2. 664956	9. 428289
影响力系数	0. 652255558	0. 576091	1. 02363	0. 911001	1. 033202	0. 78144	0. 516364	0. 772611	2. 733405
感应度	1. 984982333	6. 674485	11. 12255	2. 777465	1. 059008	3. 173368	1. 70606	1. 331599	1. 214036
感应度系数	0. 575476658	1. 935035	3. 224597	0. 805229	0. 307023	0. 920008	0. 494613	0. 386051	0. 351967

4.4 流通产业的路径选择

为了了解流通产业地位在国民经济中的历史演变，进行综合的纵向比较，下面按照同样的方法对比1995年、2002年我国流通产业的投入产出表，进行计算并对其进行分析。

4.4.1 流通产业1997～2007年前向关联对比分析

经过对比，1997～2007年全国投入产出表中各个产业部门的直接前向关联系数与后向关联系数，得出结果如表4－21所示。

表4－21　1997～2007年流通产业对其他产业直接分配系数变化情况

2002年与1997年比较		2007年与2002年比较	
上升的产业	下降的产业	上升的产业	下降的产业
农林牧渔业	制造业	建筑业	农林牧渔业
水电燃气业	采掘业	金融房地产业	采掘业
建筑业	其他产业	技术产业	水电燃气业
金融房地产业		其他产业	流通产业
技术产业		制造业	
流通产业			

（1）流通产业的内生增长力分析。

通过仔细对比研究发现，10年期间流通产业的直接前向关联系数分别为0.3020，0.2096，0.7989，其名次为第1位、第2位与第3位，从排名顺序可以看出，总体上，流通产业的增长率与其他产业比较，一直是保持领先地位的，但是纵向来比，流通产业的自身发展受限，排名一直落后，自我调节能力下降，究其原因是在这两个阶段我国流通产业经历了两次较大的外部冲击：我国最早在20世纪80年代进行了一系列的流通体制改革手段与配套措施，这一阶段流通产业经历了较快的发展，所以在1997年出现了直接前向关联系数比较大的情况；另外，2002 年加入世贸组织后，我国流通体制改革面临开放国门的风险，这一时期，国家无论是在流通内部管理还是运行机制上，都出台了较好的配套措施，所以在 1997 ~ 2002 年间流通产业自身发展较好。

（2）流通产业对其他产业的分布变化。

从表 4 - 21 可以看出，2002 年较之 1997 年，制造业的前向关联是下降的，但是 2007 年较之 2002 年是上升的，而农林牧渔业前一阶段是上升的，后一阶段却是下降的，可以看出流通产业对不同行业的影响差异是很大的。2002 年，中国刚刚加入世界贸易组织中，经济开始走向高速运行之路，国家新一轮的投资及重工业化兴起，正是因为这个原因，造成了流通产业直接分配系数的提升与增多。2002 年后，对流通产业需求减少的主要是一些传统的基础设施产业、传统制造业，导致流通产业的直接分配系数下降与减少。

根据上述情况对比发现，对于前向关联影响，根据经济发展周期的不同，流通产业的发展也呈现出不同的特点，如表 4 - 22 所示。

表 4 - 22　　经济周期与流通产业的发展

经济周期与阶段	流通产业对其他产业的影响	态　势
经济上升初期	传统资源产业、传统基础设施产业	下降
经济上升中期	资源性产业、现代制造业、基础设施产业、建筑业、服务业	上升
经济平稳期	建筑业、化工业、食品制造及烟草加工业、农林牧渔业、金属冶炼及压延加工业	分配较多、较稳定
治理通胀期	传统制造业、传统资源产业、基础设施产业、建筑业、服务业	降低，分配减少

从表 4 - 22 可以看出，在经济的上升初期阶段，流通产业对一些传统的资源产业和基础设施产业关联度下降，因为这一时期，国家往往会加大投资，发展重工业与制造业，而忽视流通产业的发展；而到了经济上升的中期，随着建筑业与服务业的跟进，流通产业开始对这些行业的关联程度上升，这一形势一直延伸到经济的平稳期，但是在治理通胀期，由于流通产业对价格因素的敏感度比较高，很多行业要受到价格波动影响较大，因此对一些传统资源产业关联开始降低，分配减少。

4.4.2 流通产业1997～2007年后向关联对比分析

经过对比，1997～2007年各个产业部门的直接消耗系数与后向消耗系数，如表4－23所示。

表4－23 1997～2007年流通产业对其他产业直接消耗系数变化情况

2002年与1997年比较		2007年与2002年比较	
上升的产业	下降的产业	上升的产业	下降的产业
农林牧渔业	制造业	建筑业	农林牧渔业
采掘业	流通产业	金融房地产业	采掘业
水电燃气业	其他产业	技术产业	水电燃气业
建筑业		其他产业	流通产业
金融房地产业			制造业
技术产业			

（1）流通产业集聚性对比。

从1997～2007年的数据对比可以发现，流通产业自身的直接消耗系数分别为0.1820、0.1613，141611，也呈现一直下降的趋势，可见，随着我国经济发展，流通产业能力有不同幅度的提高，流通环节开始缩减，很多生产者选择直接面向消费者，而忽略批发等环节，另外，更多的商品可以源源不断地从国外商业体系中流入，影响了内贸体系的发展。

（2）流通产业依赖性增加。

从亚洲金融危机到我国顺利加入世贸组织以及中国经济的“软着陆”，标志着我国流通产业规模的不断壮大和流通产业对现代服务业的需求正逐步加深，商业层级正在升级，知识化、科技化、智力化正在逐步加深，流通产业直接消耗系数呈上升趋势，对现代服务业的带动程度较大，流通产业对资源性产业的间接消耗正在逐步上升，对资源性产业依赖性不断增强，动力十足。

4.4.3 流通产业的路径选择

根据本章计算的2007年流通产业的相关数值，确定出流通产业发展的扩张路径与约束路径。如图 4－3 所示，流通产业的扩张路径为：金融与房地产业、其他产业、建筑产业、制造业、采掘业、农林牧渔业；流通产业的约束路径为：技术产业、流通产业、水电燃气业。从得出的分析结果可以看出：技术含量高的流通产业等服务业和水电燃气业是流通产业自身约束路径，尤其是现代服务业，现代服务业的滞后严重阻碍了流通产业的扩张，而扩张路径主要是一些传统的资源类产业与制造业，这些行业具有巨大的潜力带动流通产业的扩张，而金融与房地产业既是扩张性产业也是约束性产业，可见金融与房产业在整个流通产业发展中的重要支撑作用。

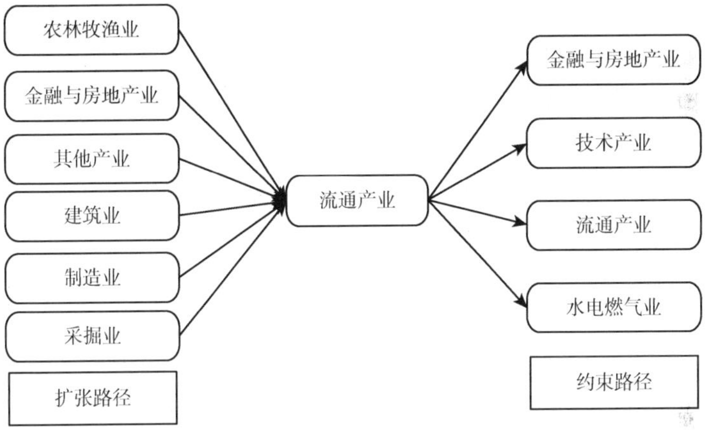

图 4－3　流通产业的发展路径

根据图 4－3 分析，我国流通产业每生产 1 个单位流通产业的产品，都需要直接消耗 0.1248159 单位的劳动报酬，这一数据较之前的最初投入来说，占了相对大的比重，与我国的国情基本相符合，流通产业在我国部门分类中属于现代服务业的范畴，我国的基本国情和行业本身的特点使之成为一个劳动密集型的产业。

与之有直接联系的产业包括制造业、技术业与金融房地产业，与之有间接联系的产业包括采掘业、农林牧渔业与水电燃气。从表 4－22 中可以看出，生产 1 个单位的流通产业产品，在中间产品的投入中，流通产业仍有 48.70% 来自制造业，而来自产业本身占 25.71%，两者累计消耗 74.41%，还有 9.60% 的消耗是来自金融、房地产行业，这一比重也较高。从完全消耗的角度来看，每生产 1 个单位的流通产业的最终产品都需要 0.9271 单位的制造业和 0.26122

单位的流通产业本身价值投入。而流通产业作为中间产品时，有21.45%的产品投入制造业；技术产业有2.67%的产品投入流通产业；金融、房地产业有9.4%的产品作为中间产品投入流通产业中，以上数据都较好地说明了我国流通产业与制造业、技术产业与金融房地产业的联系十分密切。从以上分析中也可以得出，流通产业对采掘业、农林牧渔业与水电燃气业的完全消耗系数与直接消耗系数是一致的。

综上所述，为了进一步加强流通产业的快速发展，首先，应密切推动金融产业的规范化程度，努力使其服务国际化、经营高效化，提升其对其他产业的带动能力；继续关注房地产业健康发展，避免房地产业价格过度波动，改善住宿与餐饮业的服务环境与条件，提升其特色化与精准化；促进现代服务业的大力发展，扩大其内涵与外延，争取实现内容服务化、竞争高度化、提升其国际影响能力，并积极推进其系统化、协同化的发展水平。

4.5 本章小结

本章通过利用菲德模型与投入产出模型，对流通产业在国民经济中的地位进行了较为详细地分析，在当今社会，流通产业对各个产业部门的影响程度都比较高，其所起的作用已经远远不能用先导产业、基础产业与战略产业进行单独概括，本书定义流通产业为我国国民经济的先导产业、基础产业与战略产业，但是针对不同的历史发展阶段与区域特点，也要具体问题具体分析，具体结论如下：

（1）认真理清流通产业的相关概念。

不同于西方理论界在辨析某一个基本概念，一定要对这个概念进行重新定义与区分，然后再进行系统分析与规范实证分析的普遍做法，我国理论界本身对这些产业概念——基础产业、先导产业与战略产业并未给出一个清晰的回答，因此，要想认清流通产业在当今社会中的地位与作用必须结合流通产业在当前国民经济中的发展现状，真正将这些概念进行区别与联系。

（2）结合区域特征将理论联系实际。

流通产业的发展既有共性特征，也有区域差异特征。一方面我国要大力发展流通产业，另一方面流通产业的发展现状表现在不同地区，特征又各异，所以在进行研究时一定要密切结合各个地区的特点与状况。在我国，经济发展的不平衡是影响流通产业发展的重要因素，尤其是东、中、西部差异较大的现状。很多省区市目前提出“流通兴省”“流通兴市”的说法，在不同情况下，简单盲目跟进是不科学的，因为流通产业发展是一个循序渐进的过程，对于已经有良好流通产业基础的省区市可以提出这样的口号，但是对于一些欠发达的地区提出这样的口号还过于超前，完全忽视了当地的经济实际。显而易见，流通产业能起到先导作用，在不同的工业化阶段是也是不一样的，所以各地区在发展流通产业的时候要认识到以下两点：①流通产业与工业化发展不一定同步，不一定按着惯性思维只发展工业，而忽视流通产业的发展，可以先使流通产业超前发展，然后发挥其先导作用，带动工业化的步伐，但是超前不能超实际，也要结合当地的经济发展水平，不能本末倒置，起到相反的作用；②流通产业本身是一个独立的产业，在国民经济运行中发挥着重要作用，并不是说一定先发展第一、第二产业，再发展流通产业，适当的方式应该是流通产业与第一、第二产业齐头并进，只是选择不同的阶段和时期，重点发展某个产业，一定要摈弃流通产业只是附属产业的说法，三大产业之间应该是相互促进、相互影响、共同发展的状态，才能保证消费需求的实现与经济的快速增长。

（3）不同经济发展阶段需要对流通产业重新定位。

借鉴日本经济学家秋山哲男的观点，本书认为可以针对不同的经济发展阶段与工业化特点，提出我国流通结构发展应该遵循两种基本范式“土”型和“T型”，如图4－4所示。当我国处在工业高速发展时期，建议多采用“T”型结构，因为这一经济发展阶段，制造业占主体，批发零售业只是起到渠道的作用，所占比重较小。而到了后期，制造业的比重逐渐削弱，生产端到消费端的距离慢慢接近，批发商的环节变少，零售商成为市场的主体，这一时期也就成了“土”型结构，零售业成为主体，生产的数量与质量完全有消费来决定。

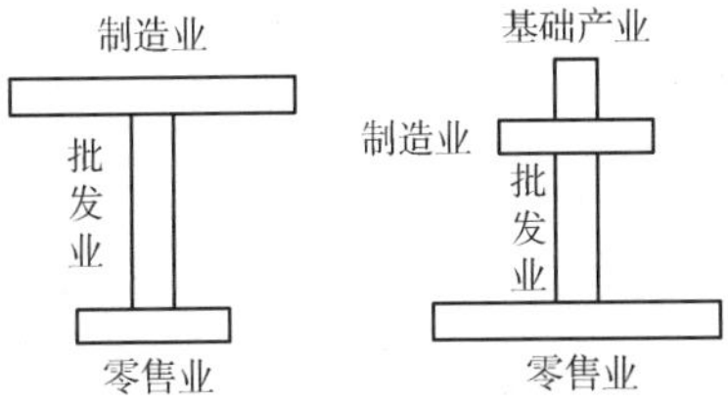

图4－4　T型流通结构与土型流通结构

这一理论虽然只是把流通结构分成简单的两种结构，还不完善，但是至少从某种角度上反映了不同经济发展阶段的差异化特点，所以在不同的经济发展阶段流通产业的定位也不同，尤其是在我国，各个省区市与经济区域发展特点各异，依赖产业不同，必须要从历史和动态的角度来定位流通产业，即使一个地区也应在不同阶段适时调整自己的定位，切莫用“一刀切”或者静止的观点来看待流通产业的发展。

（4）流通产业的范围也应该重新定位。

截至目前，学术界对流通产业的概念及范围仍然未能统一。传统意义上认为流通产业应该包括批发零售业、住宿餐饮业和交通运输仓储业、邮政业。但是从历年的文献看，流通产业的研究出于数据的局限或者可搜集性，始终未能全部包括，而且各个阶段在我国经济运行中所起的作用也不同，从 1992 年以来，国家开始重视第三产业的推进与发展，其中，明确强调交通运输与邮电通讯业是未来发展具有全局性和先导性的行业，但是对于批零行业、住宿餐饮行业并未给予说明与重视。因此，在对流通产业定位时，还要结合流通产业内部不同的产业特点以及在经济过程中的主次，运用多种分析方法进行论证。

（5）运用定量分析与实证分析方法界定流通产业地位。

从前面的研究现状来看，大部分的国内学者只是从理论上对流通产业进行重新定位，尽管结论不尽相同，但是观点如前面总结与分析，无外乎流通产业对经济发展的贡献，这一结论太过笼统，似乎无论是用于先导产业、基础产业还是战略产业都适合，缺乏对产业含义的定义，方法过于单一，角度过于局限，所以对流通产业的定位问题应该将定性分析与定量分析方法相结合，并利用比较与归纳的方法，突出实证分析的角度，对流通产业重新科学定位。

第 5 章

流通产业发展对居民消费的影响因素及机理分析

根据现阶段流通产业的发展水平来看，流通产业内部的规模、经营效益与环境对其影响程度最大，国内外众多专家学者对流通产业发展影响居民消费的因素与机理也有不同的认识。为了更加详细地辨识流通产业发展影响居民消费的因素，本书在回顾流通产业演进的历史阶段的同时，通过建立流通产业发展影响居民消费因素的体系，对全国及各省区市的数据进行实证分析，以求能为制定促进消费为目标的流通产业政策找到着力点。

5.1 流通产业发展与居民消费的相关性分析

随着我国经济发展从“快消费”向“慢消费”的转变，消费作为国民经济的重要构成部分，其拉动作用日益凸显，而流通产业作为连接生产与消费的桥梁无疑是影响消费升级的一个重要因素，无论是流通产业规模的扩大、经营效益的提升、环境的改善还是成本的降低都对居民消费的意愿、商业业态的形式以及消费结构的改善有重要意义，最终影响消费的增长。

但是目前阶段对流通产业发展与我国消费能力的相关性研究还较少，本书试图在前人的研究基础上梳理出流通产业发展促进居民消费的成因机理，利用 VAR 模型、Johansen 协整检验与 Grange 因果检验等方法来判断流通产业与消费的长期影响程度与方向，进而为流通产业发展促进消费找到更科学的解释，也为流通产业发展影响居民消费因素的实证研究做出进一步补充。

5.1.1 研究方法

基于国内外参考文献，本书分析我国流通产业与居民消费之间的相关性，通过判断这一影响关系的存在，可以有效地为我国流通产业调控与发展制定政策找到着力点，通过建立向量自回归模型（VAR）进行协整检验与 Granger 因果检验，找出流通产业与消费之间的长期均衡关系。其中 VAR 模型是一种有效地测算变量之间滞后影响的关系模型，可以反映不同变量之间的动态影响关系。

5.1.2 变量与数据处理

根据冉净斐（2008）等人的研究，关于流通产业数据选择 1995～2011 年全国流通产业产值数据，居民消费数据选择社会消费品零售总额为代表，数据来源于《中国统计年鉴 2012》，进而分析两者的协整关系。

5.1.3 VAR 模型的统计与检验

（1）数据平稳性检验。

为了避免方程中的异方差问题，本书对流通产业产值与消费变量都采用对数形式，记为 lcp 与 lc，通过 ADF 检验来分析数据的平稳性，若数据是平稳的时间序列可以采用一般回归模型，否则采用 VAR 模型进行回归，结果如表 5－1所示。

表 5－1　ADF 的单位根检验结果

统计量	指标	ADF 检验值	P 值	结论
水平统计量	lc	0.01315	0.9999	不平稳
	lcp	4.49983	0.9935	不平稳
一阶差分量	lc	5.32266	0.7286	不平稳
	lcp	－0.49269	0.0959	不平稳
二阶差分量	lc	18.2594	0.0074	不平稳
	lcp	－3.26423	0.0146	不平稳

由表 5 - 1 可知，lc 与 lcp 都是二阶单整的，说明可以通过构建 VAR 模型来分析流通产业与消费之间的关系。

（2）VAR 模型分析。

在进行 ADF 检验后，本书对 lc 与 lcp 建立 VAR 模型，根据 LR 准则，本模型的最优滞后期为 2，建立 VAR（2）模型比较合适，检验结果如下：

$$lc = 0.488lc(-1) + 0.106lc(-2) + 0.245lcp(-1) + 0.169(-2) + 0.633 \quad (5-1)$$

$$R^2 = 0.998404 \quad F = 68.8203 \quad Loglikelihood = 38.55$$

$$AIC = 1.799 \quad SC = 1.699$$

通过式（5 - 1）可知，各个统计量均通过了检验，拟合效果良好，消费 VAR 模型的特征根的模倒数均小于 1，即位于单位圆内，表明 VAR（2）是稳定的。由此可以看出流通产业与消费之间存在着相关性，随后对流通产业产值与消费做格兰杰夫因果关系检验，经检验两者互为因果关系。

5.1.4　VAR 模型的验证结论

通过对流通产业与消费之间关系的研究，可以发现流通产业发展对消费的促进作用十分显著，两者存在着较强的相关性，通过不断推进流通产业的创新与现代化可以不断丰富我国的流通产业业态，满足消费者标新立异的消费需求。

5.2 流通产业发展对我国居民消费影响的机理与因素

流通源于交换，成为独立于生产与消费的中间环节与媒介。商品经济条件下，流通不仅仅受制于生产与消费，主要靠市场驱动，通过市场完成扩大交易规模、提高流通经营效益与改善流通环境，从而提升流通产业效率，降低流通成本。流通在社会再生产过程中可以不断完善自身，逐步实现专业化、规模化与职业化，结构不断升级，内部分工不断加深，从而形成流通产业，其演进的规律对消费的促进作用不容忽视。

流通产业发展促进居民消费增长的过程是一个社会分工水平深化、交易费用下降、不断创造消费需求、增加利润的过程。流通产业内部的三大主体分别是生产商、流通商与消费者，客体是产业内部的产业规模、产业经营效益、产业环境、产业效率与企业内部的交易条件，协调交易、流通效率与交易费用等条件，在这个各个主体对客体的运行过程中，流通商会竭尽全力促使生产商与消费者达到和谐统一，减少彼此的交易次数以及各种交易费用、管理费用并获取回报，为了达到这一目的流通商必将付出一定的成本与耗费，若这种回报能超越各种成本与费用，流通商就愿意在消费市场上继续交易，从而存活，反之，则要退出市场，如图5－1所示。

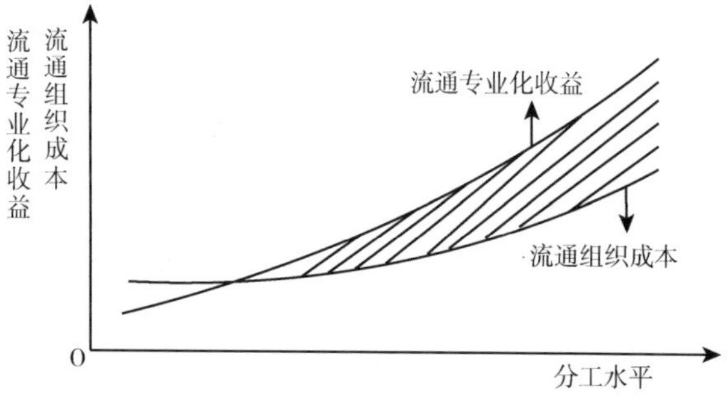

图5－1　流通产业的演进机理

流通产业从历史的演进中与商业形态与消费密不可分，演进的每一步都影响着商业进化的业态与消费模式的改变，从产生流通的奴隶社会初期阶段，到三个工业革命的不同发展水平，流通产业经历了不同的演进形态与特征，如表5－2所示。

表5－2　流通产业的演进阶段与特征

阶　段	演进时期	流通组织	特征与趋势	主要业态
初级阶段	第一次工业革命之前	以“包买商”为主	空间范围十分局限，主要以小作坊、小市场为主，流通产业演进相当缓慢	杂货铺、移动商贩
中级阶段	第二次工业革命——战	从家庭流通向企业流通过渡	开始机器大工业生产，种类增多，规模扩大，设施增多，流通产业发展迅速，批零市场多种业态并存，竞争混乱	批发业、零售业、物流刚刚兴起

续表

阶　段	演进时期	流通组织	特征与趋势	主要业态
高级阶段	第二次世界大战后—至今	多式联运及多类型流通组织并行，现代流通企业及集团	遵循流通大市场销售、追求大品牌、大网络，开始适应网络化、电子化、国际化，各种大型超市、电子商务层出不穷，流通产业成为先导产业、基础产业与战略产业	批发业进一步深化：连锁服务供应型批发业兴起；零售业：各种大型超市、专卖店、购物中心、电子商务、电视购物出现；物流业：第三方物流与第四方物流兴起

当这种收益与回报进一步促进超越流通成本时，流通产业内部分工程度会进一步加深，各个产业水平程度也会递进式的增进，业态形式会不断更新，从而影响消费的实现。当流通产业的专业化程度越大，收益也越大，产业组织成本就会下降，分工演进的动力就越大，而这些都要靠流通产业内部的发展程度、反馈速度、发达程度、企业规模、流通产业效率等因素来实现，如图5－2所示。

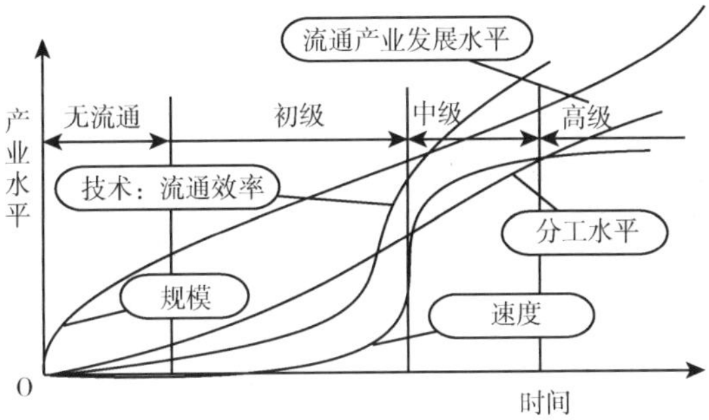

图 5－2　流通产业发展促进消费的演进机理

在市场经济条件下，流通产业发展对居民消费的影响机理主要表现在以下几个方面：第一，流通产业的发达程度影响着消费的最终实现。商品能否实现使用价值与价值的统一必须要经过流通环节，没有流通，商品就没有纽带与途径满足消费者的需要，流通可以促使消费的实现。换而言之，消费者只有在流通产业组织优化的情况下才能放心快速地购买到自己的商品，提升满意度。第二，流通产业能反馈消费，指导消费。流通产业可以较好地反馈消费环节中出现的诸多问题，从多方面来指导消费更快更好地实现，一方面流通将生产商开发新产品的信息及时传递给消费者，从而改变与更新消费者对此类商品固有的思维模式，转变购买导向；另一方面，流通会随着需求弹性的大小对消费者购买的程度进行调节，因为消费者除了需求生活必需品外，对于其他需求弹性更大的产品会随着个人收入、消费水平的不同影响程度也会变的更明显。第三，流通产业的迅速发展还决定了消费者购买产品的内容、方式与成本，因为消费者选择的商品种类是由流通的内容来决定的，只有通过流通，才能将各种形式的资金转化为相应的生活资料。第四，流通产业的结构与企业数量能决定不同消费者对消费需求的满足程度，商品的极大充足与流畅可以使消费水平不断提高。最后，流通产业的不断革新也可以节约资源，建立低碳节约型社会，引导消费者建立新型消费观，促进绿色消费与低碳消费，具体机理及作用路径如图5－3所示。

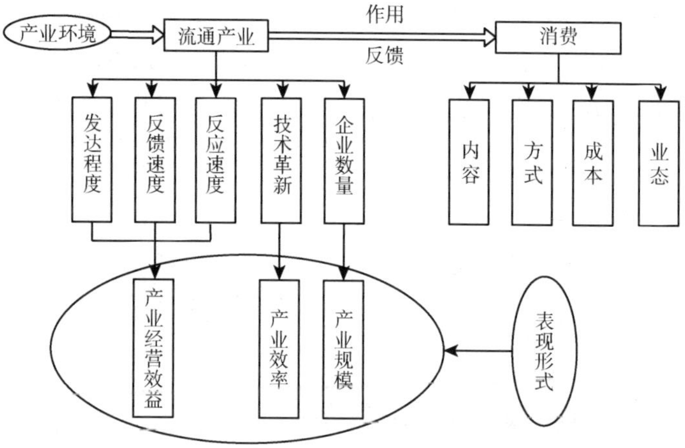

图5－3　流通产业发展促进消费的机理与影响因素

在整个流通系统中，流通产业的规模、经营效益、产业环境等诸多方面是流通产业发展促进居民消费的有效途径。

首先，流通产业规模的不断壮大，除了可以增强居民与流通产业接触的密度、大大加强居民消费的概率外，还会促进消费市场更加开放，信息更加透明。各种新型的商业业态与经营模式层出不穷，新的消费点不断增加，引导个性化、时尚化、品牌化消费，从而完善流通产业结构，繁荣商品市场。

其次，流通产业经营效益的提高，可以大大提高流通效率，降低流通成本，流通成本的过高，容易造成商品与服务价格太高，阻碍居民消费。“物美价廉”愈来愈受到消费者的青睐，随着产品的极大丰富，大量的产品档次不断提高，质量持续提升，更多的商家除了重视外在包装以外，做到使用价值与价值的统一成为必要的选择，这些因素都使消费者产生了从众心理，刺激了其购买动机。

再次，流通产业环境的改善，决定了流通产业的发达程度。通过改善流通产业发展的环境可以消除消费安全中的隐患，有效地保护消费者的权益，增加消费者的信心。一方面商家通过传统的营销 4Ps 与广告等创新手段，不断提升自身水平，将最及时、最便捷、有效地信息传播给消费者，刺激消费者的感官需要，从而产生购买动机，产生新的消费需求；另一方面，商家琳琅满目的产品促销及各种营业推广，极易可能使毫无动机的消费者产生心动的感觉，而形成盲目性消费。

最后，流通产业效率的提高可以直接降低流通过程中的成本，减少流通环节中的交易费用，间接地增加消费者的收入水平，提高消费者购买商品的意愿，满足消费者寻求“物美价廉”商品的要求，关于流通产业效率对消费的促进作用将在本书第 6 章进行详细分析。

5.3 流通产业发展对我国居民消费影响的测度与判断

国内也有学者对流通产业发展影响我国居民消费的测度问题进行了研究，石忆邵（2004）通过重新定义商贸流通业的含义，从规模、发展潜力、结构等方面构建了商贸流通业对消费影响的指标体系；冉净斐（2008）则以商品流通业的销售额作为影响社会消费品零售总额的主要指标，建立两者的线性关系，建立回归模型；文启湘等（2010）则通过构建流通产业从业人数、批零企业集中度、存货周转率、从业人员劳动率等关键指标，衡量了流通产业与消费协调发展的评价指标体系；李骏阳等（2011）利用偏最小二乘法，构建了包含乡镇企业批发和零售业就业人数、乡镇企业批发和零售业单位数、农村批发和零售业固定资产投资完成额在内的指标体系，得出了发展流通产业能有效拉动农村消费市场的结论。

综合国内学者的相关研究与流通产业发展促进我国居民消费的途径研究，可以得出流通产业规模、效益与环境等各个领域对居民消费都有明显的拉动作用，根据现有的参考文献，考虑到指标的科学性以及数据的可操作性，结合国内学者的研究与数据的可获得性，本书对流通产业发展促进居民消费的指标进行选择，但是，由于受历史及社会发展因素的影响，我国流通产业数据在各类统计年鉴中存在缺失，因此，为了更加详细说明流通产业发展对消费的促进作用，本章拟从发展水平、经营效益、发展环境等三个方面设定指标体系。

5.3.1 测度指标的原则

为了保证指标的客观性与决策的可靠性，流通产业发展促进居民消费的影响指标应尽可能采用公认的标准，防止出现主观判断、成分过重的指标，主要原则如下：

（1）可行性原则。

所选指标应尽可能描述流通产业对居民消费影响的本质特征，指标应具备可得性，评价指标在内涵、计算范围与口径上尽量保持协调一致，使流通产业发展促进居民消费的影响在时空上具有可比性。

（2）全面性原则。

所选的指标尽量采用定量指标，但是一定要与定性指标相结合进行选定，从不同侧面与角度对流通产业自身的状况进行全面反映，既能反映流通产业数量的变化也能反映其质量的变化，既能反映流通产业对居民消费带来的经济效益也能反映社会效益，乃至生态效益。

（3）可操作性原则。

所选指标都应在符合流通产业发展规律及消费特征的基础上，通过多指标的遴选，以较少的综合性指标，较为规范、准确地反映流通产业发展对居民消费的影响程度，便于应用与推广，提高效率。

5.3.2 测度指标体系构建

根据流通产业的特征与功能，本书设定的目标主要体现流通产业的经济效益与利润水平。因此，流通产业发展对消费的影响主要体现在产业规模、产业利润率、产业环境等方面形成的对消费总量的提高与境况改善的综合能力。结合所搜集的数据，本书拟构建包含 13 个指标测度的指标体系，如表 5 - 3 所示。

表 5－3　　流通产业发展对我国居民消费的影响因素

目标层	准则层	指标层	指标含义	指标记号
流通产业发展对我国居民消费的影响因素		居民消费指标	社会消费品零售总额/GDP	c
	发展水平指标	流通产业规模	流通产业从业人数/总就业人数	is
		流通企业规模	流通产业总值/第三产业总值	es
		人均社会消费品零售总额	社会消费品零售总额/地区人口总数	rs
		人均市场交易成交额	市场贸易成交额/地区人口总数	v
		人均流通产业年末固定资产投资额	流通产业年末固定资产投资额/地区人口总数	i
	经营效益指标	流通产业经营效益	流通产业利润总额/净资产	ioe
		流通企业总体经营状况	流通企业主营业务收入/总资产	eoe
		流通产业人均年销售额	流通产业年销售额/当年流通产业从业人数	as
	发展环境指标	移动电话普及率	拥有固定和移动电话部数/地区总人数（百人）	ms
		居民价格指数		cpi
		在校大学生数		cs
		城镇人口数		up
		网络普及率	电脑使用量/地区总人数（百人）	npr

（1）发展水平指标。

该指标旨在反映当前流通产业发展的基本状况，主要包括其规模、潜力与速度等指标，选择如下指标：流通产业规模、流通企业规模、人均社会消费品零售总额、人均市场交易成交额、人均流通产业年末固定资产投资额等 5 个指标。

（2）经营效益指标。

该指标目的是解释当前流通产业发展的投入—产出比例，从不同侧面反映流通产业发展的效益、生存与经营状况。主要指标包含流通产业经营效益、流通企业总体经营状况、流通产业人均年销售额 3 个指标。

（3）发展环境指标。

流通产业是贯穿生产与消费的重要桥梁，加上流通产业又是现代服务业的重要组成部分，其发展环境对其促进消费的作用也相当明显，其外部环境与条件对其影响程度也十分重要，主要指标包含移动电话普及率、商品零售价格指数、在校大学生数、城镇人口数、网络普及率等5个指标，其中，移动电话普及率与网络普及率反映了在信息化环境方面流通产业技术手段、组织形式及经营管理方面的改善程度。在校大学生数指标一方面反映了高等教育事业对城市经济发展提供的人才与智力支持，促进第三产业发展程度；另一方面也反映了利用高校优势人力资源带动流通经济发展的程度。城镇人口数反映了城市化进程的加快对提高流通产业集中程度的影响。

（4）居民消费指标。

对于居民消费的指标，根据冉净斐（2008）及文启湘（2010）等人的研究，本书选择社会消费品零售总额占GDP的比例来反映我国社会消费的相对程度，这一指标的选择较之其他指标如批零贸易占GDP的比例更为科学，因为社会消费品零售总额能更为全面、更为有效地反映整个流通产业的发展与内部联系。

5.3.3 数据来源

本书通过选取1995～2011年共17年《中国统计年鉴》的数据，流通产业统计范围主要涉及批发业、零售业与住宿餐饮业的数据，为了体现数据的平稳性，本书以1995年为基期，对所有经济数据进行处理。为了消除变量可能存在的异方差，先对原始数据进行自然对数变换。

5.3.4 模型的选择

从国内学者对我国流通产业发展促进消费影响的实证研究上来看，也有利用两者的线性一元回归方程进行分析，例如，胡愈与王新利（2007）分析了农村消费与居民消费水平的关系；冉净斐（2008）则利用有关经济数据建立了流通与消费的线性模型，对时间序列进行回归分析，以上实证分析方法有一定的借鉴意义，但是由于现实中经济数据的非平稳性，会导致数列的虚假回归，不能较为科学地反映两者关系的客观性，即使得出了显著性检验也并不能证明变量之间存在着关系，再加上我国国情的特殊性，各个地区的居民消费水平与流通产业发展程度也是参差不齐，简单利用时间序列进行分析会忽略了个体的差异性，导致这个模型系统性缺失与不合理，采用面板SUR模型既可以避免如上弊端，又可以全面较好地反映现实情况，有一定的理论价值。

面板数据分析方法是最近二十几年发展起来的计量经济方法，它可以兼顾截面数据与时间序列数据，综合体现数据不同的截面与时间特征，所以其统计数性质既带有时间序列的性质，又包含一定的横截面特点。面板数据回归分析相对于横截面回归的特点有很多优点：一方面，面板数据分析能消除个体变异，并且能提供更多的信息与自由度，从而使估计更有效地减少多重共线性；另一方面，面板数据分析更好地描述实体的动态变化便于正确理解变量之间的关系，并在分析中可以估计某些难以度量的因素对被解释变量的影响。但是由于面板数据截面之间存在同期相关，也即面板数据模型的基本假设是误差项不一定满足独立同分布，所以本书采用可以修正自相关的面板SUR模型对我国流通产业发展促进消费的影响关系进行研究。

SUR模型是由ZELLNER首次提出的。若选择一个相同的回归方程，对于不同组可以给定不同的回归系数。同时，通过不同组间的误差项，这些方程式如果具有相关性，一般面板数据的分析方法就不适用了，当不同组的模型相异而且误差项之间相关时，建议选用SUR模型，它是多个线性回归模型的扩展，考虑含有m个线性回归模型的似不相关回归模型，假设第i个回归模型为：

$$Y_i = X_i\beta_i + e_i (i = 1, 2, \cdots, m) \tag{5-2}$$

其中，$Y_i =(Y_{1i}, Y_{2i}, L, Y_{mi})'$为$n\times1$的向量；$X_i$为$n\times k_i$阶矩；$\beta_i = (\beta_{1i}, \beta_{2i}, L, \beta_{ki})'$为$k_i\times1$未知参数变量，$e_i = (e_{1i}, e_{2i}, L, e_{mi})'$为$n\times1$的随机误差向量。把所有回归模型组合成一个大的线性回归模型联立方程组：

$$\begin{bmatrix} Y_1 \\ Y_2 \\ \vdots \\ Y_3 \end{bmatrix} = \begin{bmatrix} X_1 & 0 & \cdots & 0 \\ & X_2 & \cdots & 0 \\ \vdots & \vdots & \ddots & \vdots \\ 0 & 0 & \cdots & X_m \end{bmatrix} \begin{bmatrix} \beta_1 \\ \beta_2 \\ \vdots \\ \beta_3 \end{bmatrix} + \begin{bmatrix} e_1 \\ e_2 \\ \vdots \\ e_3 \end{bmatrix} \tag{5-3}$$

在联立方程中，每个模型可以包含不同的解释变量和不同的解释变量，不同模型表示不同样本组数据中解释变量与被解释变量之间的依存关系。假定误差项在同一模型样本组观测值之间相互独立，在不同模型的样本组观测值之间存在同期相关性，设 e_{it} 为第 i 个模型、第 t 个观测值的误差项，则有：

$$E(e_i)=0,\mathrm{cov}(e_{it},e_{js})=\begin{cases}\sigma_{ij}, & t=s\\ 0, & t\neq s\end{cases} \quad (5-4)$$

即：

$$V=\mathrm{cov}(ee')=\begin{bmatrix}\sigma_{11}I_n & \sigma_{12}I_n & & \sigma_{1m}I_n\\ \sigma_{21}I_n & \sigma_{22}I_n & & \sigma_{2m}I_n\\ & & 0 & \\ \sigma_{m1}I_n & \sigma_{m2}I_n & & \sigma_{mm}I_n\end{bmatrix}=\sum\otimes I_n \quad (5-5)$$

$$\sum=\begin{bmatrix}\sigma_{11} & \sigma_{12} & & \sigma_{1m}\\ \sigma_{21} & \sigma_{22} & & \sigma_{2m}\\ & & \ddots & \\ \sigma_{m1} & \sigma_{m2} & & \sigma_{mm}\end{bmatrix} \quad (5-6)$$

其中，V 为模型误差项的方差—协方差矩阵；$\sum$ 为不同模型样本单位在同一观测点误差项的方差—协方差矩阵；⊗为叉积符号。虽然从模型的形式看，m 个模型为各自独立的变量所解释，它们之间似乎是不相关的，但 m 个模型的同一观测的误差项 e_i 的各分量相关，即 $\sum$ 为非对角阵，说明这 m 个模型实际上是相互联系的，它们受着某些共同的不可预测的或忽略的因素影响。这正是该模型被称为似不相关回归模型的原因。

为了避免同期因素的多重共线性，构造面板 SUR 模型，其解析表达式为：

$$y_{it}=c+\alpha_{it}+x_{it}\beta_{it}+\mu_{it}, i=1,2,\cdots,N;t=1,2,\cdots,T \quad (5-7)$$

根据模型中的系数是否随着个体和时间的变化情况，面板数据 SUR 模型可分为混合模型、变截距模型和变斜率模型，对模型进行选择的主要检验方法是 F 检验。动态面板数据模型分析主要是面板数据的单整检验与变量之间的协整检验。单位根方法检验的主要方法有 Levin，Lin 和 LLC 检验方法等。面板数据的协整检验方法有 Pedroni 的检验方法。

5.3.5 面板数据的单位根检验

由于若一个时间序列是不平稳的，其在各时间点上的规律不同，因此，只有当使用的是平稳时间序列时，才能有效避免“伪回归”现象的发生。面板数据的单位根检验方法常用的有 LLC、Breitung、Hadri、IPS、Fisher - ADF 和 Fisher - PP 检验法，由于后三种检验方法准许检验方法中存在不同的单位根，与现实比较相符，因此，本书选择 IPS、Fisher - ADF 和 Fisher - PP 检验法对各个变量同时检验，本书通过数据分析软件 Lnc_{it}，$Lnis_{it}$，$Lnes_{it}$，$Lnrs_{it}$，Lnv_{it}，Lni_{it}，$Lnioe_{it}$，$Lneoe_{it}$，$Lnas_{it}$，$Lnms_{it}$，$Lncpi_{it}$，$Lnup_{it}$，$Lnnpr_{it}$的单整性进行检验，在 5% 的置信水平下，若检验统计值小于临界值，即 p 小于 0.05，则表示该变量是平稳的；反之，检验统计值大于临界值，即 p 大于 0.05，则表示该变量是非平稳的，此时需要进一步对上述变量进行一次差分为 ΔLnc_{it}，$\Delta Lnis_{it}$，$\Delta Lnes_{it}$，$\Delta Lnrs_{it}$，ΔLnv_{it}，ΔLni_{it}，$\Delta Lnioe_{it}$，$\Delta Lneoe_{it}$，$\Delta Lnas_{it}$，$\Delta Lnms_{it}$，$\Delta Lncpi_{it}$，$\Delta Lncs_{it}$，$\Delta Lnup_{it}$，$\Delta Lnnpr_{it}$并同理检验其平稳性。利用 EViews6.0 软件，检验结果见表 5 - 4。由表 5 - 4 可知，在 5% 的显著性水平下，这 14 个变量都是非平稳的一阶单整序列。

表 5 - 4　　　　面板数据的单位根检验表

变量	方法	水平	一阶	变量	方法	水平	一阶
ΔLnc_{it}	ZPS	-0.54632 (0.2924)	-13.6355 (0.0000)	$\Delta Lnioe_{it}$	ZPS	9.11556 (1.0000)	-14.3661 (0.0000)
	ADF	69.9386 (0.2850)	279.966 (0.0000)		ADF	7.69776 (1.0000)	292.705 (0.0000)
	PP	66.2162 (0.4003)	337.461 (0.0000)		PP	7.39032 (1.0000)	324.856 (0.0000)
$\Delta Lnis_{it}$	ZPS	0.35270 (0.6378)	-9.81886 (0.0000)	$\Delta Lneoe_{it}$	ZPS	12.7684 (1.0000)	47.5604 (0.0000)
	ADF	54.0471 (0.8080)	209.554 (0.0000)		ADF	11.0468 (1.0000)	0.01938 (0.0000)
	PP	46.5284 (0.9507)	227.620 (0.0000)		PP	49.2261 (0.9134)	7.39032 (0.0000)

续表

变量	方法	水平	一阶	变量	方法	水平	一阶
$\Delta Lnes_{it}$	ZPS	17.9202 (1.0000)	3.67681 (0.0000)	$\Delta Lnas_{it}$	ZPS	-57.8992 (0.0090)	-47.8741 (0.0000)
	ADF	72.6413 (0.2147)	224.594 (0.0000)		ADF	413.495 (0.0320)	421.084 (0.0000)
	PP	93.4905 (0.0095)	274.899 (0.0000)		PP	70.4061 (0.2720)	488.115 (0.0000)
$\Delta Lnrs_{it}$	ZPS	2.21590 (0.9867)	-15.2597 (0.0000)	$\Delta Lnms_{it}$	ZPS	2.98528 (0.9986)	-11.8479 (0.0000)
	ADF	47.9373 (0.9331)	276.288 (0.0000)		ADF	40.0920 (0.9917)	202.301 (0.0000)
	PP	47.0841 (0.9443)	410.572 (0.0000)		PP	44.8486 (0.9670)	230.129 (0.0000)
ΔLnv_{it}	ZPS	52.7467 (1.0000)	-5.67870 (0.0000)	$\Delta Lncpi_{it}$	ZPS	18.1562 (1.0000)	-6.24817 (0.0000)
	ADF	0.83314 (1.0000)	156.327 (0.0000)		ADF	8.48044 (1.0000)	167.327 (0.0000)
	PP	74.1205 (0.1815)	629.228 (0.0000)		PP	18.3928 (1.0000)	189.537 (0.0000)
ΔLni_{it}	ZPS	-10.7304 (1.0000)	-13.7646 (0.0000)	$\Delta Lncs_{it}$	ZPS	-0.6153 (0.2691)	-6.0737 (0.0000)
	ADF	237.977 (1.0000)	277.573 (0.0000)		ADF	79.0780 (0.0971)	147.112 (0.0000)
	PP	292.538 (1.0000)	344.298 (0.0000)		PP	1.71661 (1.0000)	173.158 (0.0000)
$\Delta Lnup_{it}$	ZPS	-24.7304 (1.0000)	-36.7646 (0.0000)	$\Delta Lnnpr_{it}$	ZPS	-0.4236 (0.2651)	-9.0527 (0.0000)
	ADF	255.934 (1.0000)	299.583 (0.0000)		ADF	87.0650 (0.0971)	161.122 (0.0000)
	PP	345.538 (1.0000)	426.278 (0.0000)		PP	1.24669 (1.0000)	189.138 (0.0000)

注：括号内为检验统计值所对应的显著性 p 值，原始数据与一阶差分数据单位根检验中只包含截距项。

5.3.6 面板数据的协整检验

虽然前述各个序列是非平稳的时间序列，经过一阶差分后的各个序列都是平稳的，但是它们之间仍存在某种平稳的线性组合，而这种线性组合则反映了变量之间长期稳定的均衡关系，即协整关系。根据协整理论的思想可知，若因变量能被自变量的线性组合所解释，则两者之间存在着稳定的均衡关系，而因变量不能被自变量所解释的部分所构成的残差序列是平稳的。因此，检验一组变量间是否存在着协整关系等价于检验回归方程的残差序列是否是一个平稳序列。本书重点通过对居民消费量与流通产业规模、流通产业经营效益与流通产业环境的协整关系进行检验，分别都采用了 Pedroni 协整检验和 Kao 协整检验，如表 5－5 所示。

表 5－5　　面板数据的协整检验

变量	4 个组内统计量		3 个组间统计量	
流通产业规模与居民消费的 Pedroni 协整检验	Panel v	－0072.459 (0.0000)	GROUP rho	9.134549 (0.0000)
	Panel rho	7.541924 (0.0000)	GROUP PP	－27.77357 (0.0000)
	Panel PP	－2.578731 (0.0144)	GROUP ADF	－3.943401 (0.0002)
	Panel ADF	5.717927 (0.0000)		
流通产业规模与居民消费 Kao 协整检验	ADF	－3.02929 (0.0001)		
流通产业经营效益与居民消费 Pedroni 协整检验	Panel v	－1.142390 (0.0077)	GROUP rho	7.091301 (0.0000)
	Panel rho	4.380318 (0.0000)	GROUP PP	1.593044 (0.1122)
	Panel PP	0.403495 (0.3678)	GROUP ADF	－0.791017 (0.2918)
	Panel ADF	－0.895688 (0.0000)		

续表

变　量	4 个组内统计量		3 个组间统计量	
流通产业经营效益与居民消费 Kao 协整检验	ADF	-6.656394 (0.0000)		
流通产业环境与居民消费 Pedroni 协整检验	Panel v	-4.159354 (0.0001)	GROUP rho	7.252219 (0.0000)
	Panel rho	4.387677 (0.0000)	GROUP PP	-0.147233 (0.0000)
	Panel PP	-1.786913 (0.0008)	GROUP ADF	2.740520 (0.0093)
	Panel ADF	3.088058 (0.0034)		
流通产业环境与居民消费 Kao 协整检验	ADF	-3.379130 (0.0000)		

注：括号内为检验统计值所对应的显著性 p 值。

由表 5-5 的面板数据协整结果可知，Pedroni 协整检验的组内、组外统计量与 Kao 协整检验的 ADF 统计量均在 5% 的显著性水平时的 P 值小于 0.05，表明居民消费量与流通产业规模、流通产业经营效益、流通产业环境都存在着显著的协整关系，即居民消费与流通产业规模、流通产业经营效益、流通产业环境存在着长期稳定的均衡关系。两个变量在存在长期均衡关系的情况下，建立的回归模型不存在虚假回归模型。

5.3.7　面板数据 SUR 模型的检验

模型的选择主要是确定对于给定的面板数据应该建立混合 SUR 模型还是变截距的 SUR 模型，检验的方法利用了 F 检验，通过计算模型的残差平方和，又因为本书选取的横截面个数大于时间截面个数，所以本书检验了个体固定变截距 SUR 模型。其检验结果如表 5-6 所示。

表 5-6　　面板数据 SUR 模型类型的显著性检验

显著性检验	统计量	自由度	P 值
Cross-section F	64.302997	(31，147)	0.0000

由表5-6显著性检验结果可知，在5%的置信水平下，P值均小于0.05，因此，拒绝原假设，则各变量之间不应该建立混合面板数据SUR模型，所以建立个体变截距SUR模型。

5.4 流通产业发展对我国居民消费影响的实证结果分析

经过前述分析，采用个体固定效应模型分析流通产业对消费的影响作用，模型估计结果如表5-7所示。

表5-7　　流通产业发展对我国居民消费影响的回归结果

变　量	系数	标准差	T检验量	显著性
常数	-1.80529	0.813694	-2.218636	0.02800
流通产业规模	0.050353	0.006033	8.345847	0.0000
流通企业规模	0.121837	0.03309	3.68198	0.0003
人均社会消费品零售总额	0.013461	0.004674	2.879934	0.0046
人均市场交易成交额	0.007864	0.004758	-1.652858	0.0003
人均流通产业年末固定资产投资额	0.020145	0.004823	-4.176599	0.0001
流通产业经营效益	0.060100	0.012861	-0.046723	0.0002
流通产业总体经营状况	0.07352	0.015117	-4.863298	0.0000
流通产业人均年销售额	0.000124	0.004721	0.026195	0.0000
移动电话普及率	0.061171	0.013744	-4.450776	0.0000
居民价格指数	0.147224	0.158561	0.928498	0.0000
在校大学生数	0.019465	0.025642	0.759093	0.0000
城镇人口数	0.12348	0.024684	-3.14687	0.0000
网络普及率	0.05554	0.369543	-0.02358	0.0000

从表5-7可知，前述面板SUR模型回归系数均通过了T检验，其中$R^2=0.98996$，拟合优度良好，回归方程显著性检验通过。其中全国及各地区固定效应系数α_{it}，如表5-8所示。

表 5-8　　全国及各地区的固定效应系数 α_{it}

地　区	系　数	地　区	系　数
全国	0.100343	河南	0.086895
北京	0.298667	湖北	0.043858
天津	0.130585	湖南	0.042372
河北	0.088202	广东	0.157437
山西	0.029132	广西	-0.012696
内蒙古	0.006363	海南	0.143750
辽宁	0.068472	重庆	0.005458
吉林	0.043798	四川	0.015194
黑龙江	0.004056	贵州	-0.085957
上海	0.163175	云南	-0.069790
江苏	0.115756	西藏	-0.019611
浙江	0.106195	陕西	0.033823
安徽	0.027104	甘肃	-0.003607
福建	0.038816	青海	-0.089865
江西	-0.044948	宁夏	-0.144355
山东	0.149232	新疆	-0.210185

从表 5-8 可以看出，正向偏离较大的省市主要有北京、上海、广东、山东、海南、天津、江苏、浙江等，这些省市地处我国东部及沿海区域，早已具备较好的流通产业发展的优势与条件，这些省市流通产业的发展对居民消费都有不同程度的推动作用；负向偏离较大的省区有新疆、宁夏、西藏、甘肃、贵州、云南、江西、广西等，这些省区大部分地处我国西部，流通基础设施不健全，流通业发展速度低下，不仅没有表现出对消费应有的推动作用，甚至可能还起到相反的作用。

5.5 本章小结（Chapter Summary）

本章首先从分工与交易费用的视角分析了流通产业发展的演进机理，其次根据流通产业演进的机理得出影响流通产业促进消费的主要因素分别是产业发展水平、产业经营效益与产业环境等因素，最后，根据流通产业影响居民消费的各个因素相互之间的关系找到流通产业发展促进消费的机理与表现形式。

本章通过利用面板SUR方法测度我国及各省区市流通产业对居民消费的影响程度，从静态和动态的角度对我国流通产业的发展水平、经营效益、发展环境与居民消费的关系进行了实证研究，实证分析表明，全国及各省区市的流通产业数据与消费数据都是非平稳的，它们之间存在着显著的协整关系，在个体变截距的SUR模型中，流通产业发展对全国居民消费的弹性系数0.1003，即表明流通产业总值每增加1%，居民消费就会增加10.03%。而驱动居民消费增长的诸多因素涉及流通产业的发展水平、经营效益与发展环境等方面，所以推进流通产业发展促进消费发展是一项系统复杂艰巨的工程，在当前流通产业发展条件不足的模式下，推动流通产业发展与刺激消费存在着“两难”的冲突，但是从长远来看，通过不断推动流通产业的发展将会促进消费的增长与经济的繁荣。具体结论如下：

第一，协整检验的结果表明，流通产业对居民消费的影响存在着长期的均衡关系，面板数据的固定效应结果表明，流通产业的规模、经营效益、发展环境对居民消费有长期明显的促进效应。从个体固定效应模型的角度来看，由于在买方市场条件下，随着城市流通网络的不断发展，城市流通企业改革实现与规模的不断壮大，各种商业形式百花齐放，城市流通布局基本趋于合理，但是较之城市流通布局，农村流通基础设施落后，网络不健全，规模效应无法实现，零售网点明显不足，流通产业环境极其恶劣，因此，从整体数据来看，虽然流通产业发展对我国居民消费的影响力已经凸显，但是由于我国长期二元制结构发展不协调，导致流通产业对消费的适应性还不是很明显。

第二，个体固定效应显示的是各省区市对总体截距的偏离具有的规模、效益与环境倒置的现象，从上述结果可以得出，越是经济发展水平高、流通产业发达的地区，对消费的贡献率就越高，若从东、中、西部区域位置来分析，东、中、西部地区流通产业对居民消费的影响程度存在着很大程度的差异，在中西部地区，无论是整体产业水平还是业态类型与规模与东部地区都存在着较大的差距，原因是较之东部地区，中西部地区城市化水平与信息化水平不完善，各种流通基础设施不完善，产业环境不适于消费投资的拉动，而东部地区的流通产业相对比较发达，无论是从就业人数、业态的多样性还是规模、发展环境都优于中西部。除此之外，东部的用地、房租、劳动力等成本较高，而中西部的市场饱和程度较低，投资成本与运营成本相对较低，因此流通产业可以加快“西进”趋势，将更多的重心转移到西部。

综上所述，较之现有文献，可以证明居民消费需求的不断提高离不开流通产业的发展，但是基于研究方法与指标选取的不同，本书还分别得出了1995～2011年全国及各地区的固定效应系数、能较好地对比我国流通产业发展促进居民消费影响的时空分异、不同地区的流通产业规模、经营效益与发展环境对各地区的消费状况影响程度与城镇化建设程度都是不同的，这种现实情况与当前我国流通产业发展的现实与变化也是相吻合的。

根据以上结论，为了推动流通产业发展对居民消费的刺激作用，政府和企业应该从以下几个方面着手：

第一，不断壮大流通产业规模。多年来，我国受“流通无用论”思想的影响，流通产业的发展未能得到政府的重视，因此，流通产业的发展明显滞后于其他产业的发展，在这种情况下，各地政府应该出台相关政策从一个新的高度扶持流通产业的发展，提高其在经济发展中的地位与水平，对于产业水平已经相当成熟的东部，政府应鼓励其瞄准国际市场优势，形成一批规模较大的、富有国际竞争力的大型流通企业；而中西部地区也应该出台相关的财税优惠鼓励国内外各类中小流通企业整合优化，扩大企业规模，提高流通效率。

第二，降低流通成本，提升流通经营效益。流通产业未能积极有效地促进消费的发展，一个很重要的“拦路虎”便是流通企业成本的上升，在我国由于各地区封锁相当严重，由人为因素形成的体制性成本居高不下，各种行政事业性收费、市场监管部门的强制手段、有缺陷的审批制度、无法统一的标准未能使我国流通产业真正实现“绿色通道”，尤其是在农村市场，工业品下乡的流通成本与综合成本远远超出农民预期，不仅增加了农民的生活负担，也限制了其即期消费与增收，农民苦不堪言，因此，基于上述理由，国家应规范流通市场，深化改革，打破行政垄断、部门分割与地区封锁，不断加强对内开放，推动流通要素与资源的横向性、市场化流动，不断降低流通成本，提高流通企业经营效益。

第三，完善流通产业发展环境。基础设施建设、当地人口受教育程度、通信水平这些环境因素与居民消费的水平息息相关，在我国尤其是农村市场，流通基础设施十分落后，人口受教育率与入学率普遍较低，很多家庭未能使用现代化的通讯设备严重影响了流通产业的快速增长，因此，国家应该在“万村千乡工程”“双百工程”“家电下乡工程”上继续大力推进，加快农村流通基础设施建设，鼓励更多农村子弟接受教育，建立城乡一体化体系，从城市向农村多渠道渗透，加快农村商品化、市场化、现代化的进程。

第 6 章

流通产业创新对居民消费影响的实证分析

改革开放以来，我国流通产业作为重要的先导产业，产业效率已经有了明显的改善，以批发零售业为例，商品销售总额从 2004 年的 164541 亿元上升到 2011 年的 360525 亿元，增幅超过 1.1 倍，企业总数从 2004 年以来以每年 1.4 倍的速度递增，截至 2011 年流通企业数量已经超过 12 万个，从业人员已经接近 1000 万，各项指标都证明了流通产业效率对经济增长的促进作用。

《关于深化流通体制改革，加快流通产业发展意见》明确指出当前我国流通产业发展中存在着流通产业效率低下、流通成本高的主要问题。流通产业效率低下不符合我国当前扩大内需与消费驱动的长期战略选择，也在一定程度上造成了流通资源的浪费、信息传递的滞后、进入壁垒的增加、产业规模的不经济、过度竞争、效率低下等弊端。如何提高流通产业效率促进我国居民消费的发展是当前我国转变经济发展方式、深化流通体制改革的重要内容。在当前形势下，通过进一步研究流通产业效率，找出当前流通产业发展存在的问题与弊端，能不断提升我国流通产业发展的竞争力，加快流通产业自主创业能力的提高与发展方式的转变，这些都具有十分重要的现实意义。

本章建立在上述研究背景上，主要展开两方面的研究：一是建立随机函数对我国流通产业效率促进消费的机理进行模拟与阐述；二是构建流通产业效率影响消费的评价指标体系，设置从业人员效率、企业效率、资本效率与零售网点效率等指标，通过数据包络分析（DEA）方法对我国 2000 年以来的流通产业效率进行测算，得出科学的测算结果，找出原因，并结合钱纳里消费函数与面板数据 GMM 模型对流通产业效率促进消费率提高的因素进行回归分析，从而详细阐述我国流通产业的技术创新程度对居民消费的促进效应。

6.1

流通产业效率对居民消费的促进机理

流通产业效率是反映流通组织产出水平的相对指标，影响流通产业效率的主要因素就是技术与流通发展条件，根据经济学原理可知，当流通产业效率大幅度改善时，流通组织成本会下降，收益曲线的临界值会降低，可以增加产业收入，加深社会分工，降低成本，促进消费实现，可见流通产业发展促进消费的根本原因在于流通产业效率的提升，流通产业效率的提升也证明了流通产业创新能力对消费影响程度的加深。

从图 6－1 可以看出，随着流通产业效率的提高，流通组织的分工程度不断加深，流通产业形成了曲线上升的趋势，这一现象进一步表明，流通产业效率与分工成正比，并且随着其自身的提高会使产业不断从低端向高端研究，更接近消费端，从而促进消费的实现。

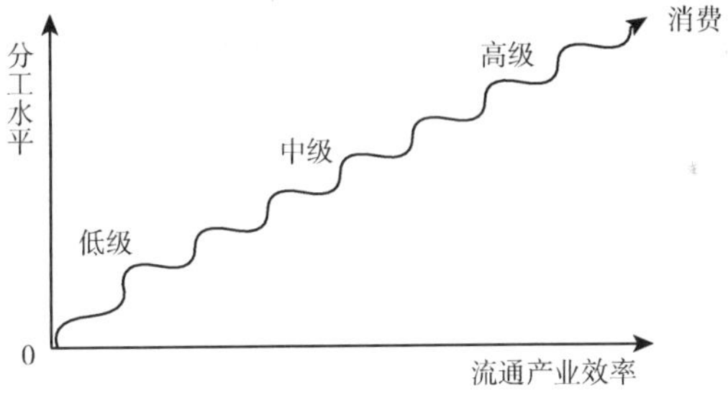

图 6－1　流通产业效率促进产业发展的趋势

流通商的产生正是流通产业效率优化改进的产物，流通商在整个市场活动中，以赚取最大利润、节约流通费用为目的，由于经济过程中的规模经济、范围经济、专业化经济的出现，流通产业能得以推进很关键的因素得益于流通产业效率的提高，流通产业效率的提高也意味着流通成本与交易费用的下降。

为了验证流通产业发展促进消费的核心问题是流通产业效率的提高问题，简单地将交易活动分为两类：若是中间没有流通商的参与，称为直接交易；中间有流通商的参与活动称为间接交易。两者的区别在于：在直接交易活动中，生产商与消费者承担了货物所有权转移的职责，而在间接交易活动中，流通商则被称为专门从事商品流通的机构，生产商与消费者将大部分的流通过程转嫁给了流通商，如图6－2所示。

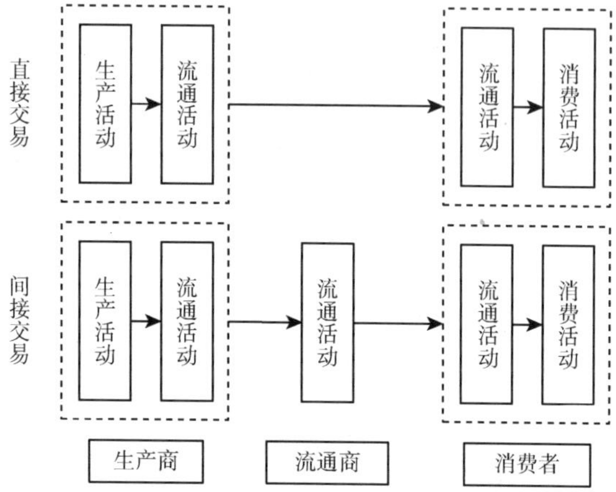

图6－2　直接交易与间接交易流程

假设在直接交易与间接交易时，生产商与消费者之间交易的价格分别为 p_1、p_a，而流通商与消费者之间进行交易的价格为 p_3，那么在直接交易活动中，由于没有流通商的参与，那么流通过程基本上都由生产商承载，则消费者购买的成本就为 p_1+c_1，其中 c_1 为交易费用，生产商的成本则为 $c_1+c_2+c_3$，c_2 为管理费用，c_3 为运输费用。若是间接交易，那么流通商主要承担交易与运输费用，则消费者的购买商品成本为 p_a+c_a，生产者商的成本为 $c_a+c_b+c_c$，其中 c_a 为交易费用，c_b 为管理费用，运输费用为 c_c，再假设流通商为了从生产商处买产品所付出的成本为 $p_A+c_B+c_C$，其中 p_A 为购买费用，c_B 为管理费用，c_C 为运输费用，利润为 π，收入为 λ。

根据前述假设可知，要能实现市场上的流通必然满足下列三个条件假设：

假设6－1：在不考虑流通成本的前提下，生产商所得利润在间接交易下获得的要比直接交易多，才愿意进行流通过程。即：

$$p_1-(c_1+c_2+c_3)<p_a-(c_a+c_b) \tag{6-1}$$

由于管理费用在直接交易与间接交易中近似，因此忽略，公式变形为：

$$p_1-(c_1+c_2)<p_a-c_a \tag{6-2}$$

假设6－2：消费者愿意参与流通过程，前提是消费者从流通商处购买的成本要低于直接从生产商购买的单位成本，即：

$$p_1 + c_1 > p_a + c_a \quad (6-3)$$

假设 6-3：流通商为了能参与流通过程，那么势必其利润要大于 0 才愿意进行交易，即：

$$\pi = \lambda - (p_A + c_B + c_C) > 0 \quad (6-4)$$

$$\lambda - p_A > (p_A + c_B + c_C) \quad (6-5)$$

假如上述等式成立，根据式（6-5）确定 $\lambda - p_a$，

若 $p_A < p_a \leqslant p_1$，在这种情况下，流通商要比较偏袒生产者，才能保证生产者愿意从事流通过程。

若 $p_1 < p_A \leqslant p_a$，在这种情况下，流通商要比较偏袒消费者，来弥补消费者因为价格过高带来的风险。

若 $p_A < p_1 \leqslant p_a$，在这种情况下，除了要兼顾消费者与生产者的利益外，还要照顾自身利润的提高。

可见，流通过程的产生以及流通产业的演进，必然需要流通商与生产商、消费者在流通成本与费用上进行利益权衡，任何条件不能满足，交易一方就不能进入流通过程。

6.2

钱纳里消费函数

美国发展经济学家钱纳里通过对全世界 100 个国家 2 万个数据进行回归分析，准确计算出了某一国家在某个阶段应该具有的经济发展水平与经济结构，甚至测算了在每个经济发展阶段的具体的消费率，进行的回归模型如下：

$$X = \alpha + \beta_1 \ln Y + \beta_2 (\ln Y)^2 + \gamma_1 \ln N + \gamma_2 (\ln N)^2 + eF + \delta T \quad (6-6)$$

其中，X 表示因变量，Y 表示 1964 年美国的人均 GDP，N 表示人口，F 表示进口减去商品与非要素劳务的出口，即 GDP 的部分净资源流出，T 表示时间趋势。

钱纳里正是通过这一模型成功测算了各国经济增长过程中的相关变量，尤其是对人均 GDP 在 100～1000 美元的国家解释最为有效。通过计算，钱纳里成功得出了大国和小国的回归系数与消费率标准，如表 6-1、表 6-2 所示。

表 6－1　　钱纳里消费率的回归系数表

过程		α	β_1	β_2	γ_1	γ_2	e
大国	X_1	1.368	－0.248	－0.016	0.085	－0.009	0.428
小国	X_2	0.598	0.070	－0.009	0.006	－0.009	0.734
大国	X_1	0.161	－0.015	0.003	－0.026	0.003	0.277
小国	X_2	0.218	－0.034	0.003	0.003	0.004	0.156

表 6－2　　钱纳里大小国的消费率标准值

单位（美元）		100	200	300	500	800	1000
大国	X_1	0.768	0.709	0.682	0.656	0.639	0.633
大国	X_2	0.099	0.109	0.116	0.125	0.136	0.141
小国	X_1	0.724	0.709	0.697	0.676	0.653	0.640
小国	X_2	0.142	0.139	0.139	0.140	0.142	0.144

根据钱纳里的解释，国内学者对我国当前经济发展的状态进行了合理的解释，并将该模型进行变形，加入更多的解释变量，对当前的我国的消费形态与阶段进行辨别。

6.3 我国流通产业效率低下的主要原因

流通环节多、速度慢、成本高、技术程度差，是导致我国流通产业效率低下的关键问题，具体主要表现在以下几个方面。

（1）我国物流水平低下，费用高是造成流通产业效率低下的基本原因。由于流通产业在我国起步比较晚，因此第三方物流在我国发展不成熟，物流企业发展一直很孤立，未能很好地与生产企业相融合，在运输过程中，采用的运输方式过于单一，不能采用较为先进的综合运输系统，导致整个过程成本增加，损耗增大，加上流通企业在我国规模都较小，多以中小企业为主，集中度低，分散广，粗放式经营、科技水平低都是影响其发展的主要原因，据统计，我国流通产业成本占 GDP 的比重高达 18%，可见，若再不调整经济结构，努力加快流通产业发展，这一比率就很难下降。

（2）流通产业存在的普遍问题也是造成流通产业效率低下的弊端。我国当前处在从粗放经济增长方式向集约增长方式发展的阶段，流通产业的发展必然遇到诸多“瓶颈”：城乡发展不均衡，网络布局乱，信息化、标准化、国际化缺失，这些现象的出现，与流通体制改革、流通生产力速度、现代化水平都有重要的关系，不解决这些问题，流通产业效率难以提高。

（3）生产要素市场的不健全，无法推动商品市场的完善，商品市场的繁荣发展离不开其他要素市场的支持如信息市场、人力资源市场、金融市场、生产者的素质与成本，信息化市场、商品交易中的收支状况，诸如此类，都与流通产业效率密切相关。

（4）陈旧的商业运作模式与落后的生产方式阻碍了流通产业效率的提升。流通的前端是生产、后端是消费，我国长期以来无论是在生产方式还是消费方式上都比较陈旧，诸多流通环节未能被革新，批零行业服务落后，物流配送体系不完整甚至缺失，中间的环节冗余，这些落后的生产方式与商业模式已经不适用当前流通现代化的水平，必然造成流通产业效率低下。

（5）消费模式落后，亟待更新。无论是生产性消费还是生活性消费都直接影响着流通产业效率，当前我国重视基础设施投资，大部分的基建项目进程慢、库存大，这势必加大了流通成本；对于生活性消费，由于流通大市场并未实现，我国的商流、物流与资金流并未统一，因此面对消费者的个性化消费，物流中的小批量、多批次不能带来流通产业效率的提高。

总之，流通产业整体发展以及流通产业组织、流通产业市场体系与匹配能力息息相关，解决好流通产业“效率”问题与科学地评价当前我国流通产业效率，并适时科学地提出提高我国流通产业效率的对策，对当前我国转变经济发展方式有十分重要的现实意义。

6.4 数据包络分析（DEA）原理与模型

6.4.1 数据包络分析（DEA）原理

数据包络分析（DEA）又叫相对效率评价，是一种系统分析方法，一种典型而常用的非参数统计评估方式，常常用于评估具有多个输入和多个输出决策单元间的相对有效性。从投入产出视角看，流通产业效率对消费关系是一种典型的多投入、多产出的协同发展系统，而且系统包含的协同发展效率评价指标相对较多，因此可以运用数据包络分析对其协同发展效率进行测评。该种方法主要利用搜集的数据样本，加上数学规划对决策单元进行有效性评价。流通产业效率促进消费系统是一种多输入、多输出的投入产出系统，而且系统包含的发展效率评价指标相对较多，因此可以运用数据包络分析对流通产业发展影响消费系统效率进行测评。

6.4.2 数据包络分析（DEA）模型

在用 DEA 方法分析系统的协同发展效率时，通常采用 CCR 模型与 BCC 模型。其中，CCR 模型的分析假定是规模报酬不变，得到的是各评价单元（DMU）的综合协同效率；而 BCC 模型的分析假定是规模报酬可变，得到的是各 DMU 的技术效率。在流通产业效率和消费情况协同关系发展测评中，不失一般性，本书选择基于产出导向的经典 CCR 模型，其基本思路为：设有 n 个决策单元 DMU_j（j = 1，2，…，n），DMU_j的输入、输出向量分别为：

$$X_j = (x_{1j}, x_{2j}, \cdots, x_{mj})^T > 0, j = 1,2,\cdots,n \quad (6-6)$$

$$Y_j = (y_{1j}, y_{2j}, \cdots, y_{sj})^T > 0, j = 1,2,\cdots,n \quad (6-7)$$

其中，m 为输入指标的个数，s 为输出指标的个数。由此构建 CCR 模型的线性约束方程组的具体表达形式为：

$$\min Z = \theta - \sum_{i=1}^{m} S_i^- - \sum_{r=1}^{s} S_r^+ \quad (6-8)$$

$$s.t. \sum_{j=1}^{n} x_{ij}\lambda_j + s_i^- = \theta x_{io}, i = 1,2,\cdots,m \quad (6-9)$$

$$\sum_{j=1}^{n} y_{rj}\lambda_j - s_r^+ = y_{ro}, r = 1,2,\cdots,s \quad (6-10)$$

$$\theta, s_i^-, s_r^+, \lambda_j \geq 0, \forall i,r,j \quad (6-11)$$

其中，θ 是有效性系数，x_{ij} 是决策单元 $j(j = 1,2,\cdots,n)$ 的第 $i(i = 1,2,\cdots,m)$ 个投入，y_{rj} 是决策单元 $j(j = 1,2,\cdots,n)$ 的第 $r(r = 1,2,\cdots,s)$ 个投入。相应地，x_{io} 和 y_{ro} 是当前被测评单元的投入和产出。

6.5 评价体系构建

流通产业效率能科学有效地评估整个产业运行的质量，根据前期相关文献可知，流通产业效率竞争力指标能较好地反映一个国家或者地区流通产业运行发展状况，流通产业效率的提升对流通产业本身与流通企业运行有密切的联系，本书的流通产业效率指标主要包括从业人员效率指标、资本效率指标、零售网点效率指标、企业效率指标等。

运用DEA模型测度，首先要构建评价指标体系，在通常情况下，评价指标体系应该包括反映流通行业整体效率的相关指标。基于此，本章选取了从行人员完成的社会消费品零售总额、从业人员实现的产业增加值、亿元固定资产投资完成流通产业增加值、亿元固定资产完成社会消费品零售总额、单个流通企业平均销售额、单个商品交易市场平均成交额、主营业务成本利润率、总资产周转率等八个投入指标。选取具体内容见表6－3。

表6－3　流通产业效率影响消费的指标体系

指标分类	指标名称	指标计算	指标变量
从业人员效率指标	从业人员完成的社会消费品零售总额	社会消费品零售总额/流通产业从业人数	X_1
	从业人员实现的产业增加值	流通产业增加值/流通产业从业人数	X_2
资本效率指标	亿元固定资产投资完成流通产业增加值	流通产业增加值/固定资产投资	X_3
	亿元固定资产完成社会消费品零售总额	社会消费品零售总额/固定资产投资	X_4
零售网点效率指标	单个流通企业平均销售额	（限额以上批零业企业商品销售＋限额以上住宿餐饮业企业营业额）/限额以上住宿和餐饮业企业营业额	X_5
	单个商品交易市场平均成交额	商品交易市场成交额/市场数量	X_6
企业效率指标	主营业务成本利润率	主营业务利润/（主营业务成本＋主营业务税金及附加）	X_7
	总资产周转率	营业收入/资产总额期末余额	X_8

续表

指标分类	指标名称	指标计算	指标变量
消费指标	消费总量规模程度	社会消费品零售总额/GDP	Y_1
	消费增长的程度	居民消费支出增长率	Y_2
	城乡居民的人均消费程度	人均消费支出	Y_3

由表6－3可知，当前我国流通产业整体效率低下、流通成本过高，主要表现在：（1）从业人员效率低下，我国流通产业从业人员工资水平偏低，学历不高，受培训与教育能力不足，整体素质低下；（2）资本效率低下，与家乐福、沃尔玛等世界著名连锁企业相比，国内企业的资本效率不足国外企业的16%；（3）零售网点效率低下，鉴于我国流通企业规模较小，流通大市场未能形成，渠道不健全，供需信息不畅通，销售网络不发达，与美国、日本相比，我国的零售网点效率要比这些发达国家低1/3；（4）企业效率指标低下，当前我国大部分的流通企业还较多采用分散式物流模式，而美国和日本等先进国家早已经普及第三方物流，汽车的空驶率低至5%；我国物流企业的流通成本占GDP的比重是18%，而西方早已降至9%，差距甚远。

对于消费而言，根据文启湘等人的研究，可以归纳出以下指标：消费的总量规模程度能科学地反映一个国家的消费总量对经济增长的贡献水平；消费增长的程度能较好地反映居民消费占人均支出水平；人均消费支出用于表示城乡间的支出差异水平，如表6－3所示。

6.6 发展标准设定

流通产业效率与消费协调发展是一个体现内生性与综合性的聚合系统，该系统体现的是两者之间各因素、各变量之间的相互作用与反应的程度，最后通过复杂综合作用耦合而成的同步发展的良性循环态势的过程。

对于流通产业效率与消费关系，它要通过对原有系统及其各个因素、变量不断地诊断、调整、评价、周而复始逐步实现。根据流通产业效率对消费关系的内涵及发展状况，科学设定流通产业效率对消费关系发展标准，是对其进行测评的重要一环。一般而言，采用的评价方法不同，选择的评价标准可能就有所差异，这涉及由于评价方法不同所带来的指标及变量选取的不同。

本书采用数据包络分析（DEA）方法对流通产业效率对消费关系状况进行测评，根据数据包络分析（DEA）原理，本书需要设定流通产业效率对消费关系的 DEA 有效性标准及规模报酬标准。

6.6.1 DEA 有效性标准

对式（6－8）的 DEA 模型进行变形，

$$\min Z = \theta - \sum_{i=1}^{m} S_i^- - \sum_{r=1}^{s} S_r^+ \tag{6-12}$$

$$\text{s.t.} \sum_{j=1}^{n} x_{ij}\lambda_j + s_i^- = \theta x_{io}, i = 1,2,\cdots,m \tag{6-13}$$

$$\sum_{j=1}^{n} y_{rj}\lambda_j - s_r^+ = y_{ro}, r = 1,2,\cdots,s \tag{6-14}$$

$$\theta, s_i^-, s_r^+, \lambda_j \geqslant 0, \forall i,r,j \tag{6-15}$$

设其最优解分别为 θ^*，s^{*-}，s^{*+}，λ^*。

（1）当 $\theta^* = 1$，且 $s^{*+} = 0$，$s^{*-} = 0$ 时，流通产业效率促进消费决策单元（DMU_j）为 DEA 有效，此时同时实现技术有效和规模有效；

（2）当 $\theta^* = 1$，且 $s^{*+} \neq 0$，$s^{*-} \neq 0$，但至少存在某个输入或者输出大于 0 时，决策单元（DMU_j）为 DEA 弱有效，该决策单元（DMU_j）此时不是同为技术有效和规模有效；

（3）当 $\theta^* < 1$ 时，流通产业效率促进消费决策单元（DMU_j）为 DEA 无效，既不是技术有效，也不是规模有效。

其中，技术有效的含义是相对于系统最优生产效率水平而言，目前的要素投入存在浪费情况；规模有效的含义是按系统最优生产效率水平生产时，系统能达到的最大产出水平，s^- 和 s^+ 分别代表一种纯的过剩量或不足量。

6.6.2 DEA 规模报酬标准

利用 CCR 模型中的 λ_j，可以判断流通产业效率促进消费决策单元（DMU_j）的规模报酬情况。对式（6－8）的 DEA 模型而言，有：

$$\min Z = \theta - \sum_{i=1}^{m} S_i^- - \sum_{r=1}^{s} S_r^+ \tag{6-16}$$

$$s.t. \sum_{j=1}^{n} x_{ij}\lambda_j + s_i^- = \theta x_{io}, i = 1,2,\cdots,m \tag{6-17}$$

$$\sum_{j=1}^{n} y_{rj}\lambda_j - s_r^+ = y_{ro}, r = 1,2,\cdots,s \tag{6-18}$$

$$\theta, s_i^-, s_r^+, \lambda_j \geqslant 0, \forall i,r,j \tag{6-19}$$

（1）如果存在解 λ_j^*，使 $\sum \lambda_j^* = 1$，则该系统决策单元（DMU_j）为规模报酬不变；

（2）如果存在解 λ_j^*，使 $\sum \lambda_j^* < 1$，则该系统决策单元（DMU_j）为规模报酬递增；

（3）如果存在解 λ_j^*，使 $\sum \lambda_j^* > 1$，则该系统决策单元（DMU_j）为规模报酬递减。

6.6.3 DEA 的指标分析

在通常情况下，经过上述步骤分析后，利用 DEAP2.1 软件可以得出流通产业效率对消费的全要素生产率及其分解指数：流通产业效率对消费的规模效率、综合效率与技术效率，其中，规模效率反映的是消费率中到底有多少流通产业效率的指标投入与资源配置的能力，技术效率反映的是流通产业在现有技术与管理水平下的生产率，规模效率是由于流通产业规模程度的变化导致生产率变化的大小，并且三者的关系满足下列等式：

综合效率 = 技术效率 × 规模效率

上述等式表明，当综合效率的结果为 1 时，表示在技术效率与规模效率同时有效的基础上，综合效率达到了有效；当技术效率结果为 1，而综合效率不为 1 时，表示在技术条件一定的基础上，投入的资源要素是有效的，但却未能达到完全有效，其原因是规模程度不足，未达到最优生产规模。

6.7 流通产业效率对居民消费的DEA分析结果

按照前述流程，结合表6－3所设定的指标体系，应用DEAP2.1软件，所有指标数据选自《中国统计年鉴2012》，得到我国1995～2011年流通产业对消费的发展效率值。

6.7.1 指标数据提取及计算

我国流通产业效率对居民消费的发展效率值如表6－4所示。

表6－4　我国流通产业效率对居民消费的发展效率值

年份	综合效率	技术效率	规模效率	规模报酬
1995	1.000	1.000	1.000	规模报酬不变
1996	1.000	1.000	1.000	规模报酬不变
1997	1.000	1.000	1.000	规模报酬不变
1998	1.000	1.000	1.000	规模报酬不变
1999	1.000	1.000	1.000	规模报酬不变
2000	0.802	0.865	0.928	规模报酬递增
2001	0.841	0.901	0.933	规模报酬递增
2002	1.000	1.000	1.000	规模报酬不变
2003	1.000	1.000	1.000	规模报酬不变
2004	1.000	1.000	1.000	规模报酬不变
2005	0.954	0.955	0.998	规模报酬递减
2006	0.940	1.000	0.940	规模报酬递增
2007	0.920	1.000	0.920	规模报酬递增
2008	0.977	1.000	0.977	规模报酬递增
2009	1.000	1.000	1.000	规模报酬不变
2010	1.000	1.000	1.000	规模报酬不变
2011	1.000	1.000	1.000	规模报酬不变

6.7.2 流通产业效率对消费发展效率差异分析

(1) 综合效率差异。

表6-4分析了我国1995~2011年的流通产业效率对消费的发展效率水平，17年间数据中有11年的流通产业效率对消费的综合效率值为1，而2000~2011年、2005~2008年流通产业效率对消费的综合效率都小于1，说明流通产业效率的投入与消费率的产出出现了不匹配的情况，存在着投入冗余的情况和产出不足的问题，导致流通产业效率对消费的DEA无效，流通产业与消费之间存在着发展不协调，说明这些年份流通产业发展效率偏低，结果没有达到理想状态。

(2) 规模报酬差异。

从规模报酬的角度分析，DEA有效的11年期间流通产业效率对消费处于规模报酬不变阶段，预示着从技术与规模上达到有效，表明这11年期间流通产业效率对消费的投入水平达到合理资源配置，基本实现了帕累托最优，而从表6-4可以看出，2005年我国流通产业对消费的协调程度处于规模报酬递减，2000~2001年、2006~2008年，流通产业对消费的协调关系处于规模报酬递增的阶段，表明这几年间，流通产业的发展速度未能满足消费活动的需求。经过分析，2000年以前，我国消费市场潜力逐渐被挖掘出来，然而在城市消费市场中出现了投资过热、经济高速运行的趋势，房地产业发展迅速、房价过高等现象，而农村消费市场流通组织不发达，农民生产、生活基础设施建设滞后，一些假劣农资、假冒商品问题仍然突出，农村消费不旺，流通产业主要靠自身企业的积累，发展速度较慢，未能产生及时的促进效益，这些现象的出现导致2005年我国流通产业效率对消费的发展不协调程度加剧，城乡差距拉大。从2000年以后，我国政府针对当时经济运行过程中的投资过热行为进行了调控，对不健康的、不稳定的、影响经济发展的因素进行管理与控制，在这种宏观经济背景下，我国流通产业实现了内部结构优化，并保持了较高的增长，产业规模一直处于扩大的过程中，社会消费品零售总额、生产资料零售总额等主要流通产业指标都有所改善。这一时期，随着我国加入世贸组织，流通产业的市场化程度和对外开放程度不断提高，产业结构调整步伐不断加快，连锁经营、物流配送等现代流通方式快速发展，所以这一阶段出现了在规模上城市流通产业的发展水平实现了跨越式发展，甚至达到了饱和程度，而农村流通市场却不能满足消费乃至经济活动。因此，这一阶段流通产业对消费的协调程度又出现了规模递减的趋势，2008 年我国受次贷危机影响，又经历了一次冲击。可见，流通产业的发展重点应该是调节投入要素的质量和结构，从经济、社会、城市与环境、管理等子系统方面进行综合统筹，提高流通产业促进消费的质量和效率。

6.7.3　我国流通产业效率的关键阶段分析

经过对流通产业 1995 ~ 2011 年的发展效率进行分析，可以获知我国流通产业效率总体上是处于上升趋势的，在 2000 年、2005 年与 2008 年的分别经历了三次较大的变化，如表 6 – 5、表 6 – 6 所示。

表 6 – 5　　2005 年流通产业效率对居民消费的发展效率值

变量类型	名　　称	原始数据	镜像数据	松弛数据	目标数据
产出指标	消费支出	5596.000	260.688	64.283	5920.971
产出指标	支出增长率	0.112	0.005	0.017	0.135
产出指标	社会消费品零售总额/GDP	0.366	0.017	0.000	0.383
投入指标	从业人员完成的社会消费品零售总额（亿元）	0.010	0.000	0.000	0.010
投入指标	从业人员实现的产业增加值（亿元）	28.890	0.000	0.000	28.890
投入指标	亿元固定资产投资完成流通产业增加值	0.235	0.000	–0.032	0.203
投入指标	亿元固定资产完成社会消费品零售总额	0.757	0.000	0.000	0.757
投入指标	单个流通企业平均销售额	1.662	0.000	–0.311	1.351
投入指标	单个商品交易市场平均成交额	9.034	0.000	–1.087	7.948
投入指标	主营业务成本利润率	0.080	0.000	–0.004	0.076
投入指标	总资产周转率	7.959	0.000	–0.970	6.989

表 6 – 6　　2006 ~ 2008 年流通产业效率对居民消费的规模效率

年份	2006	2007	2008
规模效率	0.940	0.920	0.977

技术效率是管理和技术等因素影响的生产效率的总称，从 2005 年流通

产业效率对消费的发展效率值可以看出该年份的技术效率严重不足，流通产业相关政策和管理方面存在投入不足与水平不高的问题，使流通产业效率对消费关系未能实现 DEA 有效。究其原因，2000 年以来，我国经济中出现了投资过热的现象，2003 年以后，我国政府立即做出了我国宏观经济增长过快的正确分析，流通产业发展走上正轨，然而，在这一阶段，随着我国买方市场的确立，城市流通产业通过增大规模、加大投入要素量、增设网点等措施已经基本形成饱和的状态，所以一直呈现规模报酬递减的形势，这一时期，虽然城市流通产业出现了繁荣的场面，商业业态不断革新，但是由于城乡之间流通产业的差距导致农村流通产业发展滞后，流通基础设施不健全，流通网络缺失，传统的农村供销社形式已经不能适用现代流通业的发展，加上流通渠道不完善，农村消费增长缓慢，消费未能有效增长，经济发展水平增长缓慢，这些因素导致农村的流通产业不能及时使用先进的流通信息技术，增加各种要素投入，又因为农村的流通市场十分分散，各类商品的利润不高，更多农村消费市场上出现了较多的假冒伪劣产品，更多的大型企业不愿意进入农村市场，以上诸多原因，导致了 2005 年流通产业效率对消费发展效率不足，流通产业基本饱和的现象。

根据 DEAP2.1 软件的分析结果，2006 ~ 2008 年，流通产规模效率未能对消费实现 DEA 有效，主要原因是规模效率小于 1，即这三年虽然技术效率水平为 1，但是产业规模未必能实现最优，使综合效率没有达到 DEA 有效。2006 年以来我国社会消费品零售总额创 1977 年以来历史的最高额，高达 7.6 万亿元，增长速度超 14%，也是我国流通产业发展最为迅速的一年，自 2006 年以来，我国流通产业内部由生产型消费到居民享受型消费过渡，这一阶段，个人发展、享受娱乐性消费品市场活跃，居民消费不断向舒适享受型过渡，住房、汽车、珠宝等高价值消费品销售增幅较大。新的流通产业特征对产业发展提出了更高的要求，消费者逐步开始对流通产业从“量”到“质”关注。但是不难发现，2006 年以来我国物价水平也出现了新高，以猪肉上涨为标志的 CPI 增高，曾是 2006 年以来我国经济增长中居民消费价格的一个重要趋势，究其原因，这与该阶段的流通产业特点与流通体制改革密切相关，正如我国 2005 年流通产业效率的趋势，流通产业已经步入了高速增长的时期，但是由于流通体制改革推进不利，城乡市场发展不协调，都促使诸多基础性原料与食物价格增长过快——以猪肉为例，2006 年北京的价格环比涨幅为 5.9%，而天津却上涨了 30%，两地空间距离很近，价格却相差如此之大，主要原因是猪肉运输需要冷藏设施，而这种设施只有上海才具备，显而易见，农村市场的商品若是顺利流通到城市还是相当的困难，加上信息不通畅，造成当年的物价上涨趋势，因此可以得到与 2005 年同样的结论，这一时期一定要加强物流基础设施的建设，努力推进城乡一体化过程，解决商品市场中价格不协调问题。

6.8 流通产业技术创新对居民消费影响的基本结论

本节采用数据包络分析（DEA）方法，通过构建流通产业效率对消费促进的指标体系，设定流通产业效率对消费率的指标，对我国 1995～2011 年流通产业发展影响消费的发展效率进行测评，并对 2005～2008 年几个特殊时期进行了具体的 DEA 有效性分析，从系统、动态和定量的角度对流通产业效率促进消费进行了测度和评价。

数据包络分析（DEA）是美国著名运筹学家 Charnes、Cooper 和 Rhodes 提出的一种著名的评价方法，是用数学规划模型评价具有多输入和多输出决策单元间的相对有效性的一种非参数统计评估方法，在处理具有多投入、多产出指标同类部门间的效率问题时具有明显优势。流通产业发展影响消费系统是一种具有多投入、多产出的协同发展系统，且其涉及的协同发展效率评价指标相对较多。因此，可以运用数据包络分析流通产业促进消费的协同发展程度，并对其进行测评。

根据 DEA 模型原理，本章选取了从行人员完成的社会消费品零售总额、从业人员实现的产业增加值、亿元固定资产投资完成流通产业增加值、亿元固定资产完成社会消费品零售总额、单个流通企业平均销售额、单个商品交易市场平均成交额、主营业务成本利润率、总资产周转率等八个投入指标，利用 DEA 模型对我国 17 年的流通产业发展效率进行测度和评价，并以 2005～2008 年为例进行了具体的 DEA 有效性分析。测度表明，1995～2011 年，我国有 12 年发展综合效率值为 1，属于流通产业对消费的发展效率有效，这 12 年间发展体系均处于规模报酬不变阶段，已达到技术和规模上的有效，其投入的资源能在消费的促进方面得到合理的分配利用，投入产出比基本实现了帕累托最优配置。而在2005年，我国流通产业对消费的发展效率水平存在规模报酬的递减情况，且技术效率不高，这一节点表明流通产业在我国的发展速度十分迅速，且有过热行为出现，进而出现了流通产业技术与管理水平不能满足消费需求的状况；而2006~2008年的规模报酬递增现象，从一定程度上会抑制实力较弱的流通企业进入市场竞争，激发大型百货公司与超市集团的垄断程度，造成价格波动影响过大，这也证明了在这一时期，我国流通产业正处在一个重要的过渡时期，流通商集中程度开始分化，实力较强、资金雄厚与市场销售额较高的流通企业正在迅速参与扩张市场行为，而相反，对于一些较弱的投资者，进入市场竞争的门槛越来越难，这种行为的出现以及竞争程度从一定程度上削弱了总体流通产业的商业利润，而对于实力较强的流通商就会变本加厉地吞噬市场，大范围地抢占市场与物流设施甚至仓储点，操纵市场价格，导致实力较弱的厂商无市场资源可占，大型企业的流通商便可以利用价格策略来提升自己的利润水平，当然，前提是这些厂商所经营的产品与服务必须存在规模报酬递增的现象。

这种规模报酬递增的现象并不一定带来流通产业商业利润的提升。当流通产业集中度还未真正形成时，这种规模报酬递增的现象会出现不规则的波动，若大型流通商操纵价格，会促使已经形成规模的商业网点获得超额利润，这种情况下，会吸引更多厂商的市场加入，使流通产业规模更大；但是，当流通产业集中度已经形成时，大型流通商的这种行为极易可能形成某个领域与地区的垄断，当居民收入水平上升幅度高于流通商提高的产品与服务价格时，消费者的有效需求会下降，从而导致流通产业规模缩小。所以从消费的角度看，流通产业效率对消费的相对效率不高是与历史发展阶段密切相关的。

除此之外，研究结果还表明，1995~2011年我国流通产业效率对消费的贡献基本处于平稳状态，一是因为从20世纪90年代，尤其是党的十二大后，社会主义市场体制基本确立，我国开始强调将粗放型的经济增长方式向集约型增长方式发展，不能单纯依靠速度，还要兼顾质量与效益，大力发展第三产业，再加上我国在1998年并未受东南亚金融危机的大范围影响，所以消费缓步增长。二是因为随着90年代我国买方市场的形成，企业竞争日趋激烈，各种流通渠道与销售模式基本建立，流通产业对消费的适应程度逐渐增加。从2000年以后，尤其是2001年后随着我国加入世界贸易组织，我国的经济增长方式主要依靠出口与投资拉动，大量经费与资金用于基础建设的投资，流通产业几乎未能产生及时的效益。但是不难看出，流通产业对消费增长的影响是呈上升趋势的，因为在这一阶段，农村基础设施及流通网络的不断建设，起到了一定作用，而城市流通企业也在适时的改革、并购、重组，又因为外企物流企业对本土企业的冲击，加大了这种竞争。尽管如此，流通组织形式并未大范围革新，尤其是在农村，很多农民对流通全然不知，加上农村流通网络不全，基础设施稀少，以往的农村供销合作社形式已经不能满足日益增长的消费需求，农民购物难、流通成本高、网络残缺都抑制了农村市场的消费需求，2007 年以来随着我国继续加大农村基础设施的建设，国家鼓励小型超市、大卖场、改造农贸市场等业态纷纷出现，各种直接补贴政策如“家电下乡”“万村千乡”都直接促进了农村消费的增长，然而随着 2008 年美国次贷危机的发生，我国消费市场进一步又受到冲击。

总之，当期流通产业效率低下主要表现在规模水平不足、现代科技水平不够、城乡发展受限等主要方面。我国流通产业效率低下已经成为阻碍消费需求上升的重要因素，经过本章与第 3 章的分析表明，为了使流通产业对消费产生巨大的投入产出“乘数”效应，关键是靠流通产业的不断壮大及网络流通程度的发达。

6.9 动态面板模型的测算结果

根据前面测算的 DEA 分析结果，基于国内外学者的研究成果，本书重点分析流通产业效率对消费率的技术创新程度，通过判断这一关系的客观存在，可以有助于政府与企业提高流通产业效率，为政府制定政策指明方向。本节仍然采用 1995 ~ 2011 年的全国面板数据，整体构造面板模型进行数量检验，之所以采用动态面板数据模型是为了修正模型存在的内生性，剔除影响分析结果的因素，从而保证模型的检验估计结果的稳健性。

（1）动态面板数据（GMM）模型的原理。

一般动态面板数据模型为：

$$Y_{it} = \sum_{j=1}^{p} \rho_j Y_{it-j} + X'_{it}\beta + \delta_i + \varepsilon_{it} \tag{6-20}$$

对方程进行差分，去除个体效应可得：

$$\Delta Y_{it} = \sum_{j=1}^{p} \rho_j \Delta Y_{it-j} + \Delta X'_{it}\beta + \Delta\varepsilon_{it} \tag{6-21}$$

通过面板 GMM 模型对该方程进行估计，选择一定时期的不同因变量的滞后项与工具变量作为自变量，假设方程（6－21）符合独立分布，然后在 t＝3 时，第一个时期观察值可作为该设定分析，很显然 Y_{i1} 是很有效的工具，因为它与 ΔY_{i2} 相关，但与 $\Delta\varepsilon_{i3}$ 不相关。类似地，当 t＝4 时，Y_{i2} 和 Y_{i1} 是潜在的工具变量。以此类推，对所有个体 i 用因变量的滞后变量，可以形成预先的工具变量：

$$W_i = \begin{bmatrix} Y_{i1} & 0 & 0 & \cdots & \cdots & \cdots & \cdots & 0 \\ 0 & Y_{i1} & Y_{i2} & \cdots & \cdots & \cdots & \cdots & 0 \\ \cdots & \cdots & \cdots & \cdots & \cdots & \cdots & \cdots & \cdots \\ 0 & 0 & 0 & \cdots & Y_{i1} & Y_{i2} & \cdots & Y_{iT_i-2} \end{bmatrix} \tag{6-22}$$

假设 ε_{it} 不存在自回归，不同设定的最优的 GMM 加权矩阵为：

$$H^d = \left(M^{-1}\sum_{i=1}^{M} Z'_i \Xi Z_i\right)^{-1} \tag{6-23}$$

其中 Ξ 是矩阵，

$$\Xi = \frac{1}{2}\begin{bmatrix} 2 & -1 & 0 & \cdots & 0 & 0 \\ -1 & 2 & 0 & \cdots & 0 & 0 \\ \cdots & \cdots & \cdots & \cdots & \cdots & \cdots \\ 0 & 0 & 0 & \cdots & 2 & -1 \\ 0 & 0 & 0 & \cdots & -1 & 2 \end{bmatrix}\sigma^2 \tag{6-24}$$

Z_i 包含严格外生变量和预先决定的变量的混合。该加权矩阵用于 *one-step Arellano-Bond* 估计。

给定了 *one-step* 估计的残差后，可以用估计的 *White* 时期协方差矩阵来代替加权矩阵 H^d：

$$H = \left(M^{-1}\sum_{i=1}^{M} Z'_i \Delta\varepsilon_i \Delta\varepsilon'_i Z_i\right)^{-1} \tag{6-25}$$

该加权矩阵就是在 *Arellano-Bond* 两步估计中用到的矩阵。

本书选择两者中一个方法来改变最初的方程，以消除对总体偏离而计算的个体效应，用正交偏离而转换残差有个特点就是转换设定的第一阶段，最优加权矩阵是简单的 *2SLS* 加权矩阵。

$$H = (M^{-1}\sum_{i=1}^{M} Z_i'Z_i)^{-1} \tag{6-26}$$

（2）变量与数据说明。

利用钱纳里函数能较好地指明消费率的基本状态，本书利用这一模型结合前面测算的历年流通产业效率指标，建立面板 *GMM* 模型，测算当前我国流通产业效率与消费率之间的关系，根据前面计算的综合效率、技术效率、规模效率得出的结果，流通产业效率水平可以较好地反映我国流通产业技术创新水平，较好地体现流通产业的技术水平与创新能力。

由于经济个体行为是一个动态变化的过程，因此将因变量的滞后项作为一个解释变量，构造动态面板模型：

$$y_{it} = \alpha_0 y_{t-1} + \alpha_1 x_t + \cdots + \alpha_n x_t + \varepsilon_{it} \tag{6-27}$$

其中，t 表示时间，ε_{it} 为随机干扰项。由于本书数据时间长达 17 年，且居民消费水平与前期过去水平密切相关，仅仅使用静态面板模型极易忽视流通产业内部的内生性问题，又因为经济变量自身具有动态性与惯性特征，所以利用面板 *GMM* 模型对内生性问题进行处理。

本书通过钱纳里消费模型，建立如下回归模型：

$$c_t = \alpha_i + \beta_1 \ln Y_t + \beta_2 (\ln Y_t)^2 + \beta_3 \ln N_t + \beta_4 (\ln N_t)^2 + \beta_5 se_t + \beta_6 ce_t + \beta_7 te_t + \lambda_t + \varepsilon_t \tag{6-28}$$

其中，c_t 反映不同时期的居民消费率，用各地区最终消费与国民生产总值比例来表示，lnY 表示地区 *GDP* 的对数形式，lnN 表示地区人口数的对数形式，se_t、ce_t、te_t 分别表示利用 *DEA* 测算的规模效率指数、综合效率指数、技术效率指数。各变量的具体数据都来自《中国统计年鉴（1995～2012）》，t 表示年份，α_i 表示固定效应，λ_t 表示年份固定效应，ε_t 表示随机误差项。

（3）结果分析与讨论。

为了更好地分析各种流通产业效率指数对消费率的影响力及权重，分别对各个解释变量进行测算，测算结果如表 6－7 所示。

表 6-7　　　　流通产业效率影响消费的基本估计

	模型 1	模型 2	模型 3	模型 4
c_t	979.32 *** (200.36)	1093.49 ** (204.89)	979.51 *** (201.66)	544.84 *** (68.04)
lnY	-26.488 (10.86)	-28.66 *** (10.78)	-26.59 *** (10.88)	-60.58 *** (8.77)
$(\ln Y)^2$	0.87 (0.59)	0.99 * (0.58)	0.88 (0.59)	2.73 *** (0.46)
lnN	-234.87 *** (54.29)	-262.59 *** (54.78)	-234.38 *** (54.39)	-39.22 *** (13.60)
$(\ln N)^2$	15.37 *** (3.72)	19.08 *** (3.75)	17.31 *** (3.73)	2.36 *** (0.89)
se_t		6.82 *** (2.62)		
ce_t			0.56 (1.30)	
te_t				0.69 (1.29)
R^2	98.76	81.42	81.60	84.25
Hausman 值	0.00	0.00	0.00	0.00

从表 6-7 可以看出，模型 1 代表钱纳里消费模型的基本结果，从模型结果可以看出，人均 GDP 与地区人口的结果为负，对应平方数为正，这些结果的检验证明了钱纳里模型的正确性，也与钱纳里所提出的标准值正好相符，说明了该模型在我国能被较好地适用。

模型 2~模型 4 是分别选择规模效率指数、综合效率指数与技术效率指数作为解释变量所得的结果，结果表明，规模效率指数在 1% 的显著水平下，检验结果显著。而其他指数检验结果均不显著。这说明流通产业效率对消费的促进作用并未充分发挥，究其原因，一方面，经过查阅相关文献，1995~2011 年我国流通产业效率指数年增长率不足 2%，我国流通技术并未起到促进消费的作用；另一方面，由于最小二乘法估计使模型存在着严重的内生性，导致结果不显著，所以还需要进一步对内生性进行处理。

从表 6-7 可得，模型检验的 Hausman 值概率在 1% 的水平下均拒绝了随机效应，所以本书模型均选择固定效应进行分析。

根据前述分析，流通产业效率与消费之间存在着严重的内生性问题，为了克服这一障碍，本书继续尝试使用动态面板数据模型进行估计，结果如表6－8所示。

表 6－8　　模型内生性处理结果

	模型 1	模型 2	模型 3
c_t	1141.65 *** (266.15)	1683.55 *** (358.10)	506.96 *** (48.41)
lnY	－28.09 ** (14.55)	－84.92 *** (7.31)	－68.83 *** (6.83)
$(\ln Y)^2$	0.939 (0.78)	3.95 *** (0.39)	3.25 *** (0.35)
lnN	－270.17 ** (70.95)	－316.87 *** (93.68)	－3.04 *** (0.59)
$(\ln N)^2$	19.66 *** (4.84)	20.68 *** (5.92)	29.51 *** (8.86)
se_t	4.82 (1.65)		
$se_t(-1)$	－18.69 *** (8.10)		
ce_t		4.57 (1.22)	
$ce_t(-1)$		－4.48 (4.65)	
te_t			18.34 (1.15)
$te_t(-1)$			4.29 *** (1.75)
R^2	98.72	95.65	95.47

注：***、**、* 分别表示在 1%、5%、10% 的水平下显著。

从表6－8可以看出，运用动态面板数据（GMM）方法估计流通产业效率对消费率的影响关系，模型 1～模型 3 分别选择规模效率指数、综合效率指数、技术效率指数的滞后一阶作为工具变量，经检验，所有流通产业效率因素对消费的影响都十分显著。

从表 6－8 可知，对于流通技术创新程度而言，流通产业的规模效率、综合效率、技术效率对消费率的影响程度不同，分别为 4.82、4.57、18.34，从结果分析可知，流通产业的技术效率对居民消费的贡献最大，其次是综合效率与规模效率，所以大力提倡流通产业使用新技术，广泛改善流通组织创新的程度是流通产业发展促进消费的必然趋势。

6.10 本章小结

6.10.1 关于流通产业效率对居民消费的 DEA 检验结果分析

（1）在企业效率方面，改革开放后，由于我国流通企业未实行统一规划与管理，流通企业的发展基本处于“散、乱、差”的状态，竞争处于无序状态，随着 20 世纪 90 年代国有企业出现全面亏损后，大型的百货大楼、供销社等传统商业业态出现了衰退，甚至倒闭现象，效益低下，赢利能力受限，这一时期，流通产业效率低下、消费不足现象十分严重。步入 90 年代后期，我国传统的商业形式逐步演变为连锁超市、便利店等零售业态，使外资流通企业也渐渐从困境中走出，尤其是 2000～2003 年的政策调整，这一时期外资流通企业开始进入内地市场，与本土企业展开正面竞争，在这种形势下，导致本土流通企业开始实施多样化经营与特色经营，这一时期，流通产业发展对消费的促进作用较之上一时期有了明显的改善，下一阶段就是进入 2001 年我国加入世界贸易组织以后，各种零售业态的百家争鸣，政府出台政策组建各类流通企业大集团，各类促进市场有序的法律规范层出不穷，流通企业集中度增加，过度竞争的状况不断得到改善，规模经济效益凸显，流通产业效率提升，但是这一现象到了 2005 年又出现了转折，落后的物流设施、剧烈的价格波动导致了流通产业效率不足，无法推动消费发展，2008 年以后企业效率境况逐渐改善。

（2）在产业结构方面，流通产业从发展早期一直到现在主要归类为劳动密集型产业，由于长期依靠大量的资金投入与劳动力投入，技术基础十分薄弱，缺乏各种创新手段，加上管理技术与水平的限制，信息化程度低下，我国在 20 世纪 90 年代初期并未有较高的流通产业效率，据统计，资本、劳动力与技术等要素注入流通产业的比例分别为 46.5%、72.21% 与 -18%，技术要素曾一度为负增长。90 年代后期，国家注重对流通产业注入技术因素，并不断普及流通产业的发展知识，各种配送手段得到改善，电子商务与信息技术突飞猛进，使我国流通产业效率提升对消费的影响大大增加，尤其是加入世界贸易组织后，我国可以从国外学到先进的管理知识与经验，掌握最核心的流通技术，促使我国流通企业发生巨大的变革，提升自身的经营效益与核心竞争力，促进消费水平的提升。

（3）在市场供求方面，我国改革开放后，买方市场逐渐形成，但由于市场上产品种类不丰富，居民收入与购买消费的能力受限，又遭遇 1998 年的亚洲金融危机，我国流通产业效率出现极大下降，也导致了消费能力的下降，这一时期，流通企业的从业人员效率、企业效率、资本效率与零售网点效率都达到最低，随着加入 WTO，我国经济水平不断升高，消费能力提升，促进了流通产业的发展，流通产业效率的提升又反作用于消费，刺激了消费。

（4）在政策需要方面，我国流通产业发展对消费的促进作用除了依靠市场配置与价格机制的调整外，最主要的是从 20 世纪 90 年代后期国家政策的调整，国家从 90 年代后期出台了很多调整农村市场组织、城乡流通体系的政策，并依据产业布局的战略，对西部的流通产业给予了经济政策、税收、信贷等各方面的支持，引导更多流通产业要素流入这些地区，从而提升了当地的流通产业效率，促进了当地消费水平提高。

6.10.2　动态面板模型（GMM）的检验分析

（1）流通产业效率是对组织变革与适应经济状况最有效的评价指标，在一定程度上代表了流通产业的技术创新与进步程度。本书利用面板 GMM 方法验证了流通产业组织创新与技术扩散对消费的影响关系。

（2）经过检验可知，流通产业效率对居民消费的影响程度很大，这一点与国内外相关研究保持一致，当前，我国流通产业效率的提升主要源于我国大批连锁经营超市的建设与批发零售业规模的壮大，尤其是规模效率的显著性检验说明了这一点，流通产业规模的壮大能有效提高流通产业结构内部的资源规划与市场优势地位，又能不断促进流通产业规模的发展，而流通产业规模的壮大势必需要政府营造出较好的产业发展环境，政府利用自身的经济手段与措施规划好大型流通商的经营行为，形成有序的市场竞争环境，大、中、小流通企业齐头并进，从而促进消费的提高，这一点与第5章内容基本符合。

6.10.3 提高我国流通产业效率的途径分析

（1）大力推行商业代理制。

商业代理制的核心是生产商与经销商建立的一种长期稳定的合作关系，其功能主要是开拓市场，建立代理关系的生产商和经销商能做到优势互补，也就是说建立生产商和经销商的最佳匹配关系，进而在市场运行过程中抢占市场、开发新产品、销售渠道和促销能力为生产商服务，经销商将经营建立在产品和价格优势上。商业代理制的功能主要体现在以下几个方面：①对于目标市场不明确的产品以及新产品，代理制的开拓市场功能对扩大销路具有重要的作用。②分散风险。实现代理制的前提是因为对风险进行了合理划分，从传统的经销商分担风险转移成生产商与经销商共同承担风险，及时减少了生产商与流通商无计划生产与无计划提货物的风险，生产商可以按单生产，流通商可以按单进货，代理制可以使商品以更快捷、更安全的方式由生产商转移到消费者手中，环节减少，交易过程更简单。③降低费用的功能。代理制比生产商自销更能降低费用与节约商品的购进资金，当市场销售量小于一定规模时，采用代理制较为经济合理。此外，采用代理制可以较好地使用直接运输方式，减少中间的运输费用，这些功能在很大程度上能促进流通产业效率的提高。

（2）发展大型化、连锁化的流通组织。

根据马克思主义经济学论证的结果，流通产业组织化程度的提高可以提升流通产业效率与降低流通产业成本。组织程度的不断扩大可以大力促进连锁企业的发展与壮大，也可以促使更多数量中小企业的产生，产生集中与分散的倾向，对于中型的流通企业，为了更大规模地索取市场资源与要素，就需要进一步扩展自身的实力与兼并更多弱小的企业，在这种情况下，会导致中型流通企业向大型流通企业顺利过渡，增强零售的集中程度。

连锁商业的不断发展促使了大量生产体制的出现，在经济水平达到一定程度、工业化增长接近饱和程度时，生产和消费都需要流通缓解自身的规模化与分散化之间的矛盾，于是，连锁商业应运而生并且不断壮大。连锁经营的主要优势表现在：第一，有利于形成规模经济。正规连锁店开始追求资本的膨胀与规模的扩大，避免了中小连锁店的零乱散；自由连锁追求规模与协作所带来的利益，使自身能力能与大型商业组织相抗衡，而特许加盟店的出现不但可以使自己获得规模收益，也可以有利于总店与其他新加盟店及时获取这种效应。第二，有利于减少成本。规模的不断壮大可以在一定程度上降低企业的广告费用、管理费用、采购平均成本等费用。第三，有利于提高销售能力，利用连锁经营具有的渠道、价格、广告、服务、产品服务等方面的优势促进销售。第四，有利于资本的迅速扩张与聚集。第五，有利于提升组织程度的集中，可以有效地降低经营风险，不断提升在市场中的地位，加强企业的竞争力。

（3）保障中小流通企业的收入与消费能力。

根据第5章计算的结果，可以发现我国当前流通产业的主体还是以中小企业为主，中小企业虽然存在规模小、管理制度不健全、未能形成规模经济的劣势，但是近年来的确承担了我国不同区域、不同层次的个性化需求。在目前及未来形势下，我国流通产业主体还是以中小企业为主，相比数量庞大的非国有企业，中小零售企业具有较强的吸引就业能力，并且可以提升大众的收入水平，不断壮大中小企业数量，还可以防止假冒伪劣产品在销售渠道上的横行，有利于维护经济秩序，提升消费水平，有利于资源配置。

（4）提倡第三方物流与绿色物流。

物流业是流通产业重要的组成部分，也是提高流通产业效率的最关键的环节，因为产品从生产出来到达消费者手中，中间环节的装卸、搬运、包装、存货、信息技术都属于物流环节，一方面，第三方物流企业的出现，由于其本身的专业化、规模化优势，加上其对交通运输业、经纪业、货运代理业与银行业较为熟悉，要比一般的物流企业成本低得多；另一方面，绿色物流因为其具有绿色仓储、绿色运输、绿色加工与绿色配送等方面的优点，一定程度上减轻了成本与污染，能在节约成本的基础上提升企业的流通效率，减少物流支出，防止资源浪费对企业与环境的影响。

（5）大力促进农村流通市场发展。

根据前面分析，流通产业的城乡差异是导致流通产业效率不高的重要原因，大力发展农村流通产业具有十分重要的意义。第一，农村市场相比城市流通市场发展潜力巨大，而且进入门槛较低，政府可以积极为农村流通渠道畅通做好政策保障，为其提供便利的从业条件与各种政策优惠；第二，农村流通环境的改善是提高流通产业效率的保证，政府应积极加大农村市场的固定资产投资，尽量完善各种基础设施，重点加强对农村市场的水、电、通信等设施的改造，使城乡流通市场间的差距逐渐缩小；第三，重点强化农村集贸市场的建设，摈弃传统农贸市场的弊端，探索新型农贸市场的经营模式，加强政府监管力度，不断对农村流通市场的假冒伪劣产品及各种违规行为加大惩处力度，为农村集贸市场制定良好的规则与秩序。

第7章

流通产业发展促进居民消费的调控路径与模式

流通产业系统内部本身就是一个复杂的系统，它与消费、经济增长之间存在着密切联系，流通产业系统发展与良好的运行离不开城市发展水平、社会、其他产业等各个方面的支持。出于研究的需要，本章考虑流通产业系统、消费系统与经济发展系统等三个子系统的关系，建立流通产业发展促进消费的系统动力学模型。根据流通产业影响消费发展的主要因素与流通产业效率指标的判断与测算，探索在不同政府政策引导下，流通产业发展促进消费的调控路径。“十二五”时期，为了鼓励流通产业的发展，我国先后提出对流通产业给予补贴与降税的政策支持，本章通过系统动力模型，设定不同情景，对当前政策包括社会准则、降税、间接补贴三种情形进行路径模拟，这样可以更好地了解政策对流通产业发展的引导轨迹，具体做法是在既定的社会准则下加入适当的政策外部变量对其进行调节。

7.1 系统动力学的建模思想与原理

7.1.1 系统动力学的建模思想

系统动力学方法（SD）模型是在第二次世界大战之后，随着科学技术与现代信息技术的发展应运而生的一种系统解析方法，它将系统定义为一个多重信息的因果反馈机制，利用计算机对系统进行解构、历史与功能等分析的定量方法，如图7－1所示，因为目前单纯依靠运筹学之类的解析方法已经不能很好地解决这些问题，因此迫切需要采用新科学方法对这些社会经济问题进行综合研究，在这种背景下，系统动力学对研究系统之间的闭合回路即因果反馈有十分显著的作用。

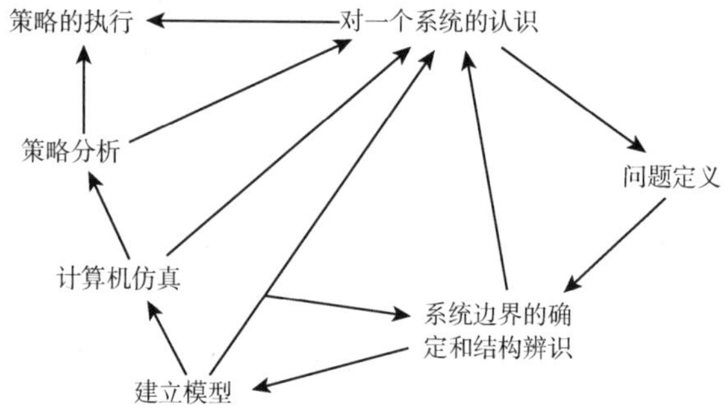

图7－1　系统动力学的原理

在20世纪50年代，Forrester就提出了“产业动力学”（industry dynamic）的概念，用来研究产业系统中的企业。由于产业动力学的研究方法和观点不仅仅适用于企业，而且还适用于更大的系统，因此本书利用这一模型来研究流通产业系统与消费系统之间的因果反馈关系，其主要特征如下：

（1）这门学科主要是用于研究复杂系统的交叉学科。由于其擅长处理多变量、非线性、多重反馈问题，因此常常被用于对复杂的多层次多部门的大系统进行整体的研究。它研究的内容既可以是宏观的，也可以是微观的，并且从经济、社会到生物种群等方面都被广泛应用。

（2）系统动力学研究的系统主要是基于热力学第二定律能量可以自由交换的开放性系统，基于该特点，这种方法十分强调系统内部与系统之间的密切联系。

（3）系统动力学能将定量与定性方法相结合，阐述系统内部的构成与建造，并对之进行模拟。

（4）系统动力学十分强调客观性，不注入个人因素与主观因素，所以反馈的结果较能反映客观现实。

（5）系统动力学模型的构建是定量与定性的结合，也是模拟系统中各种知识、数据、资料、经验的结合，是各个方面知识和学科的集成，这样就能更真实地反映系统现状，更接近于真实。

7.1.2　系统动力学的建模原理

系统动力学本身是一种多层次、非线性、多回路的因果反馈结构，由于其具有开放性、复杂性的特点，系统内部的复杂程度不亚于真实的情景模拟，因此，系统动力学通过界定系统边界，结合各种约束力与动力，从系统整体出发，对现实中的经济变量与政策变量进行简化，提升模型的精准度，使系统问题变得更清晰。

确定好系统边界后，要尽量争取找到能代替这些经济变量的模拟指标或者变量。但是鉴于现实条件的局限，在无法找到替代变量与指标的情况下，可以设置虚拟的假设与估计，对系统进行评估与模拟，当然这种模拟是建立在系统稳定的基础之上，因为系统内部要素错综复杂，现实中的系统也并不是一成不变的运行，对于一些突发的偶然事件，不是模型研究的重点。SD 模型正是通过一些描述简单，突出本质的变量，达到系统反直观性、避免由于长期与短期矛盾，全局与局部之间带来的矛盾。

7.2 系统动力学的基本概念

系统动力学是管理学领域与系统学领域相结合的一门学科，通过复杂系统对系统的演变过程进行仿真模拟并建模。因为是系统研究，里面的关系也错综复杂，涉及很多基本概念，如表 7－1 所示。

表 7－1　　系统动力学的基本概念

基本概念	概念释析
因果反馈	系统输出的信息作用对象后继续返回输入，对系统再输出的过程
回路	回路即指代系统中的因果关系，根据因果关系的不同分为两类：正因果关系反馈和负因果关系反馈
延迟	一般分为物质滞后和信息流滞后。滞后不易表述，通常用计算机程序中的延迟指令来实现
流	系统动力学中的流可以用符号进行有向表示，包括物流、信息流、人流与资金流
水平变量	描述系统的积累，用于描述某一特定时刻的数值

续表

基本概念	概念释析
速率变量	描述系统变化的速度与效率，有流入效率与流出效率两种形式
辅助变量	介于上述两种变量之间，多为人为设定
常量	不随时间变化的量
线性	变量之间的关系呈线性，即独立关系
非线性	不按比例的关系，不规则运动和突变

7.3 系统动力学建模依据与原则

在系统动力学的建模过程中一定要遵循几个原则，分别是明确性原则、简约性原则、面向用户原则和有效性原则。

（1）明确性原则。

该原则强调必须明确建模的目的与系统的关系，尤其是动态行为关系并且是已经依存在系统内部的动态反馈结构，进而通过动态模拟来改善内部结构分析。有了较为清晰的建模目标与初衷，使模型的构建具有目标性，进而才能获取必要的信息与资料。

（2）简约性原则。

系统动力学模型是对现实系统的抽象简化。要防止大而全、没有核心的系统模型的构建，避免对真实系统照搬的倾向。尤其是在选定目标后，能用最简单的数量指标来描述系统之间的因果反馈。

（3）面向用户原则。

系统动力学模型构建目的是解决用户的问题，为使用者提供相应的决策建议。所以模型的构建应该是以用户为基础，在模型的构建过程中听取用户的意见，按照用户的要求，得到用户的支持。

（4）有效性原则。

系统动力学模型构建获取的结果必须是尽可能有效的，即可信度强。模型的构架一定要反映研究的问题，得到可以信赖的、行之有效的结果。所以在模型的构建过程中，要注意到模型有效性的问题。

7.4 系统动力学的建模步骤

Forrester 认为系统动力学研究的系统应该是一个封闭的系统，系统内部的组成部分可以很好地解释系统的行为。在现实的社会中，研究的经济、社会系统大部分都是开放系统，它们与周围的环境之间存在着不断的相互能量交换。由于系统内部存在着较为复杂的因果关系与反馈关系，在首先确定了系统的边界之后，要详细理顺各个因果反馈的关系，确定子系统之间的联结，明确出建模中出现的各类参数设定，找出影响因素并将其定为不同的方程式，如水平方程式、辅助变量方程式，速率方程式等。在确定各方程后，要对方程中的各个反馈关系进行赋值，然后进行模拟计算，再根据方程系数不断地变化设置，对其进行最终路径依赖的确立，提出切实有效的方法。具体建模步骤如图 7 –2 所示。

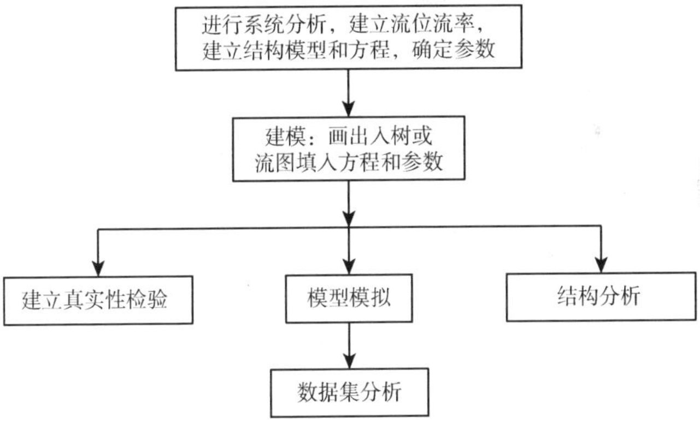

图 7 –2 系统动力学建模步骤

本书的系统动力学建模主要是通过模型了解流通产业发展的影响因素及流通产业效率对消费的变化影响程度，流通产业发展促进消费的边界确定主要是了解流通产业本身与产业政策等影响因素的变化对消费的反馈程度。

7.5 流通产业发展促进居民消费的SD模型分析

一个系统的有效运用离不开系统内部的构成及相互作用的支撑，在对流通产业促进消费的系统分析中，较好地明确系统边界是十分重要的，并且保证整个系统是闭合的。其次对各个子系统之间的划分也应该明确清晰，才能对系统内部的各个变量进行重新赋值。

流通产业本身是一个十分复杂的子系统，其产值的实现与该产业的效率与经营效益有明确的联系，除此之外，如第5章、第6章所述的主要影响因素，还有很多相关利益方的非市场因素的影响，如政府活动、政策法规的监管与约束等。可见，流通产业能有效地促进消费活动是各个子系统与主体之间相互影响的结果。

为了更好地了解作用过程以及找出流通产业各个要素之间是如何相互作用于反馈结果的，本书对流通产业发展与消费乃至整个经济增长的相互关系进行系统分析，图7－3为流通产业促进消费的系统因果图。从图7－3可知，流通产业发展促进消费的子系统主要包含流通产业子系统、消费子系统和经济发展子系统，涉及的主要因素包括流通产业效率、流通产业产值、流通产业规模、经济发展水平、消费等。从流通产业来看，主要是考虑消费增长、经济发展、流通产业水平、环境与经营效益因素的影响；而消费主要体现在从支出法来看对经济发展水平的贡献。

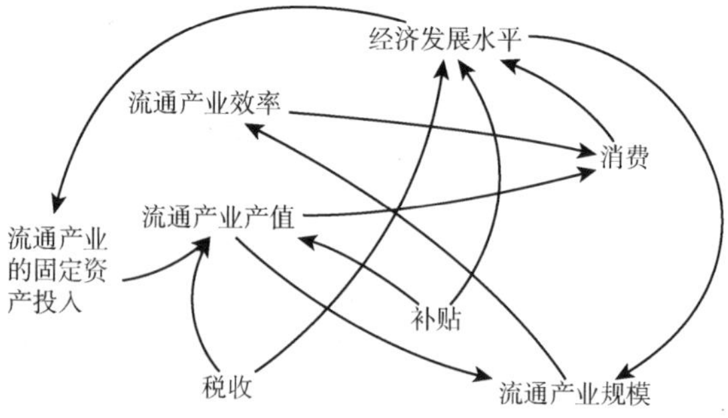

图7－3　流通产业发展促进居民消费的要素因果图

7.5.1　主要因素的选取

流通系统本身就是经济部门中的一个子系统，除了与消费系统密切相关外，该系统还与城市发展、社会、产业关联等各方面密切相关，所以建模过程中应该综合考虑这些变量的因素。从图7-3中可以发现，首先，流通产业的产值的增加，刺激消费，进而提高经济发展水平，而经济发展水平的提高，又会加大对流通产业固定资产的投入；其次，流通产业效率的提升，也会刺激消费，从而加快经济增长，而经济增长又会反馈于流通产业，促使规模的扩大。

在因果分析的基础上，当前我国流通产业发展促进消费的SD因果关系链包含如下：

（1）消费子系统。

在消费子系统模块（见图7-4）中，存在的主要因果回路有：

消费总量↑→消费贡献率↑→GDP增长率↑

人均消费支出↑→消费减少量↑→消费总量↓

主要的方程式有：

人口总数=INTEG（人口净增长量）；

人口净增长量=总人口数量*人口净增长率

人均社会消费品零售总额=社会消费品零售总额/流通产业从业人数

消费减少量=人口总数*人均消费支出

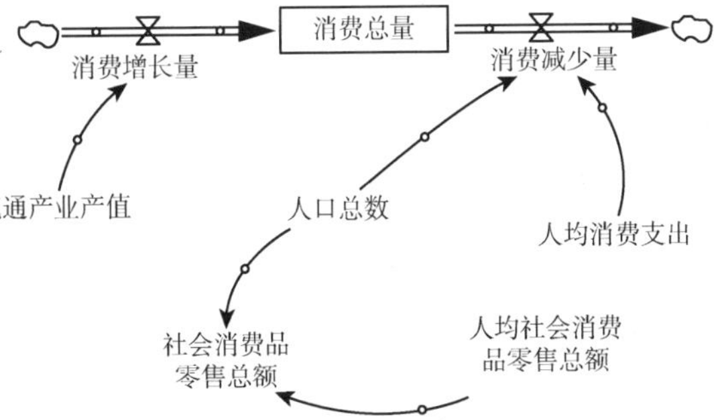

图7-4　消费子系统模块

消费增加量根据流通产业与消费的相关性分析可知，流通产业发展是居民消费能力提升的重要动力，根据第5章分析结果可得。

（2）流通产业子系统模块。

流通产业子系统主要包含流通产业产值、流通产业效率、流通成本、市场贸易成交额、固定资产投资等主要指标（见图7－5）。

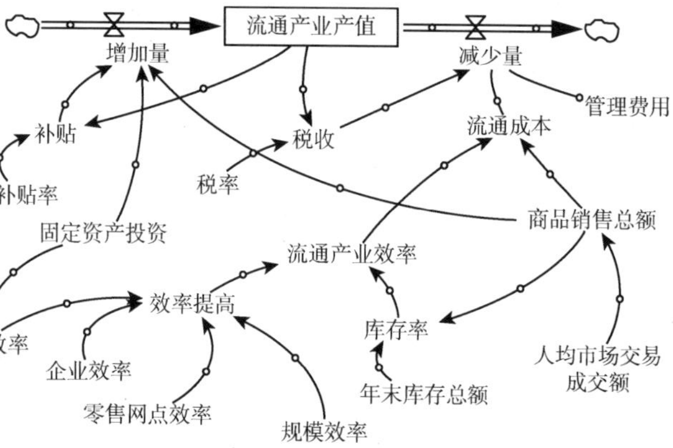

图7－5　流通产业子系统模块

在流通产业子系统模块中，存在的主要因果回路有：

流通产业产值↑→流通产业规模↑→税收协调系数↑

流通产业产值↑→消费增长量↑→消费总量↑

固定资产投资↑→流通产业产值增加量↑→流通产业产值↑

固定资产投资↑→资本效率↓→效率提高↓

库存率↑→流通产业效率↓→流通成本↑

流通成本↑→产值减少量↑→流通产业产值↓

流通产业规模↑→税收协调系数↑

主要的方程式如下：

规模效率＝流通产业增加值/流通产业从业人数

资本效率＝社会消费品零售总额/固定资产投资

零售网点效率＝商品交易市场成交额/市场数量

企业效率＝主营业务利润/（主营业务成本＋税金附加）

补贴率＝LOOKUP（TIME）

税率 = LOOKUP（TIME）

税收总收入 = RAMP（TIME）

（3）经济活动子系统。

研究经济活动子系统主要是分析经济活动与流通产业的关系，一般水平指标选用GDP指标替代（见图7－6）。

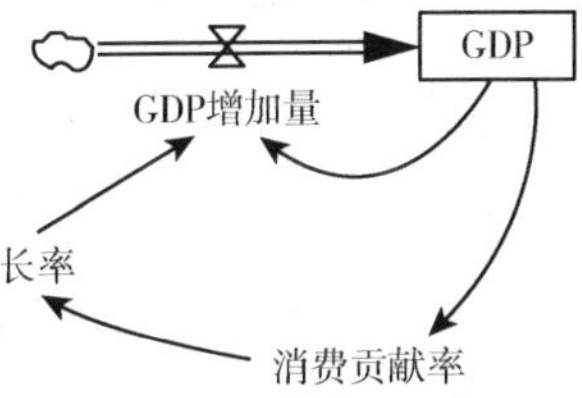

图7－6　经济发展子系统模块

在经济发展子系统模块中，存在的主要因果回路有：

GDP ↑ → 流通产业规模 ↑ → 税收协调系数 ↑

GDP 增长率 ↑ → GDP 增加量 ↑ → GDP ↑

主要方程式包括：

人口总数 = INTEG（人口净增长量）；

人口净增长量 = 总人口数量 × 人口净增长率；

GDP = INTEG（GDP 净增长量）

消费贡献率 = 消费总量/GDP

以上三个子系统构成了一个闭合的回路，流通产业产值、流通产业效率、流通产业规模组成的流通产业子系统分别反映流通产业的经营效益、产业效率与规模水平，分析三者对消费系统的贡献，结合宏观经济学支出法的计算，消费又是经济发展“三驾马车”之一，消费的贡献率进一步影响经济发展水平，加入政策变量税收、补贴，综合考虑流通产业发展促进消费系统动力学模型。

7.5.2　主要指标的选取

根据表7－1，在流通产业发展促进消费的系统动力模型中，所有变量可以分为状态变量、速率变量、辅助变量与常量，根据划分标准，本书的变量设计如表7－2所示。

表7－2　　流通产业发展促进消费的SD模型变量设计

变量类型	变量名称
水平变量	流通产业产值、GDP、消费总量
速率变量	补贴收入、补贴率、固定资产投资、税率、企业效率、管理费用、人口总数、人均消费支出、零售网点效率、规模效率、人均市场交易成交额、人均社会消费品零售总额、人均消费支出
辅助变量	流通产业规模、补贴协调系数、税收协调系数、GDP增长率、消费贡献率、税收总收入、税收、流通产业效率、商品销售总额、流通产业效率、社会消费品零售总额、资本效率

7.5.3　模型要素流图分析

前面只是从定性层面分析了流通产业各个要素对消费乃至经济活动的传导机制，但是对于各个要素之间的关系及传导效应的大小并未区分，且对于各个指标的基本属性与特征也未进行详细划分，为了更加清晰地描述流通产业各个要素对消费内部系统的积累效应与变化趋势，分析流通产业政策的变化影响，本节将进一步构建出各个变量间的系统动力学图，如图7－7所示。

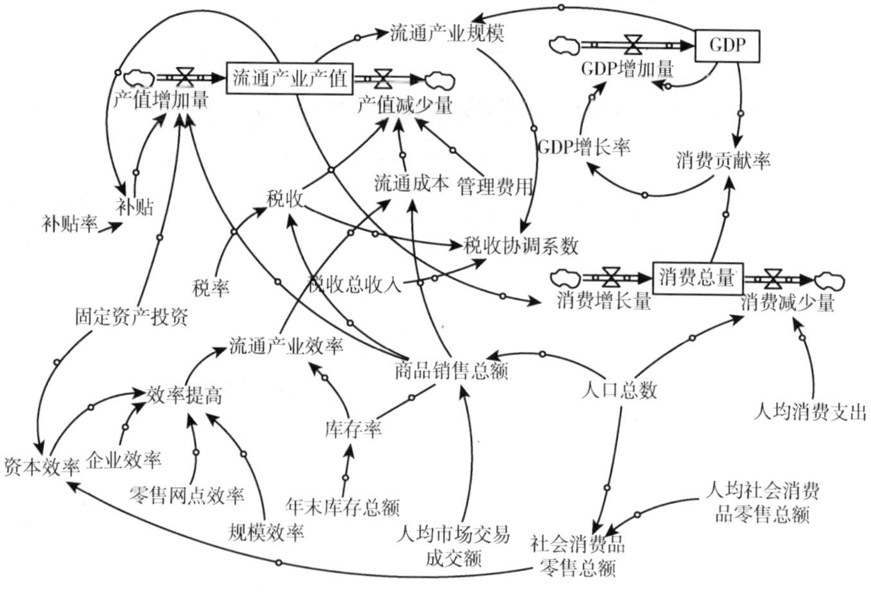

图7－7　流通产业发展促进居民消费的系统动力学图

流图 7－7 反映了流通产业系统内部与消费内部各个因素之间的相互关系与信息反馈流程。就流通产业而言，流通成本、流通产业产值是最能反映该产业内部所有企业的营运能力指标，而流通产业效率又能准确反映技术与组织创新对消费系统的影响作用，而消费系统的社会消费品零售总额又能准确反馈于流通产业系统，反映流通产业系统的资本效率等指标，同时消费贡献率的增多又能加大 GDP 的增量，而 GDP 的增量又会反过来影响流通产业的固定投资收入，再加入外部变量政策效应，这样各变量之间形成一个闭合的回路。对此，根据指标赋予的意义，运用多元统计分析等方法确定各指标之间的内部关系，并充分反映国家政策来进行系统模拟。

本书涉及的主要反馈回路有：

GDP 增长率 ↑ → GDP 增加量 ↑ → GDP ↑

流通成本 ↑ 、税收 ↑ 、管理费用 ↑ → 流通产值 ↓

商品销售总额 ↑ 、固定资产投资 ↑ 、补贴 ↑ → 流通产值 ↑

人口消费支出 ↑ → 消费减少量 ↓

流通产业产值 ↑ → 消费总量 ↑

7.5.4　情景设定分析

情景设定分析主要是从流通产业发展影响居民消费的总体目标出发，来测算流通产业促进消费的趋势与发展前景，该方法经常应用于系统之间的预测与经济发展的诸多领域。本书研究时间段为 2005～2020 年，综合考虑我国流通产业的国家政策与指导意见，对流通产业促进消费及经济活动的主要影响因素进行细分，分析各个影响要素对消费及经济活动的灵敏度，为我国消费及 GDP 情况预测的参数提供依据，然后结合政策背景，分别设置不同的系数进行模拟，分析降税、补贴对流通产业发展与促进消费的情况，总结其变化趋势，最后，综合分析不同政策与不同指标的变化对流通产业促进消费效应进行研究，根据不同情景及我国消费变化的趋势，为流通产业发展促进消费政策的制定提供参考。

前面已经基本验证了流通产业对消费及经济活动的促进作用，当前，作为政策制定部门的政府主要是采用财政补贴的政策促进流通产业的发展，虽然这一政策已经取得了初步成效，但是我国流通速度缓慢、商品库存量大、流通浪费的现象仍然未能改观，归根结底是因为流通产业发展的粗放方式未能改变，财政补贴的方式尽管能在一定程度上降低流通成本，但是比起降低税收，对流通产业的调整性不大。

我国目前拥有中小微流通企业的数量众多，已经达到4500万家，占流通企业数量的99%，占流通从业人员的80%，中小流通企业在不同层次、不同领域、不同区域满足了居民的消费需求，规范好中小微企业，基本条件就是政府在政策上给予支持，加以规范并引导，杜绝企业竞争能力差、“小、乱、散”的现象。对于大部分中小微流通企业，我国流通产业的税负水平还较高，综合税率维持在30%，很多领域的税率甚至高于生产行业，且在征税手段上，很难落实，所以政府多采用降税手段是可以尝试的。

根据国务院2012年8月出台的《深化流通体制改革加快流通产业发展重点》可知我国流通成本已经高达GDP比重的18%，远远高于发达国家10%的平均水平，而流通成本的重要构成80%以上是税收成本，意见还特别强调未来要通过各种政策形式如采用降税、补贴的形式扶持流通产业的发展，以促进流通产业效率的提高与流通成本的降低，又如对蔬菜流通中的增值税免征范围继续扩展至所有鲜活农产品，对农贸市场批发与城镇土地的房产与使用税给予免收，促进营业税改征增值税，大力促进跨区域连锁店的发展，不断完善流通产业税制改革，除此之外，国家还从降低流通费用、提升流通产业信息水平、流通方式的创新、增强流通产业竞争力、不断规范流通市场秩序、加快流通体系完善、提升流通产业对工业的保障能力、健全法律法规和标准体系九个方面明确了深化流通体制改革加快流通产业发展的政策措施。

根据以上政策背景，本书设置不同的系数，对社会准则即基准情景、降税情景与补贴情景三种情况在静态与动态环境下进行模拟。

7.5.5 系统仿真与结果分析

7.5.5.1 基准情景分析

在进行流通产业发展促进消费的系统模拟时，本书选用2005年的所有指标数据作为基年数据，结合当前实际水平，假定政府对流通产业给予税收与补贴上的优惠，其中税率选择0.3，补贴率选择0.9作为基准场景，采用VENSIM软件进行仿真测试，得出分析结果。

（1）经济发展系统的模拟图。

从图 7－8 可以清晰地看出 2005～2020 年的 GDP 模拟图，这表明，在现有的市场准则下，流通产业对 GDP 的贡献是十分明显的，随着流通创新速度的加快，流通就业人才的增多，GDP 呈现出较为强劲的增长趋势，2005 年后我国的经济增长率基本保持在 10%，2006 年出现了一次冲高回落的过程，城镇固定资产投资增速从 2006 年开始回落，增长速度保持在 26.5%。

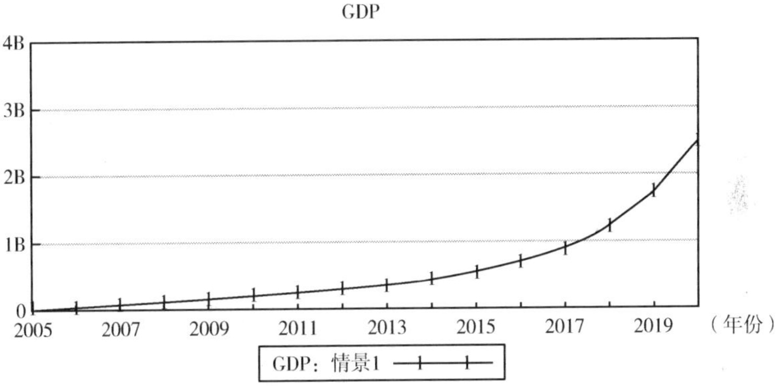

图 7－8　经济发展子系统的模拟图

（2）消费系统的模拟图。

从图 7－9 可以看出，按照现有的流通产业水平、技术、规模与利润总额，消费水平 2005～2020 年会出现较高的发展水平，但是从 2006 年以来，我国流通产业发展促进消费的动力开始出现不足，尽管消费状况总体趋于增长，但是增长速度放缓。

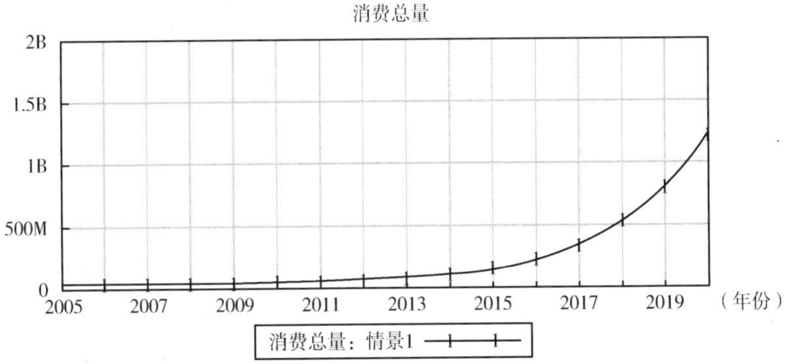

图 7－9　消费子系统的模拟图

（3）流通产业系统的模拟图。

从图 7－10 可以看出，流通产业产值在现有的规模与水平下，也呈现了递增趋势，从 2015 年后开始增长迅速。

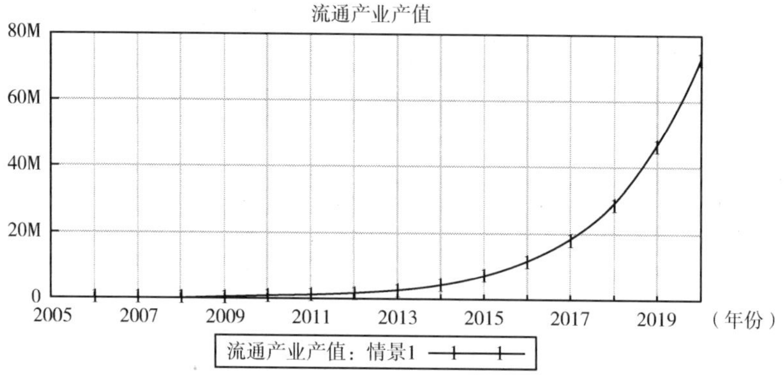

图 7－10 流通产业系统的模拟图

表 7－3 给出了在基准情景状态下的 GDP、消费总量与流通产业产值的仿真结果。

表 7－3 系统动力学模型的仿真结果

年份	流通产业产值（亿元）	GDP（亿元）	消费总量（亿元）
2005	27593.4	183956	69352.6
2006	28429.4	218382.4	81562.3
2007	29653.5	286452.3	95647.3
2008	32418.2	325689.3	124569.2
2009	40868.6	367894.2	146892.6
2010	50648.32	421486.8	164589.3
2011	60158.2	486957.5	194268.3
2012	68405.3	524698.2	216892.5
2013	72598	546891.2	246580.1
2014	78563.4	564625.3	264892.3
2015	82567.9	623335.2	284682.3
2016	85496.3	697857.3	325678.2
2017	90125.6	724568.7	365421.1
2018	105698.2	745621.5	382547.2

续表

年份	流通产业产值（亿元）	GDP（亿元）	消费总量（亿元）
2019	126589. 32	785564. 3	412389. 2
2020	1568994. 3	801256. 7	456819. 2

对比 2005 ~ 2011 年流通产业产值、GDP、消费总量实际值与模拟值之间的差距可以得到表 7 – 4。

表 7 – 4　　　　　　　　系统动力学模型的拟合程度分析

年份	流通产业产值模拟量（亿元）	流通产业产值实际量（亿元）	GDP 模拟值（亿元）	GDP 实际值（亿元）	消费总量（亿元）	消费总量实际值（亿元）
2005	27593. 4	21460. 19	183956	184937. 369	69352. 6	68352. 6
2006	28429. 4	24653. 35	218382. 4	216314. 426	81562. 3	79145. 2
2007	29653. 5	29112. 68	286452. 3	265810. 306	95647. 3	93571. 6
2008	32418. 2	35289. 31	325689. 3	314045. 427	124569. 2	114830. 1
2009	40868. 6	40591. 08	367894. 2	340902. 813	146892. 6	132678. 4
2010	50648. 32	49294. 26	421486. 8	401512. 795	164589. 3	156998. 4
2011	60158. 2	59591. 56	486957. 5	472881. 558	194268. 3	183918. 6

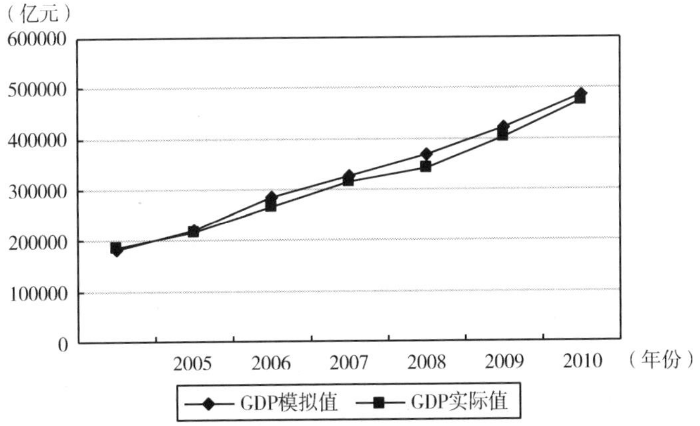

图 7 – 11　2005 ~ 2011 年 GDP 模拟量与实际量对比

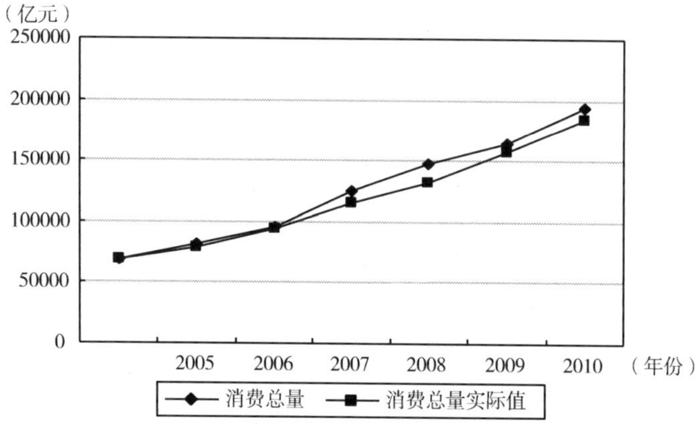

图 7－12　2005～2011 年消费总量模拟量与实际量对比

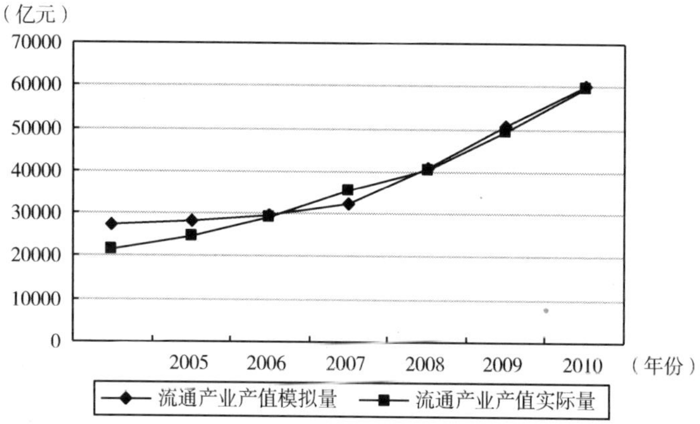

图 7－13　2005～2011 年流通产业产值模拟量与实际量对比

对比表 7－4、图 7－11～图 7－13 的结果，搜集我国 2005～2011 年流通产业产值、消费与国内生产总值情况，可以发现模拟值与实际值差异不大，在基准情景下，系统动力学模型得到了验证。流通产业发展对促进消费乃至经济活动具有一定的作用，为了更详细地模拟流通产业在不同情景与政策下的趋势，本书在后面将着重陈述动态变化趋势。

7.5.5.2　降税情景分析

为了更好地反映国家对流通产业征税后对消费的反映程度，本书特设定税收协调系数来表示税收水平与经济发展水平的协调程度：

$$税收协调系数 = \frac{流通产业税收/全国总税收收入}{流通产业GDP/国内生产总值} \quad (7-1)$$

根据税收协调系数的含义，把相关数据代入系统动力模型中进行政策模拟，来分析税收对消费及经济活动的影响与趋势。若最后经过模拟的税收调节系数等于1，表明流通产业的税收水平与经济增长完全协调；若该值大于1，表明流通产业的税收水平超贡献；若该值小于1，则表明流通产业的税收水平不足。

为了模拟该值，在系统中分别设置不同系数进行模拟，根据我国流通产业的情况，假设国家对流通产业的财政补贴率为90%保持不变，对流通产业的综合征收税平均水平维持在30%，为了体现增加税收与降低税收的变化水平，特设置10%、50%的水平指标进行模拟与对比，如表7-5所示。

表7-5 降税的情景分析

情景模拟	税率水平	补贴水平
情景1	0.1	0.9
情景2	0.3	
情景3	0.5	

在不同税率水平下，可以分别得到税收水平、流通产业产值、消费与GDP的演化趋势。

(1) 税收水平。

从图7-14可以看出，随着国家对流通产业税率征收的提高，流通产业的税收收入也呈递增水平趋势。在VENSIM中设置了等式税收=商品销售总额*税率，所以两者的关系必将是正向关系。

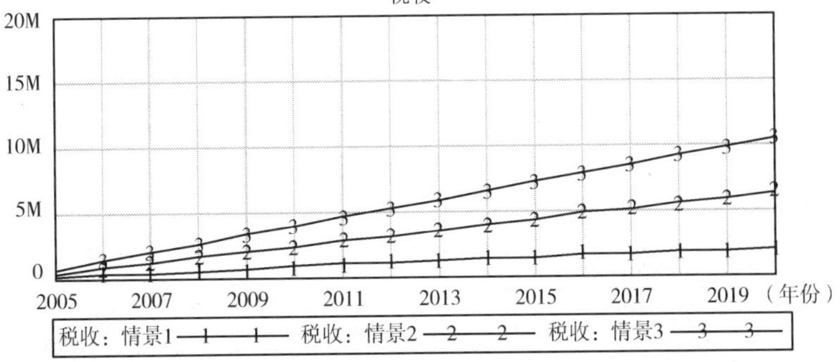

图7-14 不同税率水平下税收水平的变化趋势

（2）经济发展系统模拟图。

从图7－15可以看出，随着我国政府对流通产业征收税率的提高，我国GDP在不同三种情景下呈现递减的趋势。究其原因，在SD模型中，由于GDP系统受消费系统的影响，而消费系统受流通产业产值的影响，流通产业产值在税率不断增加后，增加了税收、流通成本及管理费用，从而导致流通产业总值的减少量增加，流通产业总值减少，消费量减少，最终使国内生产总值呈现减少的趋势。

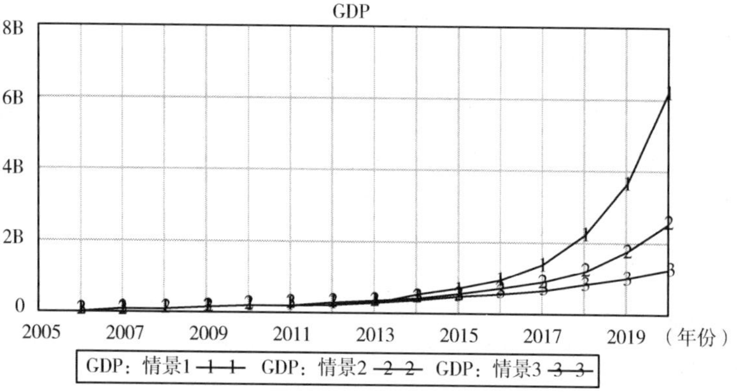

图7－15　不同税率水平下国内生产总值的变化趋势

（3）消费系统模拟图。

从图7－16可以看出，在不同税率水平下，我国消费水平也出现了下降趋势，说明对流通产业税率征收越高，则越难促进消费。流通产业税率水平的提高，无形中以间接的形式变本加厉地影响到商品的价格，在价格水平不变的前提下，意味着居民消费收入的减少，从而影响居民消费支出，消费总量下降。

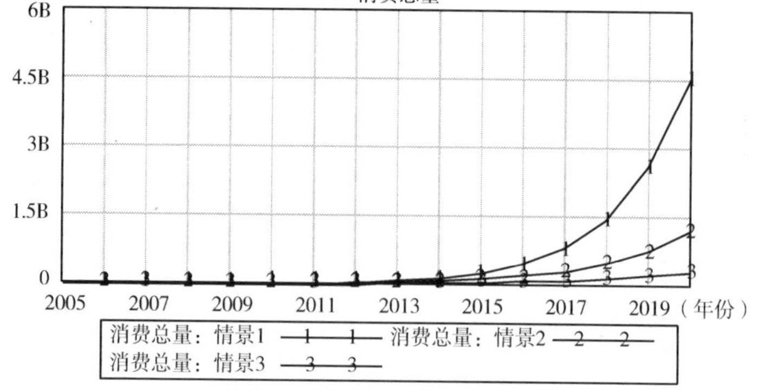

图7－16　不同税率水平下消费的变化趋势

（4）流通产业子系统。

流通产业产值是最能体现流通产业发展总体水平与趋势的指标，也是衡量一国经济活动中流通产业发达程度的重要指标，本书通过系统动力学模型，找出流通产业产值与消费的相关性，可以看出流通产业产值在税率不断增加的趋势下，因为增加了流通成本，也出现了下降趋势，这一预测趋势与现实是相符合的。

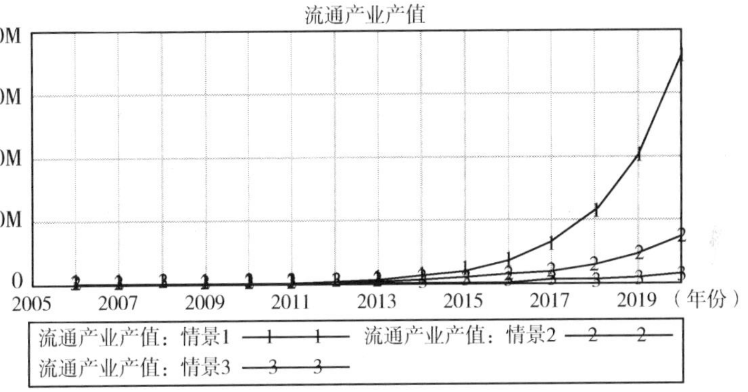

图7－17　不同税率水平下流通产业总值的变化趋势

（5）税收协调系数。

从图7－18可以看出，税收协调系数主要是反映对流通产业征税后与经济增长之间的协调系数，若是大于1表示税收对经济增长之间的超贡献，若是等于1，则表示税收与经济增长之间完全协调，若是小于1则表示税收与经济增长之间不协调。从情景模拟的结果来看，随着税率的增加，我国税收协调系数趋于下降，并接近于0，这说明在当前形势下，我国流通产业的征税水平还不符合经济增长的要求，且对流通产业征税过多，会导致税收水平与经济发展水平的失衡。

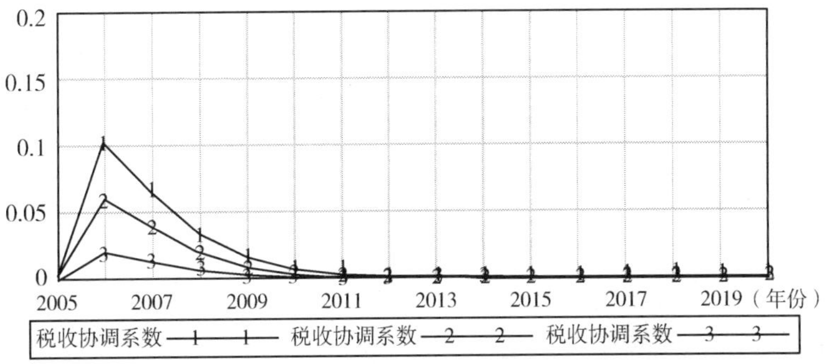

图7－18　税收协调系数的变化情况

7.5.5.3 补贴情景分析

按照同样的方法，假设我国的税率水平为 0.3 不变，对比补贴水平变化后的流通产业总值、消费与 GDP 的变化，如表 7－6 所示。

表 7－6　补贴的情景分析

情景模拟	补贴水平	税率水平
情景 1	0.7	0.3
情景 2	0.9	
情景 3	1.1	

（1）补贴水平。

我国政府支持流通产业发展的一贯做法就是给予流通企业各种补贴，2010 年以来，中央财政安排各种家电下乡补贴资金和汽车摩托车以旧换新等各种商业补贴达到 238 亿元，因此可以得出结论，国家为了扶持流通产业发展不断提升我国补贴率水平，是增加了政府财政支出的。

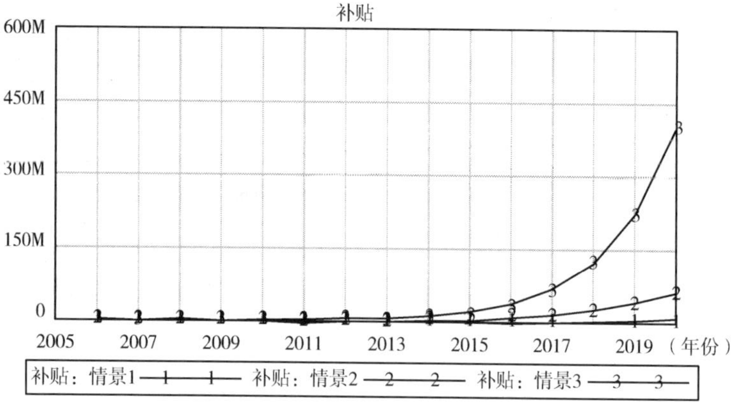

图 7－19　不同补贴率水平下补贴的变化趋势

（2）经济发展子系统。

从 7－20 可以看出，与税收情景的结果相反，中央及地方政府补贴率的提高，可以带动当地流通产业的发展，直接降低了流通产业成本，从而刺激消费水平与经济发展水平的提高。

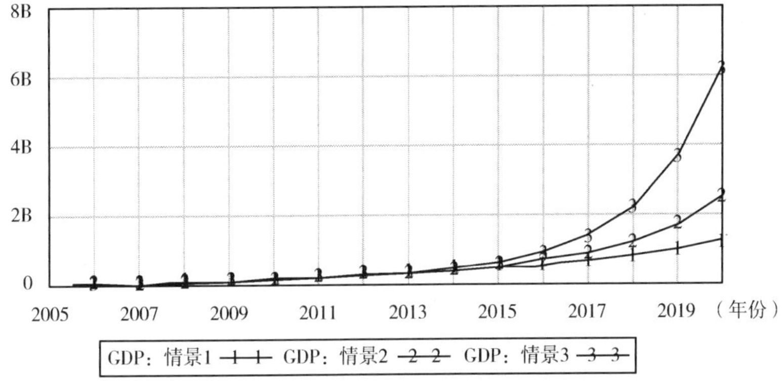

图 7－20　不同补贴率水平下 GDP 的变化趋势

（3）消费子系统。

从图 7－21 可以看出，我国消费总量在流通产业补贴的支持下，也呈现持续递增的趋势。

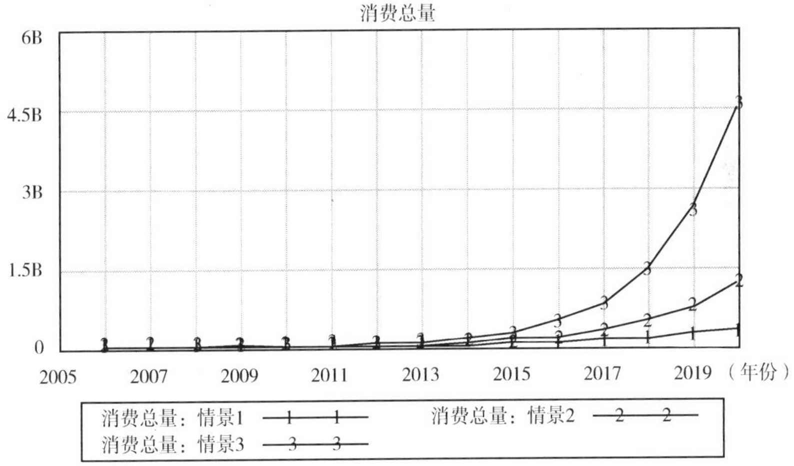

图 7－21　不同补贴率水平下消费的变化趋势

（4）流通产业子系统。

从图 7－22 可以判断，补贴率的提升可以减轻流通产业发展的成本与费用，促使流通产业产值减少量的降低，从而影响流通产业产值总体上升。

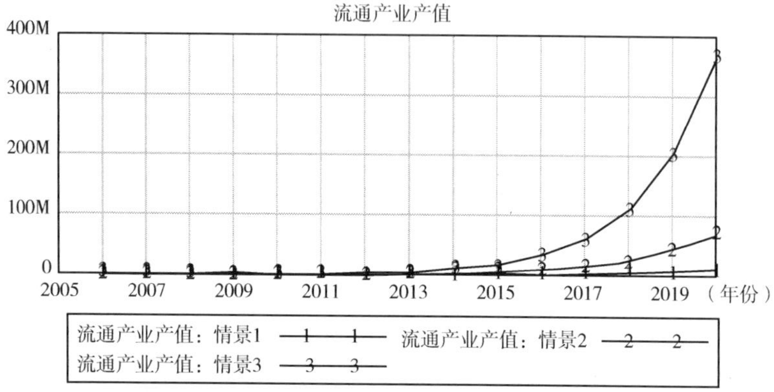

图7－22　不同补贴率水平下流通产业产值的变化趋势

7.5.5.4　动态情景分析

在经济实践活动中，对于流通产业的发展，政府一般不单采用一种政策效应来实现对流通产业的调控，根据我国流通产业发展的需要，在SD模型中假设在不同税收水平与补贴水平下来模拟流通产业、消费与GDP的变化趋势，如表7－7所示。

表7－7　不同降税与补贴水平下的情景分析

情景	补贴率	税率
情景1	0.7	0.5
情景2	0.9	0.3
情景3	1.1	0.1

（1）经济发展系统模拟图。

从图7－23可知，若是将我国流通产业水平的补贴率固定在0.7、0.9、1.1递增的趋势，而税收水平维持在0.5、0.3、0.1的递减情况下，我国GDP是增长的，但是变化幅度不大，只有到2017年才有较大程度的增长。

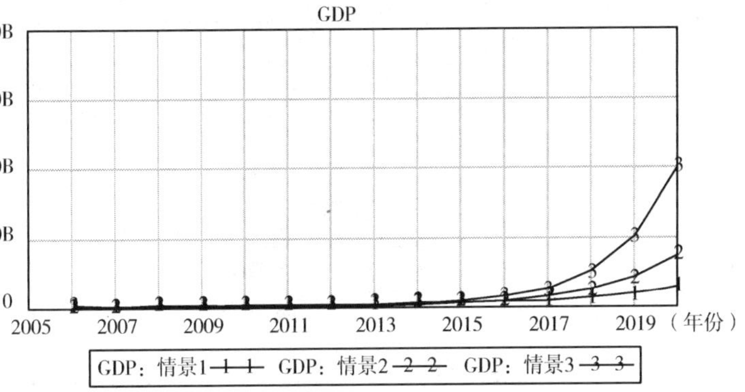

图7－23　不同补贴率与税率水平下GDP的变化趋势

（2）消费子系统。

从图7－24可知，消费水平在不同的补贴率与降税率水平下，也呈增长趋势，且2016年作为节点，开始增长迅速，表7－8给出了我国消费总量的具体模拟值。

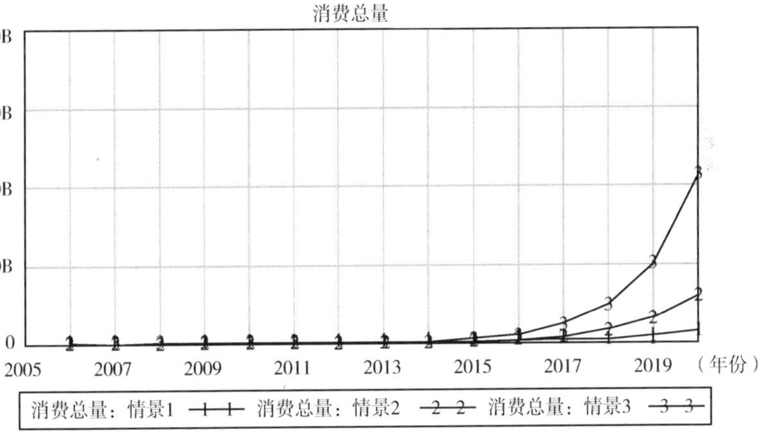

图7－24　不同补贴率与税率水平下消费总量的变化趋势

表7－8　不同补贴率与税率下消费总量的模拟值　单位：万亿元

年份	情景1	情景2	情景3
2005	17.888397	17.888397	17.888397
2006	17.889688	17.889688	17.889688
2007	17.893501	17.894079	17.894657

续表

年份	情景 1	情景 2	情景 3
2008	17. 901709	17. 904494	17. 90751
2009	17. 917728	17. 92672	17. 93731
2010	17. 947191	17. 971577	18. 002919
2011	18	18. 059953	18. 144266
2012	18. 09015	18. 228691	18. 442371
2013	18. 243544	18. 549907	19. 069487
2014	18. 505447	19. 161867	20. 388567
2015	18. 951267	20. 325687	23. 160267
2016	19. 710277	22. 538627	28. 983037
2017	21. 001607	26. 744797	41. 213137
2018	23. 197447	34. 737737	66. 898137
2019	26. 931597	49. 926137	120. 839337
2020	33. 280837	78. 785937	234. 117337

（3）流通产业子系统。

从图 7 – 25 可知，在动态的税率与补贴率下，流通产业在 2007 年也出现了拐点，呈现了较快的增长趋势。

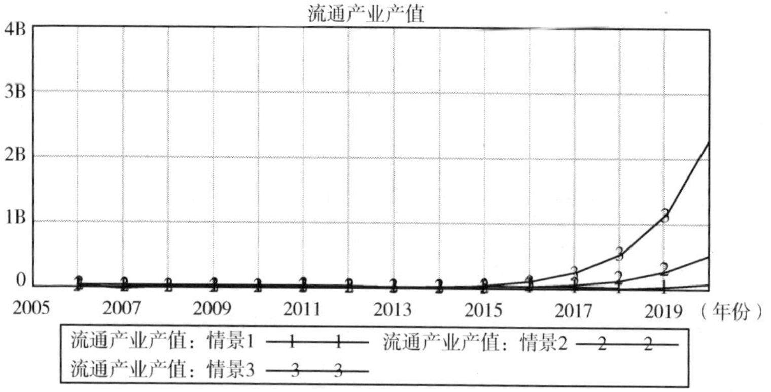

图 7 – 25　不同补贴率与税率水平下流通产业产值的变化趋势

从表 7 – 8 与图 7 – 26 可知，通过对消费总量在动态情形下进行模拟发现，随着对我国流通产业税率的下调与补贴率的上涨，我国消费总量有了明显的改善，对比三种情形可以发现，1995 ~ 2006 年，三种情形基本变化不大，但是从2007年后，随着税率减少，补贴率下降，我国流通产业发展促进消费的能力将大大改善，截至2020年，在三种情形下，将出现较大差异的变化，我国消费总量分别是33.28万亿元、78.78万亿元与234.12万亿元，政策效果十分明显，政府可以通过不同的政策鼓励流通产业的发展，从而刺激消费。

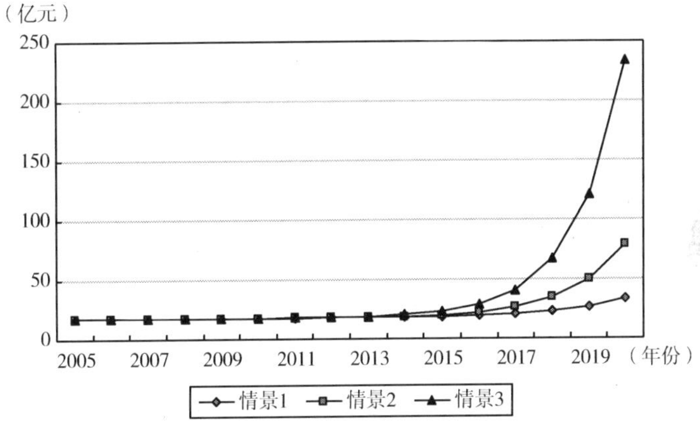

图7-26　不同补贴率与税率水平下消费总量模拟值对比

7.6 流通产业发展促进居民消费的调控路径

结合流通产业发展促进消费的SD模型可知，流通产业发展对消费的促进作用十分显著，不断强化流通产业对消费的刺激作用势在必行。为此，本章内容以流通产业发展对居民消费影响因素及其调控潜力分析为基础，致力于流通产业发展促进消费的调控模式设计，并对其提出切实可行的政策。

我国当前处于商业变革与城市化进程加快的阶段，由于对传统经济增长方式的依赖，消费驱动仍然是我国转变经济发展的重要路径，流通产业作为影响消费增长的一个重要方式，面临着产业结构调整与产业发展方式转变的双重挑战。影响流通产业发展促进消费的主要因素包括流通产业规模、经营效益、产业效率等三个方面，参数的不同设置是导致流通产业总值与消费变化的根本原因。

7.6.1 流通产业的模式创新

根据SD模型的分析，提升消费的一个很重要的子模块就是流通产业效率，流通产业效率包含从业人员效率、资本效率、企业效率与零售网点效率。流通产业效率在很大程度上反映了流通产业的技术创新程度，流通产业效率的变化系数波动对流通产业总值与消费总量的变化都十分明显。在经济实践中，主要表现为以下几个方面：

一是互联网时代的到来给我国消费带来了新的变革，消费者慢慢地从传统的零售模式向个性化、定制化转变，随着买方市场的确立，消费者慢慢地从生产开始关注消费与需求，各种新兴的电子商务模式逐渐确立，如传统的B2B、B2C模式在中国已经广泛存在，新兴的C2B正在逐步普及；二是传统的流通产业只充当了生产与消费之间的中介，但是新兴的流通产业模式将为消费的实现提供更多的交易平台，如淘宝、京东等，这些平台的参与极大地降低了流通产业发展过程中信息不对称与网络资源分散不集中的弊端，流通产业这种角色的转变，也将改变过去仅仅赚取商品差价的习惯，真正用信息共享的方式参与产业分工，极大地提升整体产业的效率；三是各种线上流通方式成为消费实现的主体，2011年对我国电子商务的总交易量已经突破6万亿元，增长迅速，成为商业发展的总趋势，这种形式将改变之前的线下交易模式，做好线上线下的交接至关重要。因此，提升消费的一个重要途径就是要求我国传统的流通商转变自身的商业观念，不断适应新型的国际流通业趋势，对流通产业模式进行创新。

7.6.2 流通产业的政策创新

本书通过SD模型对政府降税率与补贴率的动态变化过程进行了模拟演示，演示说明不同政策对流通产业的影响程度差异较大。我国流通成本基本分为两类，包括基础性成本与政策性成本。基础性成本是指流通产业在运行过程中发生的正常成本，包括折旧与损耗，而政策性成本则是由于管理手段与管理技术不当引发的不合理成本，主要包括我国政府对流通产业征收的高额税收与费用，如税收、租金、交通费用等。这些成本与费用的产生无形中增加了流通成本与费用，降低了流通产业效率。根据本书对税收与补贴等措施在整个系统的运行结果可知，流通产业税收的降低和补贴的提高会从宏观管理的角度降低流通产业成本，促进消费，根本上改变政策性成本的上升。所以对于政府而言，应从意识上充分重视流通产业政策对消费的影响作用，逐步确立流通产业政策预警体系，各类中小流通企业给予充分的税收与补贴支持，尤其是在食品与工业品市场建立起食品反馈体系，并扩大工业废品体系建设，积极发挥流通产业的公益性，创造更有利于流通产业发展的环境。

7.6.3　流通产业的机制创新

除了在宏观经济管理角度对流通产业的创新路径进行研究外，也需要流通产业从自身角度不断壮大自身规模，尽量改变传统的“小、乱、差”模式，提升自身的集中度，组建大型零售集团，加强流通产业与金融业的产业融合、资本对接，逐渐控制我国市场的主导权与价格，同时，对于小型的中小流通企业鼓励其向连锁超市方向发展，多采用参股控股、资产重组、兼并联合等方式，运用现代管理技术从当前的百货商场、小型超市向专卖店、便利店、大型商业航母等多种业态发展，争取将企业自身打造成为管理好、核心竞争力强、品牌知名度高、有自主知识产权的流通企业。

7.6.4　流通产业的需求创新

流通产业除了从自身的管理体制进行改善外，也可以从需求角度来提高居民的消费。影响需求的一个重要影响因素是居民的收入，流通产业的需求创新有利于居民收入的提升。换言之，在收入既定或者货币收入得到增长的同时，流通产业则会把更多精力放在如何将产品与服务更好更优地从生产端过渡到消费端方向上，以最大的优势满足消费者的购买意愿，不断提升居民的服务与生活质量。

自次贷危机后，我国经济结构出现了逐渐恶化、需求结构日益失衡的趋势，主要表现在三个方面：一是内部需求不足，不认同国内的经济产品和服务，一味地崇拜外部经济发展，对外部的经济依存度过大；二是民间消费需求不足，主要是受传统储蓄观念的影响，对政府支出的依赖过大；三是消费需求不足，对投资需求的依赖程度过大。本书认为，我国各项经济政策设计和调整着眼点之一是扩大居民消费、推动需求结构转型、重建需求结构平衡。生产与消费之间矛盾的产生很大程度上是因为长期以来我国受增长速度至上发展观的影响，重视供给、忽视需求，关注生产、忽视流通的思想普遍存在。另外，流通产业与居民消费有着最直接、最密切的关系，国家各项大政方针能否圆满有效落实，最终还是要看流通产业能否发挥重大的作用。在新时期，促进需求结构转型、扩大居民消费、满足消费意愿的最直接、最有效的政策选择之一就是建立竞争性、高效能、低成本、诚实可信、服务周到、安全可靠的商贸流通畅销体系。事实上，我国流通产业政策措施也是以这个核心思路展开的，所取得的进展和有待改进之处，也可从“畅销与否”或“消费意愿满足程度”的视角予以研讨。

2012 年 8 月 7 日国家发布了《国务院关于深化流通体制改革加快流通产业发展的意见》，在此基础上，商务部会同相关部委陆续制定出台了包括“万村千乡工程”“双百工程”“农超对接”“家电下乡工程”“双进工程”“早餐示范工程”“家电、汽车以旧换新”等政策，提出了加强城乡信息服务体系建设、完善流通领域市场监管体系与生产资料流通体系等在内的一系列“搞活流通、扩大消费”的政策措施，以上新政策的本质与核心就是尽可能健全商贸流通体系，在其达到几近完善的同时，促进消费，从而发挥桥梁和纽带的功能。各项措施的制定是以建立畅销商贸流通体系为主要路线，以财政补贴作为强大后盾，在农村、城市社区、城乡、经济市场、电子商务以及消费规模等方面都不断取得显著成效，具体表现在：农村拥有更加完善的网络体系；城市社区的服务体系建设得到大力加强；市场面临风险时的调控应急能力得到提升；城乡居民在家电、汽车的消费能力大大提升，需求结构得到调整；市场活力显现，消费信心提升；电子商务成为后起之秀，销售额成倍增长；消费规模稳步提升，对经济增长拉动作用增强。2011 年社会消费品零售总额达到 18.33 万亿元，同比增长 17.1%，扣除物价因素，实际增长 11.6%，贡献率达 51.6%，2012 年后消费拉动经济增长的作用已超过投资，流通产业的需求创新作用日益凸显。

7.7 本章小结

本章通过构建流通产业发展促进消费的系统动力学模型，设置流通产业子系统、消费子系统、经济发展子系统的因果反馈关系，系统分析了各个子系统内部的影响因素关系，结论如下：

在基准情景下，流通产业内部的产值、效率与规模等因素对消费的促进效应十分明显，按着国民经济支出法的计算，消费是 GDP 的重要组成部分，消费的提升又促进了经济发展水平。

在降税情景下，本书设定补贴率保持在 0.9 不变的条件下，模拟了 GDP、消费总量与流通产业产值在 2005 ~ 2020 年的演化趋势，经过分析可知，随着国家对流通产业征收税率的提高，我国流通产业成本升高，导致流通产业产值减少量增加，流通产业产值下降，从而影响消费总量的下降，GDP 下降。

在增加补贴情景下，本书假定税率水平保持在 0.3 的条件下，随着国家财政补贴率对流通产业的上升，流通产业产值增加，消费水平提高，GDP 上升。

在不同的税收与补贴率下，要使流通产业产值、消费量与 GDP 提高，本书模拟了税收率下降与补贴率升高的情景，结论表明，随着我国流通产业税率征收水平的下降与补贴率的提高，我国流通产业发展对消费的促进效应明显增加，经过测算，到 2020 年在实施三种不同的情景模拟下，我国消费总量将分别达到 33.28 万亿、78.78 万亿、234.11 万亿元，可见不同政策效应对我国消费的调控作用不同，国家应积极稳妥地出台鼓励与刺激流通产业发展的政策与措施，保证消费总量的提升，符合“十二五”期间“刺激消费、扩大内需”的战略，促使流通产业对经济发展活动的拉动效应继续增强。

第 8 章

流通业对新型城镇化的影响机理与因素分析——以江苏省为例

2014 年江苏省城镇化率已经高达 62.85%，江苏省作为流通与市场大省，在我国现代化、工业化、城镇化建设中起着重要的示范与关键作用，但是当前，江苏省经济仍然处在产业优化升级与推进内外贸供给侧结构改革的转型时期，许多新问题层出不穷。培育新的消费增长点，积极创造消费新需求，加快体制机制、业态模式创新，提升流通效能仍是江苏省流通业发展的关键问题，如何更有效地引导流通业发展、深化流通业体制改革、加快江苏省新型城镇化建设，是未来江苏省经济可持续发展、城乡统筹发展、产业经济转型升级的重要手段与载体，流通业引导新型城镇化建设是我国乃至各省域经济转型发展的重要引擎。

8.1 流通业与新型城镇化的互动影响机理研究

根据国家统计局资料可知，近 10 年来，我国城镇化率每提高 1%，拉动投资增长 3.7%，拉动消费增长 1.8%。新型城镇化是稳增长与调结构的黄金结合点，当前经济下行压力下用好新型城镇化这个重要抓手，将催生多重发展势能，为促进经济迈向中高速、产业迈向中高端水平注入强劲动力。首先，新型城镇化可以有效拉动投资，推动城市化进程，加速农业转移人口的市民化，会带动城市基础设施、公共服务设施和住宅建设的巨大投资需求，消化过剩产能，吸纳劳动力；其次，新型城镇化“以人为本”的思想必将提升居民消费水平，刺激消费结构升级与消费模式的创新；最后，新型城镇化建设还将大量农业转移人口向城镇聚集，响应“大众创业，万众创新”的政策，为双创提供必要的人流、物流、信息流，也激发更多的农民工返乡创业的积极性，引导返乡人员围绕龙头产业、龙头企业集群创业。

流通业是新型城镇化建设中与其他产业关联度最高的产业。首先，流通业具有较强的吸纳就业的能力。一方面，它吸纳更多的农业劳动力要素有效地配置到城镇化建设活动中，加快土地、劳动力等要素的优化与全要素生产率的提高，同时帮助更多的农民快速地享受城镇化过程带来的福利，在城镇扎根致富，尽快适应城镇生活。其次，流通业以其较强的关联程度，引导产业的转型升级：一方面，流通业基础设施的加快建设是农村人口向城镇转移的重要保障，较之农村，城镇有更优良的流通业基础设施，产品极大丰富、种类繁多，对人口的消费方式及生活水平提高有较大的影响，流通业基础设施的改善可以促进城镇第一、第二产业的发展，增加城镇就业和财政收入，提升城镇的综合服务能力与承载力；另一方面，流通业连接生产与消费，与城镇化建设中的农业、工业、建筑业、生产服务业、房地产业和服务业密切相关，贯穿整个产业发展过程，流通业速度越快，城镇化建设速度也就越快。最后，流通业与居民消费息息相关，与居民的“吃穿住行”紧密挂钩，流通产业基础设施的完善是城镇化建设中公共服务体系的重要组成部分，城镇化进程中需要规划、建设、监理、工程、园林等具有较高专业的技术人才，流通产业可以适时按要求提供此类专业复合型人才，为新型城镇化建设注入新鲜血液。

总之，流通业与新型城镇化之间相辅相成，相互促进，城镇化为流通业发展提供更好的空间基础，而流通业为城镇化建设保驾护航，提供保障条件，两者协同发展是“十三五”期间我国经济可持续发展的内在需求与必要条件。

8.2 实证研究设计

8.2.1　因素指标

流通业的快速发展与我国城镇化建设的内在需求决定了流通业影响城镇化建设的主要影响因素，其中影响因素包括流通业规模、流通企业规模、人均社会消费品零售总额、流通业的经营状况、流通业的年人均销售额、流通业人均年末固定资产投资额、城镇人均总收入等，这七个指标涵盖了流通业规模、发展水平、结构、速度、投入产出、效率等基本特征，又与新型城镇化发展有密切联系，具体阐述如下。

（1）流通产业规模。

流通产业规模是最能反映流通业现状及发展水平的指标。有流通业支撑的城镇化才是具有活力的城镇化，具体表现在以下两个方面：一方面，流通业规模的扩大可以集聚人口、扩大商品销售，合理配置区域间的商贸流通资源，近10年来，江苏流通业从业人员以年均12%的速度增长，远远超出全国平均水平，城镇流通业从业人员的增多从劳动力角度证明了流通业对新型城镇化建设的贡献程度，流通业本身的特征决定其较之其他产业，有很强的就业容纳力、较低的入门门槛，它可以成功为乡镇剩余劳动力提供就业机会，提高城镇就业水平，从而提高整个社会的就业水平，提升社会生产力，城镇流通业从业人员规模的扩大对城镇化建设有举足轻重的作用。另一方面，规模的扩大可以促进城镇三大产业的协同发展，增加城镇的财政收入、承载力与综合服务能力。该指标从宏观产业角度较好地描述了流通业发展水平与规模程度。

（2）流通企业规模。

流通企业是指在实体经济中，介于生产与消费过程中所产生的信息流、资金流、物流及商流的要素组合。企业是产业发展的重要载体与表现形式，城市流通企业通过提供信息、资金、人才等要素为新型城镇化的发展保驾护航。流通企业规模越大，越容易形成产业集聚，从而壮大产业规模，促进城乡消费要素的流通，增强城乡产业的互动，同时增加农民收入，满足我国建设新型城镇化建设的内在要求。同时，规模经济的实现有助于大幅降低城镇化建设中企业的产品研发、设计、生产、管理、营销等综合成本，促使企业在城镇化建设推进中盈利，提升竞争力。该指标较好地从微观角度描述了流通企业的发展水平与规模程度。

（3）人均社会消费品零售总额。

流通业是生产与消费的中介，与终端消费密切相关，事关居民的“吃穿住行”。人均社会消费品总额可以反映一个地区的人均消费状况，该指标是城镇化建设公共服务体系中不可缺少的部分，流通业是促进居民消费实现的先导产业，人均社会消费品零售总额的增多，加速了城镇化进程与市场的繁荣，该指标从速度方面描述了流通业对城镇化的影响程度。

（4）流通业的经营状况。

就微观角度而言，流通业态内企业的数量规模、主营业务收入、利润盈利情况与新型城镇化建设不无关系，流通企业的数量增多会扩大流通产业的规模，流通企业经营额越大证明企业的效率越高，流通企业利润盈利情况越好证明生存状况越好，除此之外，流通企业内部价值链的优化、基础设施的完善可以有效提升城镇化的发展质量与水平。流通企业在内部适时推行特色商贸与精准服务，改善企业经营观念、管理模式与经营方式，发展现代流通体系，使用先进的现代化技术、销售手段、增强企业的综合实力都有助于转移农民安居乐业，实现城镇人口集聚与市场繁荣。该指标从流通业的投入产出、效率等方面阐述对城镇化的影响程度。

（5）流通业年人均销售额。

流通业年人均销售额是衡量流通业内部商品销售额结构合理与否的重要标准。一方面，流通业销售额越多表示在新型城镇化过程中，流通业的促进作用越明显；另一方面，通过流通业销售额与消费的占比可以较为清晰地分析我国流通业结构是否优化。我国幅员辽阔，流通业“城市大乡村小”的特征决定了农村城镇化具有“服务弱，追赶城市服务速度”的特点，这种不合理的特征在很长时间内决定我国流通业商品结构尚不完善，在城市单元以下的商品及服务需求很难得到及时满足的现状。通过该指标的描述，可以较好地判断流通业发展速度的适度性与流通业结构的合理性。

（6）流通业人均年末固定资产投资额。

流通企业固定资产投资额越大，表明企业内部的投入产出比例越合理，流通业发展所必需的基础设施与设备越完善，进而满足新型城镇化建设的需要。该指标会影响流通业发展的经营环境，进而影响新型城镇化的平稳发展。

（7）城镇人均总收入。

新型城镇化建设追求“以人为本”的核心思想，在加快城镇化建设的同时，提升城镇人口的收入水平是城镇化建设的内在需求，农民只有具备良好的收入实力后，才能支付高昂的转移成本与消费成本，才能促成农村劳动力的实际转移，城市居民收入及消费水平不断增长，会吸引更多农民向城镇转移，而流通业和非国有经济的发展是吸纳农村劳动力的主渠道。因此，在推进城镇化的进程中，应注意因地制宜，把握城镇化的主要动力，制定相应的法规和政策。

除此之外，还有学者添加了工业产值比重、农业现代化等工具变量分析流通业对新型城镇化建设的影响。例如，从颖睿（2014）将工业产值与GDP的比重作为控制变量分析对城镇化的作用程度。丁宁（2016）则直接将研究视角定位为流通业与城镇化进程中的农业现代化问题，考察了两者的门槛效应特征。显然，要寻找流通业对新型城镇化建设的影响因素，必须结合我国流通业发展面临的产业特征与区域特点。

当前，国际经济危机与欧债危机导致我国出现经济增长乏力，转变经济增长方式，扩大内需与刺激消费成为当前经济发展的内在本质，创新驱动成为我国“十三五”时期经济发展重要的内涵，流通业自身的发展与创新成为刺激消费，拉动内需与经济内生增长的重要途径，这样才能在新一轮全球化与我国和世界经济的“再平衡”中转变流通业发展方式与促进城镇化建设。所以本书撇开工业产值比重与农业现代化等因素，以江苏省为例，分析流通业规模、流通企业规模、人均社会消费品零售总额、流通业经营状况、流通业年人均销售额、流通业人均年末固定资产投资额、城镇人均总收入等因素对新型城镇化的影响。

据此，本书考虑数据的可获取性与前述分析，流通产业规模用流通业从业人数占总就业人数的比重来表示，流通企业规模用流通业产值占第三产业产值的比重来表示，人均社会消费品零售总额用社会消费品零售总额占地区人口总数比重来表示，流通业的经营状况用流通企业的主营业务收入占总资产的比重来表示，流通业的年人均销售额用流通业销售额占当年流通业从业人数比重来表示，流通业的人均年末固定资产投资额用流通业年末固定资产投资额占地区人口总数比重来表示，城镇人均总收入用江苏各市城镇人均可支配收入表示。

8.2.2 数据选择

本书数据采用2000~2014年江苏省相关数据，除特别说明外，原始数据均来自《江苏统计年鉴（2001~2015)》和江苏各市统计年鉴（2001~2015)，鉴于淮安、泰州等市年末固定资产投资额与总就业人数部分年份数据缺失，本书采用线性回归的方法加以补充，回归系数均通过了显著检验，同时，为了防止出现异方差等问题，保持数据的完整性与准确性，对所有数据取自然对数。

8.3 计量模型的设定

经济行为的连续性、惯性与偏好决定了其动态性的特点，本书选用动态面板数据模型（GMM）分析江苏流通业对城镇化的影响程度。在传统动态面板模型中，由于因变量滞后项作为解释变量，有可能导致解释变量与随机扰动项有关，且模型具有横截面相依性，因而，进行估计必将产生参数估计的有偏性与非一致性，从而使格局参数而推断的经济含义发生扭曲，针对以上情况，Arellano 和 Bond（1991）提出了 GMM 方法，即广义矩方法，该方法可以设置模型从数据的要求出发，得到一系列的矩条件，根据不同的矩条件，求解满足条件的系数，得到的回归系数又不会相差太远，体现了“殊途同归”的思想。

根据本书提出的理论假说，主要检验江苏流通业对城镇化的影响，运用 GMM 面板数据模型进行分析，$i = 1,2,\cdots,N$（$N = 13$ 表示江苏 13 个城市）；$t = 2000$，2002，…，$T(T = 2014)$ 年度；流通业对城镇化影响的实证模型为：

$$U_{i,t} = \beta_0 + \beta_1 C + \xi X_{i,t} + \alpha_i + \varepsilon_{it} \tag{8-1}$$

需要说明的是，区域城镇化率可能存在惯性，同时为了规避潜在的内生性问题，本书引入因变量的滞后项 $U_{i,t-1}$ 作为被解释变量，从而拓展成一个动态面板模型：

$$U_{i,t} = \beta_0 + \beta_1 U_{i,t-1} \beta_2 C + \xi X_{i,t} + \alpha_i + \varepsilon_{it} \tag{8-2}$$

由于使用 OLS 和 ML 估计式（8－2）将造成估计量的偏倚和组内估计量的非一致性，在选择合适工具变量的前提下，系统广义矩（SYS－GMM）估计有效解决这些问题，并且 SYS－GMM 相对于差分广义矩（DIF－GMM）在有效性和一致性均有很大改进，提高了估计效率。因此，本书重点采用 SYS－GMM 方法，以 DIF－GMM 作为参照，同时检验结论的稳健性。

8.3.1 面板数据的单位根检验

时间序列的数字特征是随着时间变化而变化的，也就是说，非平稳时间序列在各个时间点上的随机规律是不同的，无法通过序列已知信息获悉时间序列整体的随机性，为了防止“伪回归”的出现，面板数据通常要进行单位根检验，常用的方法有 LLC、Fisher - ADF、PP 检验法，且与现实较为匹配，本书通过 EViews9.0 对以上各个变量对数化处理，对其单整性进行检验，在 5% 的置信水平下，当检验统计值 p 小于 0.05 时，表示该序列是平稳的，反之，该变量是非平稳的，进而需对各个变量做一阶差分，分别用同 DU_{it}、Dis_{it}、Des_{it}、Drs_{it}、Di_{it}、Das_{it}、Ds_{it}、$Deoe_{it}$ 来表示，同理检验平稳性，经检验，在 5% 的显著水平下，8 个变量均为非平稳的一阶单证序列，如表 8 - 1 所示。

表 8 - 1　面板数据的单位根检验表

变量	LLC	Fisher - ADF	PP
U_{it}	-176.034 (0.0002)	205.927 (0.9950)	239.469 (0.8510)
DU_{it}	-983.306 (0.0000)	230.243 (0.0000)	221.048 (0.0000)
is_{it}	-0.5290 (0.2984)	9.67324 (0.9737)	7.4058 (0.9951)
Dis_{it}	-5.5812 (0.0000)	24.6499 (0.0000)	30.2841 (0.0000)
es_{it}	-0.4860 (0.3135)	7.9175 (0.9798)	13.1733 (0.7812)
Des_{it}	-17.0337 (0.0000)	26.4914 (0.0000)	45.8359 (0.0000)
rs_{it}	-5.0980 (0.0000)	27.2161 (0.3981)	44.6875 (0.0127)
Drs_{it}	-39.1239 (0.0000)	62.9335 (0.0000)	67.4189 (0.0000)
eoe_{it}	-3.72167 (0.0001)	38.2865 (0.0170)	34.4062 (0.0446)
$Deoe_{it}$	-76.9998 (0.0000)	94.8723 (0.0000)	96.7739 (0.0000)
as_{it}	-5.8238 (0.0000)	27.6937 (0.1169)	32.3237 (0.0000)

续表

变量	LLC	Fisher - ADF	PP
Das_{it}	-6.7478 (0.0000)	32.9613 (0.0000)	56.6055 (0.0000)
i_{it}	-4.3270 (0.0000)	21.3867 (0.4970)	35.7984 (0.0319)
Di_{it}	-5.2627 (0.0000)	40.0211 (0.0000)	57.7378 (0.0000)
s_{it}	-8.7064 (0.0000)	38.8088 (0.0508)	87.3229 (0.0000)
Ds_{it}	-3.3827 (0.0004)	36.4380 (0.0008)	45.2211 (0.0001)

8.3.2 面板数据的协整检验

从协整论的思想来看，流通业与城镇化之间存在着协整关系，也就是说，城镇化能被流通业变量的线性组合所解释，两者之间存在着稳定的均衡关系，城镇化不能被流通业变量所解释的部分构成一个残差序列，这个残差序列应该是平稳的。因此，检验面板数据的变量之间是否存在着协整关系等价于检验回归方程的残差序列是否是一个平稳序列。常见的面板协整检验方法 Kao 协整检验、Pedroni 检验与 Johansen 检验，其中 Johansen 检验法是一种以 VAR 模型为基础的检验回归系数方法，是较好的多变量协整检验方法，本书采用该方法对面板数据进行协整检验，结果如表 8-2 所示。

表 8-2　　面板数据的 Johansen 协整检验结果

变　量	原假设	Fisher 联合迹统计（p 值）	Fishe 联合 λ - max 统计量（p 值）
流通产业规模与城镇化的 Johansen 协整检验	0 个协整向量	95.02 (0.0000)	72.70 (0.0000)
	至少 1 个协整向量	68.23 (0.0000)	68.23 (0.0000)

续表

变量	原假设	Fisher 联合迹统计（p 值）	Fishe 联合 λ - max 统计量（p 值）
流通企业规模与城镇化的 Johansen 协整检验	0 个协整向量	87. 62 （0. 0000）	95. 22 （0. 0000）
	至少 1 个协整向量	46. 06 （0. 0000）	46. 06 （0. 0000）
人均社会消费品零售总额与城镇化的 Johansen 协整检验	0 个协整向量	235. 2 （0. 0000）	247. 0 （0. 0000）
	至少 1 个协整向量	77. 59 （0. 0000）	77. 59 （0. 0000）
流通业的经营状况与城镇化的 Johansen 协整检验	0 个协整向量	171. 4 （0. 0000）	243. 3 （0. 0000）
	至少 1 个协整向量	114. 5 （0. 0000）	114. 5 （0. 0000）
流通业的年人均销售额与城镇化的 Johansen 协整检验	0 个协整向量	120. 3 （0. 0000）	118. 6 （0. 0000）
	至少 1 个协整向量	44. 40 （0. 0000）	44. 40 （0. 0000）
流通业人均年末固定投资额与城镇化的 Johansen 协整检验	0 个协整向量	139. 8 （0. 0000）	165. 0 （0. 0000）
	至少 1 个协整向量	50. 18 （0. 0000）	50. 18 （0. 0000）
城镇人均总收入与城镇化的 Johansen 协整检验	0 个协整向量	107. 5 （0. 0000）	124. 9 （0. 0000）
	至少 1 个协整向量	79. 55 （0. 0000）	79. 55 （0. 0000）

注：括号内为检验统计值所对应的显著性 P 值。

由表 8 - 2 可知，江苏省及 13 市的城镇化与流通产业规模、流通企业规模、人均社会消费品零售总额、流通业经营状况、流通业年人均销售额、流通业人均年末固定投资额、城镇人均总收入各变量之间存在长期稳定均衡关系，不存在虚假回归。

8.4 实证结果分析

表 8－3 报告了江苏及各区域流通业影响城镇化的回归结果，分别采用 DIF－GMM 和 SYS－GMM 方法，作为一致估计，动态面板模型成立的前提是：扰动项的一阶差分仍将存在一阶自相关，但不存在二阶乃至更高阶的自相关。模型均通过 AR 检验，并且 Sargan 检验不能拒绝“所有工具变量均有效”的原假设，即本书采用的工具变量合理有效。

表 8－3　江苏及各区域流通业对城镇化影响的回归结果

解释变量	以 U_{it} 为被解释变量							
	江苏省		苏南		苏中		苏北	
	DIF－GMM	SYS－GMM	DIF－GMM	SYS－GMM	DIF－GMM	SYS－GMM	DIF－GMM	SYS－GMM
U_{it-1}	0.5078 (0.0356)	0.5183 (0.0278)	0.4109 (0.0095)	0.3091 (0.0079)	0.2056 (0.0065)	0.2047 (0.0056)	0.1922 (0.0034)	0.1874 (0.032)
is_{it}	0.1025 (0.0433)	0.1337 (0.0211)	0.1001 (0.0000)	0.1320 (0.0034)	0.1924 (0.0035)	0.1787 (20.0036)	0.1090 (0.0038)	0.0934 (0.0237)
es_{it}	0.1502 (0.0033)	0.1506 (0.0019)	0.1000 (0.0000)	0.1025 (0.0010)	0.0932 (0.0045)	0.0724 (0.0024)	0.0542 (0.0367)	0.043 (0.2541)
rs_{it}	0.0526 (0.0002)	0.0531 (0.0001)	0.0701 (0.0000)	0.0712 (0.0002)	0.0506 (0.0000)	0.0511 (0.0001)	－0.0301 (0.0000)	－0.0309 (0.0030)
eoe_{it}	0.0405 (0.0000)	0.0423 (0.0000)	0.0626 (0.0000)	0.0621 (0.0000)	0.0410 (0.0002)	0.0408 (0.0000)	0.0305 (0.0000)	0.0303 (0.0000)
as_{it}	0.0204 (0.0194)	0.0231 (0.0141)	0.0241 (0.0000)	0.0215 (0.0003)	0.0203 (0.0000)	0.0209 (0.0000)	0.0211 (0.0122)	0.0217 (0.0231)
i_{it}	0.0108 (0.0000)	0.0106 (0.0001)	0.1191 (0.0073)	0.1106 (0.0000)	0.0102 (0.0000)	0.0101 (0.0000)	－0.0120 (0.0000)	－0.0134 (0.0000)
s_{it}	0.1003 (0.0091)	0.1021 (0.0002)	0.1041 (0.0000)	0.1023 (0.009)	0.1102 (0.0012)	0.1104 (0.0033)	0.1098 (0.0021)	0.1087 (0.0027)
常数项	0.5931 (0.1162)	－0.2588 (0.0024)	0.2734 (0.025)	－0.3678 (0.0250)	1.1845 (0.0120)	1.132 (0.0003)	1.1872 (0.0125)	－2.7451 (0.0004)

续表

解释变量	以 U_{it} 为被解释变量							
	江苏省		苏南		苏中		苏北	
	DIF – GMM	SYS – GMM	DIF – GMM	SYS – GMM	DIF – GMM	SYS – GMM	DIF – GMM	SYS – GMM
AR (1)	-2.1650 (0.0304)	-2.3587 (0.0183)	-1.8035 (0.0713)	-2.1333 (0.0329)	0.7424 (0.4578)	5.8461 (0.9999)	-2.2472 (0.0256)	-3.6752 (0.2463)
AR (2)	-0.0937 (0.9253)	-0.0176 (0.9859)	-2.5681 (0.3657)	-5.9836 (0.2371)	-3.2671 (0.0111)	-4.2675 (0.0214)	-3.2651 (0.0123)	-2.6541 (0.0001)
Sargan _ p	26.2372 (0.9540)	26.6502 (0.7342)	27.1718 (0.9392)	25.8421 (0.9999)	30.2108 (0.7320)	29.2210 (0.7234)	27.2364 (0.8765)	28.4381 (0.7765)

注：AR（1）、AR（2）分别表示一阶与二阶查分残差序列的 Arellano – Bond 自相关检验，Sargan 检验为过度识别检验，对应括号中为相应统计量的 p 值。

以 SYS – GMM 模型分析为主，通过表 8 – 3 的回归模型结果分析可知，除了人均社会消费品零售总额（rs）、流通业的人均年末固定投资额（i）等两个指标对苏北城镇化影响显著性不明显外，流通产业规模（is）、流通企业规模（es）、流通业的经营状况（eoe）、流通业的年人均销售额（as）、城镇人均总收入（s）等 5 个主要因素对江苏、苏南、苏中、苏北城镇化的影响在 5% 水平上显著为正，且 Sargan 检验均通过检验，意味着本书选择的几个因素都是驱动城镇化的重要力量。

对江苏省而言，上一年的城镇化率每提高 1 个百分点，当年的城镇化率约增加 0.51 个百分点，且在 5% 的水平下显著。流通产业规模、流通企业规模、人均社会消费品零售总额、流通业经营状况、流通业人均销售额、流通业人均年末固定投资额、城镇人均总收入提高均会导致城镇化程度的提高，其中流通企业规模、流通业规模的扩大与城镇人均总收入的提高对新型城镇化率的影响最显著。

对于苏南地区而言，上一年的城镇化率对当年的城镇化率影响也在 5% 的水平下显著，上一年度增加 1 个百分点，当年大约增加 0.31 个百分点，苏南地区的各项因素对城镇化率的提升也有正向作用，其中流通产业规模与人均流通业年末固定资产投资额的影响程度分别是 13% 与 11%。

对于苏中地区而言，上一年度的城镇化率对当年的城镇化率影响程度达到 20%，流通产业规模与城镇人均收入是影响苏中地区最主要的两个因素。

对于苏北地区而言，上一年度的城镇化率提高 1 个百分点，当年的城镇化率则增加约18.7个百分点，其中人均社会消费品零售总额与人均流通业年末固定资产投资额对城镇化率的影响是负向的。

8.5 研究结论与展望

8.5.1 研究结论

本书以城镇化率、流通产业规模、流通企业规模、人均社会消费品零售总额、流通业经营状况、流通业人均销售额、流通业人均年末固定投资额、城镇人均总收入为研究对象，基于DIF－GMM和SYS－GMM的面板统计方法，以江苏省为例，分区域研究了流通业影响城镇化的影响因素与影响程度。

（1）从时间序列的平稳性来看，江苏城镇化率、流通产业规模、流通企业规模、人均社会消费品零售总额、流通业经营状况、流通业人均销售额、流通业人均年末固定投资额、城镇人均总收入等时间序列均是I（1）序列，即一阶单整。

（2）基于八者的GMM动态数据模型，对变量之间进行了Johansen协整检验，研究发现，八者之间存在着长期均衡关系。

（3）通过区域比较也可以发现，规模因素是苏南、苏中、苏北促进城镇化发展的最重要动力，对于流通业较为发达的苏南地区，因其经济水平已经基本达到小康水平，其各项因素对城镇化的贡献程度也较高，尤其是苏南地区的人均流通业固定投资额指标，较之苏中、苏北地区更具有显著性，这体现了苏南“就地城镇化”的模式，苏南流通业的发展体现在将园区建设与城镇建设的有机结合，通过不断投资，促进“工业向园区集中、人口向市区集中、住宅向城镇集中”，从而加速了产业、资金、人才与能量的集聚，这一点较好地体现了其地域上的比较优势；苏中地区相比苏南地区各项影响因素的程度较低，但是相比苏北地区其规模优势仍然很明显，南京流通业特有的规模优势与省会优势使其对安徽及上海等省市有较大的辐射能力，加快了城镇化建设速度；苏北地区相对落后，农业化程度发达，工业化进程相对落后，流通业环境不完善，农村流通基础设施不健全，投资少，政府重视程度不高，无规模优势，居民消费观念淡薄，业态革新程度不够，大量的劳动资本流向苏南、苏中地区，从一定程度上制约了本地城镇化的加快。

8.5.2 研究对策

根据以上结论，为了加快流通业对城镇化的推动作用，政府与流通企业应该从以下几个方面着手：

（1）继续扩大流通业规模。流通业规模扩大是中国新型城镇化建设的必然要求，也是实现扩大内需特别是刺激消费需求的持久动力与根本途径，流通业规模的不断拓展可细化服务加工、扩充商业网点、加快技术创新、鼓励业态革新、促进产业聚集。

（2）提升流通企业的竞争力。流通企业数量的多少、竞争力的高低与新型城镇化发展密不可分，流通企业应彻底改善传统“重生产、轻流通”的观念，加强流通人才的培训与引进，在企业内部实行“降成本，提效率”的制度，缩短企业供应链，实现规模优势，促进新型城镇化建设的步伐加快。

（3）积极发挥流通业促消费的功能。流通业的良好发展与消费升级、扩大内需战略密不可分，流通业与消费终端环环相扣，流通业可以通过传播信息、提升质量、改善环境直接影响产品的丰富程度，刺激购买动机，改善消费结构，而消费结构升级正是新型城镇化建设的基本内涵。

（4）改善流通经营状况。流通业应体现“以人为本”的基本思想，依据城镇消费者的特点构建新城镇现代零售商业网点体系，依托信息化提升，努力实现零售企业线下线上融合运行模式，致力于增强消费者体验，培育顾客忠诚度。基于集约化发展大数据平台，改善经营决策，增强供应链整合效率。

（5）完善流通业内部结构。发展多种新型的商业业态与形式，以现代流通方式改造传统商业，城镇化进程要求流通业发展思路“以商品为中心”转移到“以人为本”上来，重视服务的人文化，把握消费者的异质性，准确适时推出满足市场需要的商品品种、类型，极大满足城镇化进程中对商品的各种需求。

（6）增加流通业投资。我国流通业发展存在着区域不均衡，市场饱和度不高等问题，以江苏为例可以发现，苏北地区的流通业与苏南、苏中相比较，投资成本和运营相对较低，严重阻碍了产业的发展，当前新一轮城镇化建设的机遇下，流通企业应积极关注产业发展态势，投资向绿色商机、供应链上游延伸。同时，善于利用现代科技、管理技术及电子商务发展热潮，走连锁经营、虚实结合、线上线下共同发展之路，把握城镇化商机。

（7）提高城镇居民收入。收入是消费的决定因素，居民收入增长缓慢、居民收入分配差距增大、预期的不确定性、消费环境的不完善等方面是制约流通业促进新型城镇化发展的重要因素，政府应在城镇加快提升居民收入，改善居民收入结构，积极拓宽就业渠道，鼓励自主创业，完善就业补贴政策；在农村，加快农业产业结构调整，发展高收益产业，提升农业产业化经营，拓宽农产品销售渠道，健全农业用工信息机制，加快农村富余劳动力转移。

第9章

流通产业发展促进居民消费的调控政策与保障措施

基于流通产业发展促进消费调控的复杂性与系统性，流通产业发展促进消费的调控政策与保障措施是一项较为复杂并且涉及多方利益的工程。为了促进我国经济增长，一方面，政策的制定既要符合国家宏观战略指导；另一方面又要明确好政府与企业的关系，以及中央政府与地方政府之间的关系。本书基于流通产业发展影响居民消费的现状、机理以及情景仿真的研究基础，提出我国流通产业发展促进消费的调控政策与保障措施。

9.1 流通产业发展促进居民消费的国际经验

汲取国外先进经验尝试与实践，对拉动我国流通产业，扩大内需有一定的借鉴意义与启发，主要的成功经验如下：

（1）依托产业本身，优化产业结构。流通产业发展的基础是通过价格波动引起的市场要素的流动，从而产生投资者与生产者的商业行为活动，而对于政府，营造良好的产业发展环境是其首要任务，产业环境的改善对产业升级的影响十分重要，产业发展要求政府能为其制定良好的市场环境，在这一点上，美国政府进行了积极的尝试，由此致使综合的第三方物流商在美国应运而生并且在市场上表现十分活跃，各种运输与仓储服务商分工合作的产业形态也随之产生，大大促进了流通产业结构调整与优化；相对日本而言，在产业结构调整方面有着深刻的历史因素，日本的流通经济发展经历了战后重建、国际发展与流通革命的阶段，尤其是在20世纪60年代，对流通渠道的重组改造在世界上有开创先河的意义，正是因为对流通产业渠道的革新尝试，90 年代日本的中小流通企业开始向大中型及规模经济企业过渡发展，整个流通产业业态多样，渠道趋于扁平化，流通结构大范围革新。

（2）加快流通体制改革，完善流通企业的经营创新。美国流通企业最早将现代化的营销创新手段应用到了体制创新，如市场细分与差异化经营、跨国经营等。美国零售业根据消费的不同习惯将经营创新分为七类，依次是不同年龄、不同消费群、不同时间节奏、不同零售服务、不同社区、不同收入、不同流通渠道，美国通过这一服务创新，真正做到彻底了解消费者的需求，提升了消费者的满意度；日本早在 20 世纪 90 年代就进行了以减少市场约束行为、带动产业联动和国内内需主导模式的消费革命，这次革命主要是针对 60 年代日本经济起飞阶段出现的流通渠道冗长、封闭等特点以及这些特征带来的限制流通产业效率提高的主要问题，因而这次流通革命无论是对经营方式、管理技术与组织形式上都进行了翻天覆地的变革，由此起到了很好的效果，从而导致各种业态层出不穷——折扣店、百元店兴起，也导致日本流通产业的第三方物流应运而生，促进了流通现代化，加快了超消费时代的到来。

（3）大力提高技术工人素质，注重专业人才培养。当前无论是在美国还是日本，专注于流通领域的人才教育培养体系早已形成，教育是根本大计，一方面在正规大学教育中融入流通专业教育，并开设相关课程，分成不同层次进行教学，逐渐形成一定规模的研究生教育系统。另一方面，在社会层面开设相关领域的培训机构，设立相关协会及各种资格认证与开展专题培训活动，如美国物流管理委员会颁发的美国物流职业资格认证制度与日本物流管理协会开设的培训班进行长期与短期培训，极大地促进了流通产业人才的培养的力度，从而为流通产业技术程度的提高创造了良好的条件。

（4）适时调整流通产业政策，满足流通产业发展。不同时期的产业政策对流通产业发展效果是不一样的。前面已经介绍了美国与日本所采用的产业政策截然相反，但是两者的目标却是相同的，尽管产业政策模式不同，但是殊途同归，都刺激了流通产业的发展，政府将流通产业引导上了现代化的道路上。

（5）依靠科技与信息技术促进流通产业发展。对于美国与日本而言，在 20 世纪 60 年代都采用了较为先进的科技与信息技术同现代流通业相结合的方式，例如，70 年代日本的流通业已经普及了信息化，计算机的大量使用及 EOS 系统的共享都极大地提高了流通产业的信息化，当前在日本流通业已经较为普及使用了条码技术，商业增值网、POS 技术、EOS 技术、ECR 系统、QR 系统，自动连续补货系统等现代化手段。

（6）发展连锁经营、物流配送、电子商务等多种经营方式。连锁经营是当前零售业的重要变革标志，也是现代流通服务业中最大的企业组织形式，目前日本连锁经营的销售额就已经占整个零售业销售额的 40%；另一种形式便是电子商务，因为其具有开放性、低成本、全球化的特点，在发达国家，网络购物已经成为一种时尚和需求。正是由于这些新颖流通方式的出现已经取代了以前的转运、积压、倒运，也大大降低了商品的库存率水平，从而加快了流通企业的资金流转。

在我国当前扩大内需、刺激消费的经济增长模式下，流通产业发展如何高效促进消费的实现是经济发展中较为关键的核心问题。通过流通产业技术创新、流通产业结构升级，政策等多种引导路径方式可以有效地促进我国商业业态的丰富化与消费的实现，同时实现经济增长与资源合理配置的双重目标，也能为流通产业的理论及实践做出积极的贡献。但是，改革开放后，流通产业在为经济增长与社会快速发展做出巨大贡献的同时，因为缺乏政策重视与统一规划，出现了很多问题与矛盾，普遍存在着流通产业效率低下、成本太高、渠道不明晰等问题，加上资源的约束，流通产业的发展陷入了困难又复杂的境况。对于流通产业发展促进消费的问题，各国都采用了不同的调控政策，如美国主要通过政府推动、市场主导的模式，为流通企业提供丰厚的政策支持与自由竞争的环境，主要手段有专门设立中小流通企业管理局，为中小企业的发展提供政策咨询、管理与技术层面的帮助及政策等方面的优惠政策；联合行业协会建立“高效消费者反应”战略，并积极推广各类电子贸易形式，如电子订货、快速反应、地理信息系统、仓库信息系统、无线射频技术等；在日本，则完全采用政府主导型来鼓励流通产业的发展，从 20 世纪 70 年代，日本已经制订了较为权威的推动政策包括流通产业相关的组织政策、区域分布政策、人才培养政策、信息化政策、竞争政策、技术政策、规制政策等，这些政策的合理颁布，有效地保护了市场公平的竞争秩序与消费者的权益，防止了资源配置的不合理与竞争过度，使流通产业成为本国拉动经济发展的一把利器。对比我国，流通产业发展尽管有几十年的历史，但是，在当前扩大内需的经济增长模式下，由于流通产业存在的弊端和较为难以解决的问题，流通产业能有效驱动居民消费还需要构建运行有效的调控机制与合理的矫正手段进行调节。流通产业促进消费本身就是理论界一个较为新颖又复杂的世界难题，所以流通产业促进消费的转型应遵循更为科学有效的原则，选择合适调控模式与调控政策来做保障。

9.2

流通产业发展促进居民消费的调控政策

流通产业发展促进消费的政策建议，一方面要结合我国基本国情，另一方面也要善于吸取先进国家的管理经验。为了更好地解决流通渠道不畅、效率低下、成本过高等根本性问题，构建现代化、高效能、低成本的流通体制，本书拟从以下几方面提出流通产业发展促进消费的调控政策，如图 9 – 1 所示。

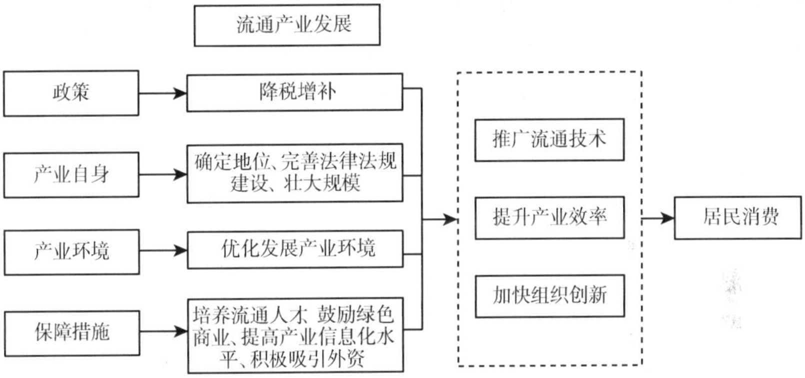

图 9 – 1　流通产业发展促进居民消费的调控政策与措施框架

9.2.1　确定流通产业的先导地位，奠定流通体制改革的基础

随着我国流通体制改革步伐的加快，流通产业在社会经济中的作用愈加明显，我国应该进一步明确国务院出台的关于流通产业的相关政策与若干意见，进一步整合商贸流通资源，彻底改变“流通渠道行政化”的格局，奠定流通产业体系的基础。

根据前述可知，影响我国流通产业促进消费的重要因素有流通产业规模、产业发展环境和从业人口等主要因素，因此，应从打破行政垄断，促进城乡发展，尤其是促进农村流通产业增长方面给予保证，彻底改善国内商贸流通环境，扩大城乡流通产业规模。

一是从国家层面尽快打破部门分割、地区封锁，不断加强流通渠道的建设与疏通，逐步形成“内外贸统一、全国统一、城乡统一”的大流通市场，同时应不断推进大企业集团的建设，实现跨部门、地区与所有制的流通重组制度。

二是继续推进“万村千乡”与“家电下乡”工程，从全国乃至区域上重点实现“覆盖战略”“补强战略”“创新战略”，依托信息技术的强大支撑作用，建立起流通信息的共享平台，依靠科技创新不断提升流通体系。着重加强农村流通产业的基础设施，改善环境。政府在发展流通市场上应该多注重农村市场的开发，鼓励城市流通企业带着资金、技术支持向农村进军，同时鼓励乡镇基层政府积极调动起农村商业资源的积极性与主动性，做到合理配置。提供各类财政、税收政策支持以及专业经营知识与技能的培训工作，形成小有特色的“农家店”“乡村体验”等招牌，不断提升培训水平，促使流通领域从城市市场向农村市场演进；城市与农村流通市场也要注重相互学习，城市流通组织应加强同农村涉农企业、中介组织加强合作，通过多种联营，甚至是特许、加盟、许可、代理等多种形式输出自己的服务。

当前我国流通产业发展未能积极促进消费的另一个重要原因是区域因素，当城市流通产业已接近饱和程度时，农村流通产业发展却相当滞后，最主要的原因来自农村基础设施的不健全，这在我国西部地区尤其明显。在这种情况下，应不断推进我国西部地区农村流通网络建设，在政策上给予倾斜与支持，不断加快农村电子网络平台建设与农产品冷链配送体系系统建设，完善农产品与原材料流通体系，提升农产品流通效率，降低流通成本，更好地促进农民增收，增加农民收入，加快农村城镇化建设，鼓励农村商贸业态的形成，发展农村服务体系，督促农村服务体系多渠道的渗透，加快农村商品化、市场化、城镇化建设进程。

三是加强社区流通服务网络建设，刺激消费。城市流通产业的发展关乎居民的生活质量，进而影响消费功能的实现。然而在城市流通产业发展增强的同时，却往往忽视社区商业服务业，这一领域同样是流通产业的重要构成部分，而且这一领域还存在着网点不足、便利性差与不安全等影响因素。在这种情况下，应不断加强社区流通服务网络的建设，丰富商业形式与业态，推进早餐工程、市场工程，拓展食物加工配送中心，让更多的消费者能安心便利消费。

9.2.2　加快流通法制与法规建设，健全流通市场规范

尽管我国近期已经连续出台相关流通领域的法律与意见，但是流通环节与产业内部的很多领域仍然存在空缺，例如，在城市流通环节，诸多商业布点、农贸市场建设、流通企业的安全、企业监管及电子商务，展会、批发市场等方面都没有比较详细的标准与规范，再如农村市场进入城镇市场的食品安全与监管，农村基础设施与流通渠道都缺乏规范与科学发展，同时，国家也应该在餐饮、美发、洗衣、家政等消费服务业领域出台相关规范与规则，保证流通产业的有序发展，促进流通市场的有序竞争，保证消费的顺利实现。同时，政府应时刻保持警惕，防止市场竞争中的“以大吃小”现象存在，调整大型企业集团“一强独大”的局面垄断市场资源，不断提升中小流通企业的地位。

除了上述对产业与企业的相关监管法规的出台，政府还应该更加重视流通领域内的国家安全问题，要依法监管我国各类资源的并购及垄断性占有，规范指导好外资企业在本土投资与商业行为，还要做好自身监管，保证政府不乱使用形式管制及法律手段，在严格与完善的法律框架下管制流通市场，保证立法、司法与行政的有效实施。

9.2.3　推广流通技术，促进多种形式消费

国家除了重视传统流通领域内的基础设施等建设，更应该大力发展新型技术密集型的流通领域，如物联网、智能传感器等关键领域的开发与运用，尝试将无线射频技术在批发、零售、物流各个领域中使用。针对有能力的大企业与集团，重点依靠规模经济与自主创新，不断降低信息技术的使用成本；而对于中小企业要在管理与沟通领域较多尝试电子商务中的 B2B 平台及网络技术，同时注意利用先进技术同政府积极沟通，加强同政府间的信息共享与公共服务，提升流通企业技术的推广扩散能力。

电子商务的广泛发展已经深入触及各类消费者的需求活动中，它越来越使目前商业业态趋向“虚拟化”，消费习惯“一点通”，流通企业除了利用传统的购物形式外，要积极推广各类电话购物、网上购物、网上交易平台、网上百

货店与超市等多种网络商业业态，并促使其规范发展，讲求诚信建设，形成“线上+线下”的购物模式，适应现代新型消费购物模式各级城市应加强新型商业业态的建设，鼓励新型消费服务实施的建设，规划建设一批文化创意园、时尚街区、酒吧等地，推进商业与文化、体育、休闲等产业的有效结合，刺激服务性需求，推动消费升级。

9.2.4 降低税收与交易费用，加快“营改增”试点

目前在流通领域的“营改增”试点已经普及到全国11个省及自治区，这一试点基本上取得了一定效果，在一定程度上减轻了整体流通企业的税负水平，但是这一税制在实践中也存在着一定的弊端，例如，以流通行业内部的住宿餐饮业为例，采用这一试点后税种与税率由以前使用的3%提升到增值税的11%，对这个行业的中小企业无疑是雪上加霜，税负没降反升，所以在这种条件下，政府应在贯彻相关政策的同时附加一些过渡性措施，防止以偏概全，防止部分行业出现不公平与不合理现象，加强增值税链条的管理，将相关行业有计划地纳入增值税的抵扣链条，从而真正使不同规模的流通企业能享受到此项政策的优惠与支持。

同时，降税的同时一定要彻底清除“乱收费”现象，降低交易费用。流通企业成本的降低除了缴纳的各项税收外，还包括缴纳教育费附加、地方教育费附加在内的一系列费用，这种费用的征收现在还没有统一的规范与标准，国家为了给企业减轻负担，除了需要出台相关法律法规外，就是要彻底清除交通、农产品、批零企业的各类收费，本着清费利税的原则，严格把关各种收费政策，对不明原因和不合理的政策要及时全面清查、废止，切实降低流通企业的各类费用及负担。

9.2.5 提升流通产业效率，协调好内外贸交易

流通产业效率的提升是流通产业发展促进消费的一个重要步骤，整体提升流通产业水平在一定程度上意味着流通产业效率的提高，当前形势下，一是应尽快建立起各类流通产业效率竞争力的评价指标，以流通企业的资本效率与库存率为核心，以加速流通企业周转速度为目标，鼓励企业依照指标对企业运行

情况进行量化，对流通企业的现代化水平进行改造，同时做到赏罚严明，对以现代流通产业效率评价体系为主的企业给予奖励，对未能按时完成指标的企业给予惩罚；二是为了更好提高企业的流转速度，对企业的物流配送能力应该加快升级，尤其是现代大型连锁超市，鼓励其形成仓库立体、配送高效、装卸机械化的特征，使企业真正形成符合现代化与流通体制安全的配送体系，提升流通产业效率；三是继续打破割据现象，尤其是行业、地区内部的界限与封锁，鼓励企业之间的共同配送与共同物流体系，逐步降低企业自配比例，这样才能提升整个行业的整体水平。

除此之外，还要鼓励企业走出去，协调好内外贸交易。加入世贸组织后，国家一味追求“出口拉动型”刺激经济增长，严重忽视了内贸的发展，而内贸未能发展完善却一味追求出口效益，带来的只能是两者不协调发展的问题。当前流通企业应该以现代服务业为载体，从传统商业资本向现代商业资本有效转变，努力培养自主品牌与渠道，掌握国际定价权，更多地获得国际分工带来的成果，同时缓解国内外供需矛盾的问题，具体应该做到下列几点：一是国内流通企业应掌握国内外贸易之间的快速转换技巧，积极探索各类风险基金的建立，如当产品无法行销国际需要转内销的同时，建立起相关的采购风险基金与出口转内销的基金，就可以很顺利地化解风险。二是国内企业在资金实力已经很充分的同时，鼓励“走出去”，并购海外企业，从寄送、代理等形式变成自营形式，可以学习股市上的ST股经验，连续购进海外资金困难的流通企业，抓住同国外流通企业的合作机会与影响力。三是继续加大在海外投资的决心与投入，不断布点设局在国外的分销系统与采购销基地。

9.3 流通产业发展促进居民消费的保障措施

本书在分析流通产业发展促进消费政策建议的基础上，对于发展的保障措施在以下几个方面进行阐述：培养流通人才、鼓励绿色商业、提高产业化信息水平、积极吸引外资等。

9.3.1 培养流通人才

目前，流通人才的缺乏，尤其是高级流通人才的缺乏，是制约流通产业发展的一个重要因素，对流通产业，善于引进先进的流通人才，培养精通现代流通的技术与管理知识，熟知现代流通的规范与准则，具有创新精神，组建一支高效的经营管理队伍至关重要，所以针对每个流通企业，要及时制定引进人才计划，大力推进复合型人才的流入，加大对现代流通人才的资金投入与培养是流通产业发展促进消费的重要保障。

9.3.2 鼓励绿色商业

目前，我国建设资源节约型社会与环境友好社会的目标为流通产业提出了新的要求——建设绿色商业。为了倡导低碳绿色方式，我国已经先后出台《节约能源法》《环境保护法》《再生资源管理办法》等法律，这些法律的实施为绿色商业的推广提供了政策保障。绿色商业具有成本低、利润多、就业率高等优势，该产业承载着服务工业的输送任务，发展绿色商业可以更好地为工业、农业提供支持与服务，能加强流通企业在保护环境等方面的意识；构建节约资源与绿色运输的管道，有助于改善人民生活质量与品质，对于提升品牌形象有重大的保障，也是完善我国流通产业环境的重要内容。

9.3.3 提高产业化信息水平

我国流通产业信息化水平已经取得了巨大进步，但是在普及电子信息技术方面较为薄弱，不能满足当前大力推进现代流通的要求。目前流通产业的实现过程是一个跨门店、跨市场、跨地区甚至跨国界的过程，流通企业应该善于利用现代流通技术与信息共享平台捕捉各类流通信息，确保商流、物流与资金流的畅通，所以流通企业应积极建立各类流通信息平台，完善各类信息制度，进行合理的投资预期，同时各类流通社区与商会也要对行业信息给予指导，发布市场供需、市场价格、市场资源配置等信息与预警机制，降低流通产业参与市场的风险，达到资源的优化配置。

9.3.4 积极吸引外资

当前我国流通企业中多以中小企业为主，先进的技术手段与管理经验还相当缺乏，要想打破技术与管理层面的局限，政府可以鼓励更多流通企业“走出去”考察、访问与交流，还应该加大吸引外资的力度，争取获取更多的“技术外溢”，对于流通企业而言，也应该积极参与外企的合作，进行科学系统的学习与专业化培训，经过这一措施，可以使我国流通企业的人才与管理人员迅速成长起来，促进流通产业的发展。

9.4 本章小结

本章兼顾流通产业发展促进消费的系统性与复杂性，在汲取国外先进经验的基础上，提出了流通产业促进消费的调控政策与保障措施，主要结论如下：

作为政府，为了保证流通产业对消费的贡献更大，应着重在流通产业定位、流通法制法规建设、推广流通技术、降低税收提高补贴、提升流通产业效率方面加以鼓励与加强。

作为企业，除了要在政府的宏观指导下进行产业结构的完善与优化，还要在培养流通人才、鼓励绿色商业与企业信息化水平等方面加强管理。

总之，流通产业发展促进消费问题已经成为我国经济增长过程中从“外延式”到“内涵式”过渡阶段的重要研究领域，无论是宏观的政府层面，还是微观的企业层面，流通产业发展对消费的促进都成为当务之急，在对我国流通产业发展制定政策仅仅依靠市场行为引导已经不足以满足当前经济发展的需要，一定要全面考虑我国当前的基本国情与流通产业发展现状，加以规范与指导。

第 10 章

研究结论、创新点与研究展望

10.1 主要研究结论

10.1.1 我国流通产业与消费的发展态势研究结论

经过对流通产业内部批发业、零售业、住宿业、餐饮业的细致划分以及对居民消费的现状分析，可以明确流通产业在当今国民经济与社会中的发展地位及国家经济发展对我国流通产业的影响程度，经过研究可以得出如下结论：

（1）消费仍然是我国经济增长的引擎，我国 2012 年的社会消费品零售额超 20 万亿元，位居世界第三，而流通产业的贡献十分明显，2012 年我国餐饮业收入将环比增长 14% 以上，可达 23285 亿元，电子网络模式层出不穷，企业更注重品牌经营，供应链将进一步缩短，消费对经济增长的贡献率也将进一步加大，这一现状已经表明流通产业对消费乃至经济增长的重大作用。

（2）各种消费模式与业态的出现，刺激了消费的增长。一是我国消费市场的模式逐渐由"快消费"向"慢消费"过渡，各种区别于传统模式的智能商店逐渐出现，不同于原有的百货大楼、超市、网店，这种模式极大地加速了流通产业的技术革新与模式创新，这些业态形式的出现标志着流通产业国际化、信息化、科技化新浪潮的到来。二是我国流通产业的"线上 + 线下"模式应用更加广泛，如今不论是刚刚加入的企业还是传统的企业都已经实现了网络共享化，网络体系建设逐渐成熟，但是网络竞争格局还不明晰，经常会出现网络混战的局面，还需要管理部门对这些流通企业进行监管与规范。三是政府的“黄金周”作用继续发挥效力，当前，黄金周效应对消费的刺激已经十分明显，国家应该鼓励更多的国民出国旅游，由中国的“黄金周”成为世界的“黄金周”。四是各类流通集团已经开始实施“走出去”战略，不再满足于国内市场，纷纷在国外进行资本运营，这一趋势必将随着流通产业的发展继续拉动经济增长，成为流通产业发展的“新时尚”。

（3）农村消费市场成为流通产业领域新的增长点，农产品价值链不断优化，根据本书预测，我国农村的消费市场近五年来将实现大跨越，随着农民工人数的不断增加，农民收入逐渐提高，农村市场的消费状况明显改善，刺激消费作用明显；同时，农产品冷链物流进一步改善，各种粮食、猪牛羊禽类产量大幅度提高，冷库建设进程加快，各种新型的对接方式不断涌现。

除了前述三个较好的趋势外，我国流通产业与消费市场也存在着诸多问题亟待解决：如流通企业的趋同化，大宗商品的价格波动十分明显，以能源为例，我国能源价格对国际能源价格的反应不够灵敏，而国际能源价格对我国能源价格的波动溢出效应十分明显，这些都导致更多流通企业靠降价促销来盈利，无法掌握国际、国内的价格定价权，失去国际市场。

10.1.2 我国流通产业的定位问题

通过详细对 2007 年我国投入产出表的分析，得出了我国流通产业对其他各个行业的关联效应及影响力、感应力系数，然后对比 1997 年、2002 年的投入产出表进行纵向与横向比较，确定了流通产业发展的路径，根据对流通产业的直接消耗系数与完全消耗系数的判断，结论表明：

（1）我国流通产业的集聚性在下降，但服务水平正在逐步提高，流通产业的影响力基本已经覆盖大多数产业，开始朝着深入服务化，科技化、智力化、密集化发展。

（2）通过投入产出模型，确定了当前流通产业的扩张与约束路径，流通产业的扩张路径为：金融与房地产业、其他产业、建筑产业、制造业、采掘业、农林牧渔业；流通产业的约束路径为：技术产业、流通产业、水电燃气业。

（3）对流通产业进行定位要综合考虑流通产业的内涵，并且结合各个地区的实际、经济发展阶段，还要能综合运用各种定量与比较分析方法重新定位，真正验证当前流通产业的先导地位、基础地位与战略地位，将其提升到政策角度，高度重视其对消费的促进作用。

10.1.3 我国流通产业发展对居民消费影响因素与机理分析

本书基于流通产业促进消费的驱动因素，从流通产业的发展水平、反馈速度、反应速度、企业规模与技术革新角度出发，分析了流通产业发展促进消费的一般机理，并对其构建了评价体系，得出如下结论：

（1）基于我国流通产业演进的机理以及对消费的促进作用，本书从产业发展水平、产业经营效益与产业环境等三个层面综合构建了流通产业发展促进消费影响的因素评价体系，该体系能较好地反映两者之间的内在联系，适用于该研究目标的评价。

（2）本书采用面板 SUR 模型，避免了面板数据的同期相关的可能性，对居民消费与流通产业发展水平、产业经营效益、产业环境三个层面分别构建指标，基于可行性原则、全面性原则、可操作性原则对全国及各省区市流通产业特征进行了研究，研究表明，流通产业与消费之间存在着长期的协整关系，流通产业规模、经营效益、产业环境对消费都有不同的促进作用，而且各省区市对总体截距的偏离具有规模、效益与环境的差异：越是经济发展水平高、流通产业发达的地区，对消费的贡献率就越高。若从东、中、西部区域位置来分析，东、中、西部省区市流通产业对居民消费的影响程度存在着很大程度的差异，在中西部地区，无论是整体产业水平还是业态类型、规模与东部地区都存在着较大的差距，原因是较之东部地区，中西部地区城市化水平与信息化水平不完善，各种流通基础设施不健全，产业环境不适于消费投资的拉动，而东部地区的流通产业相对比较发达，无论是就业人数、业态的多样性还是规模、发展环境都优于中西部。综上所述，较之现有文献，本书可以证明居民消费需求的不断提高离不开流通产业的发展，但是基于研究方法与指标选取的不同，本书还分别得出了 1995～2011 年全国及各地区的固定效应系数、能较好地对比我国流通产业发展促进居民消费影响的时空分异、不同地区的流通产业规模、经营效益与发展环境对各地区的消费状况影响程度与城镇化建设程度都是存在差异的。

(3) 经过对流通产业发展影响居民消费的机理与影响因素分析，为了加大流通产业对居民消费的影响，政府和企业应该从以下几个方面着手：第一，不断壮大流通产业规模。政府应鼓励其瞄准国际市场优势，形成一批规模较大的、富有国际竞争力的大型流通企业；而中西部地区也应该出台相关的财税优惠政策鼓励国内外各类中小流通企业整合优化，扩大企业规模，提高流通产业效率。第二，降低流通成本，提升流通经营效益。国家应规范流通市场，深化改革，打破行政垄断、部门分割与地区封锁，不断加强对内开放，推动流通要素与资源的横向性、市场化流动、不断降低流通成本，提高流通企业经营效益。第三，完善流通产业发展环境。基础设施建设、当地人口受教育程度、通讯水平这些环境因素与居民消费的水平息息相关，在我国尤其是农村市场，流通基础设施十分落后，人口受教育率与入学率普遍较低，很多家庭未能使用现代化的通讯设备严重影响了流通产业的快速增长，因此，国家应该在“万村千乡工程”“双百工程”和“家电下乡工程”上继续大力推进，加快农村流通基础设施建设，鼓励更多农村子弟接受教育，建立城乡一体化畅销体系。

10.1.4　我国流通产业效率影响居民消费的研究

流通产业效率代表流通产业的技术创新程度，是流通体制创新的重要影响因素，流通产业效率的提高直接关系到流通产业对消费的促进作用的加大，本章重点从技术创新角度研究了流通产业发展对消费的促进作用。

(1) 通过从分工与交易费用的角度构建了流通产业效率影响居民消费的机理，在直接交易市场与非直接交易市场构建了流通商意愿从事流通过程的函数计算模型，得出了生产商、流通商与消费者三者之间发生过程的条件，结论表明，在两种市场上，条件一：只有流通商所从事的商业活动有利可图，即利润大于零才愿意从事交易活动；条件二，在间接市场上流通交易费用的成本低于在直接市场上的成本，才愿意从事交易活动；条件三，在交易过程中，流通的费用必须大于流通商本身创造的总利润，才愿意从事交易活动。可见，成本与费用的降低，对流通产业演进与发展、接近消费端有明显的作用。

(2) 为了考察流通效率与消费率的投入产出效应，本书结合钱纳里消费函数，首先利用了 DEA 模型从四个层面构建了产业效率影响的指标：从业人员效率、零售网点效率、资本效率与企业效率，经过分析可知，我国流通产业对消费市场的适应趋势一直是递增的，这些都基于近年来国家对流通企业从规模、业态、经营模式上的指导作用，2000 年以来，国家对各种流通企业进行了大范围的整改与重组，从一定程度上丰富了流通产业发展，也使流通产业在城市区域内的发展接近于饱和程度，而农村流通产业的发展仍然有很大余地，农村基础设施的改造以及农村冷冻链条的通畅是农村流通产业发展的核心问题。从最后结果看，流通产业效率对消费的发展效率分析在 1995 ~ 2011 年的 11 年中达到和谐程度，2000 年、2005 年与 2008 年出现了三次无效，这些年份与我国流通产业发展特点不无关系，与我国实施的农村下乡工程联系密切，因此，要提高流通产业的效率就一定要注重城乡结合，推进城镇化进程，促进农村流通市场的大发展。

（3）基于钱纳里函数，建立了流通产业效率与消费率之间的模型，将计算的流通产业效率指标结果定义为流通产业技术创新因素，将流通产业的人口与 GDP 等因素汇集到该模型，进行充分验证，并进行内生性处理，结论表明，我国流通产业发展影响消费的趋势完全符合钱纳里消费函数的定义，流通产业的技术进步与效率提高即流通创新对消费的促进作用十分明显，尤其是技术效率指数尤为突出，对居民消费率的边际影响是 18.34，可见，流通创新发展首先应该提倡流通技术效率的提高，利用技术革新对流通企业内部进行改革与创新，政府应运用合理的监管措施为流通产业创造良好的经营环境，促进其又快又好的发展，在市场秩序良好的环境下，不断促进消费升级。

10.1.5 我国流通产业发展促进消费的调控路径与模式研究结果

通过建立流通产业发展对消费的系统动力学模型（SD），设置流通产业、消费以及经济发展的子系统，进而采用情景模拟的方法来分析不同政策、不同情景下的流通产业促进消费的未来趋势进行分析，从而得出流通产业调控的政策体系。经过不同的情景模拟发现，在当前的基准情景下，我国流通产业是促进消费提升的，流通产业在当前政策背景下，在一定程度上刺激了消费的增长与 GDP 的提高，但是在降低税率和增加补贴的情况下，流通产业发展对消费的促进作用更加明显，并且远远超出了现有的消费水平，我国消费水平在动态情景下分别达到33.28万亿元、78.78万亿元和234.117万亿元，证明了不同政策影响下，流通产业发展促进消费水平的程度也不同。

10.1.6　流通业对新型城镇化的影响机理与因素分析

通过利用DIF－GMM和SYS－GMM的面板统计方法测度了流通业对城镇化的影响程度，本书对流通业与城镇化密切相关的指标：流通产业规模、流通企业规模、人均社会消费品零售总额、流通业经营状况、流通业人均销售额、流通业人均年末固定投资额、城镇人均总收入进行了阐述分析，并对与城镇化的关系进行了实证研究，结果表明，江苏城镇化率对来自流通产业规模、流通企业规模、人均社会消费品零售总额、流通业经营状况、流通业人均销售额、流通业人均年末固定投资额、城镇人均总收入的贡献度分别为13.37%、15%、5%、4%、2%、1%、10%，特别地，流通企业规模、流通产业规模、城镇人均总收入无论在影响程度还是影响时效方面都比其他因素更深远，说明流通规模与收入是影响城镇发展的重要源动力。

10.1.7　我国流通产业促进消费的调控政策与保障措施研究结果

在总结了日美等先进国家发展流通产业经验的基础之上，本书结合当前流通产业发展过程中存在的主要问题，从确定流通产业先导地位、加快流通法制和法规建设、推广流通技术、降低税收、提升流通产业效率等方面提出了其促进消费的调控政策，从培养流通人才、鼓励绿色商业、提高产业信息化水平、积极吸引外资等方面提出了保障措施。

10.2　本书的创新之处

本书以流通产业发展对居民消费的影响为研究对象，通过对流通产业规模、产业效率、集中度、经营效益、产业环境及居民消费现状的大量调研，综合运用投入产出模型、面板数据模型、系统动力学等方法，分析了流通产业影响居民消费的一般机理，构建了流通产业影响我国居民消费的评价体系，对当前我国流通产业发展促进消费进行描述、分析与评估，通过系统动力学的路径描述，进而研究了我国流通产业发展促进居民消费的政策体系，以保证我国在后金融危机时代刺激消费、扩大内需的政策需要。本书的可能创新点主要体现在以下几点：

（1）随着《国务院关于深化流通体制改革加快流通产业发展的意见》的颁布，流通产业在我国国民经济中的先导作用日益突出，尤其是在“十二五”期间，对流通产业发展与流通体制创新的概念和提法，没有相应的研究文献出现。因此，本书重新定位我国流通产业的发展地位，并对其有效促进流通体制改革，深入转变经济发展方式等领域给予了阐述与验证，这一解析在一定程度上为政府提供了理论指导。

（2）迄今为止，关于流通产业的研究成果都侧重一个方面来研究，本书从产业关联、产业结构、规模、方式、速度等方面入手，分析了目前我国流通产业与消费的现状及特征，将新经济增长理论、产业经济理论、制度经济学理论等运用于流通产业发展影响居民消费的研究，这些研究可以为政府制定宏观政策、流通企业增强经营能力制定参考的依据。

（3）在进行实证分析时，本书立足我国国情，以我国流通产业发展影响居民消费为研究对象，以流通产业作为整体，行业类型丰富，多种所有制并存，因此，这样的研究对象的选择符合我国国情，具有较好的代表性。基于流通产业的统计数据存在不完整性，已有的研究很少有定量分析，方法较为单一，本书利用多层次、多维度数据，结合投入产出分析、综合评价、动态计量、比较研究等多种方法对流通产业发展促进消费效应的机理与路径进行了实证研究，整个过程突出系统综合分析特色。

（4）本书采用1995～2011年流通产业与居民消费的全国与省级面板数据，运用面板SUR方法研究了流通产业发展影响居民消费的主要因素，并对东、中、西部流通产业发展影响居民消费的产业水平、产业经营效益、产业环境进行了时空分异研究，这一研究可以为我国流通产业发展影响消费建立一个多层、多目标、具有嵌套内关系的影响因素体系。

（5）本书利用数据包络分析（DEA）方法，通过设置流通产业效率与居民消费的投入产出指标，系统分解流通产业效率对居民消费的规模效率、技术效率与综合效率，并将测算结果有效地引入钱纳里消费函数，结合人口、地区 GDP 等因素，利用面板 GMM 模型对其进行回归，找出当前流通产业技术创新对居民消费影响的程度，多种定量分析方法综合运用，准确对我国当前流通产业效率现状与影响居民消费的程度进行测算与分析。

（6）本书尝试性地运用系统动力学模型（SD）探究了流通产业发展促进居民消费发展的因果关系与路径，这一研究在该领域是前所未有的，通过设置流通产业发展影响居民消费的因果反馈关系，找到各个因素之间关系的定量描述，并结合当前国家政策，对不同政策情景进行模拟与预测，找到流通产业发展促进居民消费的调控路径，从而建立科学的调控政策。

10. 3

本书研究的不足与趋势

为了进一步深入分析相关问题，本书还可以从以下几个方面进行扩展与深化：

（1）对流通产业内涵的确定，本书出于研究的时效性与可获得性，仅仅考虑了批发业、零售业、住宿业和餐饮业的数据，而事实上，流通产业的外延不仅如此，包括流通过程中的主体也不仅仅是生产商、流通商、消费者的关系，这个过程是一个多主体、多时段的复杂问题，未来为了研究更多方的问题，可以将博弈论理论引入流通产业发展促进消费的研究中，进而分析各方行为、作用机理与调控机制。

（2）从研究方法上尝试使用定性分析与定量分析相结合的方法，为探究流通产业发展促进消费的作用设置更加系统科学的评价体系，或者引进更加具体的方法并进行对比，能更为准确地评价流通产业在刺激消费中所起的积极作用。

（3）对流通产业影响居民消费的因素本书只选用产业发展水平、经营效益与发展环境进行了空间差异分析，由于采用的数据难度较大，在时间上也仅仅是采用了年度数据，可能会影响评价的时效性。未来研究中可以通过定量的方法，将更多与消费有关的流通产业因素代入分析数据中，如将城市化水平、流通产业基础设施完善程度、地区信息化水平、外资投入等因素纳入分析框架中。

（4）本书提出的流通产业发展促进消费的政策，基本是建立在对系统动力模型与情景模拟的基础上，提出的政策建议也只能是给政府制定政策提供一个模糊的判别方向，而对于具体的措施与对策还比较少，因此，在以后的研究中，可以从利益相关者的角度出发，对我国流通产业内部的各个主体影响消费的对策与措施进行研究。

参考文献

[1] 马克思，恩格斯．马克思恩格斯全集（第44卷）[M]．北京：人民出版社，2001：192.

[2] 蒋年云，舒畅．广东流通产业竞争力研究 [M]．北京：中央编译出版社，2009：138－147.

[3] 丁俊发．中国流通 [M]．北京：中国人民大学出版社，2006：92.

[4] 宋则，张弘．中国流通现代化评价指标体系研究 [J]．商业时代，2003，5（11）：2－3.

[5] OECD. Regulation and Performance in the Distribution Sector [C]. Paris: OECD Working Papers，1997，5（75）.

[6] Nishmura Kiyohiko G The Distribution System of Japan and United States: A Comparative Study From the Viewpoint of final-good buyers [J]. Japan and the world Economy，1993（03）.

[7] 林文益．贸易经济学 [M]．北京：中国财政经济出版社，1995：46－48.

[8] 张绪昌，丁俊发．流通经济学 [M]．北京：人民出版社，1995：112－114.

[9] 夏春玉．现代商品流通：理论与政策 [M]．沈阳：东北财经大学出版社，1998：46－48.

[10] 张声书．流通产业经济学 [M]．北京：北京物资出版社，1999：67－78.

[11] 郭冬乐．商业经济学 [M]．北京：经济科学出版社，1999：45－49.

[12] 李细建．流通产业先导论 [D]．南昌：江西财经大学研究生院，2012：32－35.

[13] 高弟陈．论商品流通［M］．北京：中国社会科学出版社，1980：44－49.

[14] 王希久．实用商业学［M］．北京：中国商业出版社，1993：55－57.

[15] 贾履让，张立中．中国流通产业及其运行［M］．北京：中国物资出版社，1998：72－76.

[16] 苏志平．商业经济学［M］．北京：中国财政经济出版社，1997：64－71.

[17] 马龙龙．流通产业结构［M］．北京：清华大学出版社，2006：76－79.

[18] 黄国雄．论流通产业是基础产业［J］．财贸经济，2005（04）：61－66.

[19] 洪涛．我国流通产业已经成为基础性产业［J］．现代商业，2007（18）：5－6.

[20] 柳思维，黄福华．新兴流通产业发展研究［M］．北京：中国市场出版社，2007：113.

[21] 宋则．流通产业地位和效能需要重新看［J］．中国经贸导刊，2003（19）：37.

[22] 王先庆，房永辉．流通业成为“先导性产业”的约束条件和成长机制［J］．广东商学院学报，2007（06）：25－29.

[23] 刘国光．加快流通产业向先导产业的转化［J］．价格理论与实践，2004（06）：23.

[24] 程瑞芳．发挥商品流通先导性的对策研究［J］．财贸经济，2002（08）：64－67.

[25] 万典武．做大做强民族商业［J］．价格理论与实践，2004（4）：27－28.

[26] 赵娴．流通先导作用辨析［J］．中国流通经济，2007（10）：11－14.

[27] 曹金栋．关于流通业战略性地位的理论探讨与政策分析［J］．经济问题探索，2005（2）：108－109.

[28] 黄国雄．中国流通业入世后的挑战［J］．财贸经济，2002（02）：

58 –60.

［29］丁俊发．中国流通［M］. 北京：中国人民大学出版社，2006：35 –49.

［30］冉净斐，文启湘．流通战略产业论［J］. 商业经济与管理，2005（06）：10 –16.

［31］刘子峰．论流通产业的战略性地位［J］. 财贸研究，2005（02）：39 –45.

［32］亚当·斯密．国民财富性质和原因的研究［M］. 北京：商务印书馆，1997：87 –89.

［33］马克思．马克思恩格斯全集（第 31 卷）［M］. 北京：人民出版社，1998：324 –327.

［34］杨小凯．新兴古典经济学与超边际分析［M］. 北京：社会科学文献出版社，2003：116.

［35］谢超斌．工业化过程与现代商品流通［M］. 上海：东方出版社，1995：11 –19.

［36］杨慧．流通渠道的变革研究［D］. 南昌：江西财经大学研究生院，2003：23 –27.

［37］朱发仓．流通演进动力的机理及实证研究［D］. 杭州：浙江工商大学研究生院，2007：43 –47.

［38］林文益．论我国现阶段商品流通的特点和有序化问题［J］. 财经理论与实践，1995，73（05）：11 –15.

［39］李金轩．再谈充分认识商业的地位［J］. 哈尔滨商业大学学报（社会科学版），2002，73（01）：1 –3.

［40］万典武，洪涛．改革开放二十多年商业理论观点综述（之一）中国商业经济学会学术委员会发布［J］. 商业时代，2003，73（03）：7 –9.

［41］贺珍瑞．农村流通体系对农村消费需求的影响分析［J］. 山东农业大学学报：社会科学版，2007（3）：23 –26.

［42］赵萍．扩大消费与中国流通体制改革［J］. 商贸经济：人大复印报刊资料，2007（10）：12 –14.

［43］朱成钢．建立与绿色消费相适应的商品流通业［J］. 商业时代，2006（23）：9 –10.

[44] 王微．我国城市商业在扩大消费中的地位与作用［J］．中国流通经济，2005（12）：20－23.

[45] 冉净斐．流通发展与消费增长的关系：理论与实证［J］．商业时代，2008（1）：11－12.

[46] 文启湘，梁爽．基于DEA模型的流通业与消费增长协调发展研究［J］．商业经济与管理，2010，73（10）：5－11.

[47] 宋则，王雪峰．商贸流通业增进消费的政策研究［J］．财贸经济，2010，73（11）：77－81.

[48] 李骏阳，包鋆伟，夏禹铖．流通业对农村居民消费影响的实证研究［J］．商业经济与管理，2011，73（11）：17－23.

[49] 祝合良，李晓慧．扩大内需与我国流通结构调整的基本思路［J］．商业经济与管理，2011，73（12）：5－11.

[50] 贾晓琳．加速商品流通促进消费扩大内需［J］．商业经济，2011，73（09）：26－29.

[51] TEECE JAMES B. The Lessons CM Could Learn for Its Supplier Shakeup［J］. Business Week，1992（08）：29－36.

[52] 安德森．长尾理论［M］．北京：中信出版社，2006：138－154.

[53] YANG DONG. VENKATESH SHANKAR. MARTIN DRESNER. Efficient Beplenishment in The Distribution Channel［J］. Journal of Betailing. 2007（03）：253－278.

[54] WATANABE M. A Model of Merchants［J］. Journal of Economic Theory，2010，145（5）：1865－1889.

[55] 周兆生．流通型农业合作社的交易效率分析［J］．中国农村观察，1999，73（03）：31－36.

[56] 罗必良．农地经营规模的效率决定［J］．中国农村观察，2000，73（05）：18－24.

[57] 李春海．制约农产品流通效率的制度瓶颈及其消减［J］．财贸研究，2005，73（03）：22－26.

[58] 张洁．对我国蔬菜流通效率低下的问题研究［J］．中国证券期货，2013，73（01）：145.

[59] 柳思维，张学文，熊曦．林产品流通效率研究综述［J］．财经论丛，

2012，73（02）：111－116.

［60］杨宜苗，肖庆功．不同流通渠道下农产品流通成本和效率比较研究——基于锦州市葡萄流通的案例分析［J］．农业经济问题，2011，73（02）：79－88.

［61］柯柄生．财政支农资金比重下降现象不容忽视［J］．农村经营管理，2008，73（09）：7－8.

［62］桑昌禹，赵世英，姜明．论大型商业零售业的过度竞争问题及对策［J］．商业研究，2001，73（01）：9－11.

［63］纪良纲．合理商品流通规模形成机制研究［J］．河北学刊，2003，73（04）：28－33.

［64］马从辉，楚金桥．促进消费保增长要抓好流通环节［N］．2009－12－18（09）．

［65］吴青劼，我国粮食消费结构一般研究［D］．北京：北京工商大学，2010.

［66］卢凌霄，周应恒．农产品流通效率衡量的研究：一个文献综述［J］．财贸研究，2008，（06）：34－38.

［67］CHAHALSS，SINGHS，SANDHU JS. Price spreads and marketing efficiency of inland fish in punjah a temporal ananlysis［J］. India Journal of Agricultural Economics，2004（07）：487－498.

［68］许文富．台湾的农产价格政策与其对农业生产及农业收入之影响［J］．农业经济问题，1992，73（10）：13－19.

［69］游振铭．台湾蔬菜运销通路之效率研究［D］．台北：台湾大学硕士论文：20.

［70］万钟汶，杨隆年．不完全竞争下蔬菜运销价差结构之分析［J］．农产运销论丛，1996（31），21－22.

［71］喻闻，黄季．从大米市场整合程度看我国粮食市场改革［J］．经济研究，1998，73（03）：52－59.

［72］武拉平．中国玉米经济发展的战略选择［J］．河北学刊，2002，73（05）：54－56.

［73］PARKA，JINH，ROZELLES，etal Market emergence and transition arbitrage，transaction costs，and autarky in china's grain markets［J］. American Journal of Agricultural Economics, 2002, 84 (16): 67 –82.

[74] 马凤才. 基于生产效率的黑龙江垦区农业可持续发展分析 [J]. 农场经济管理, 2008, 73 (06): 45 –47.

[75] 郝爱民. 农业生产性服务业对农业的影响——基于省级面板数据的研究 [J]. 财贸经济, 2011, 73 (07): 97 –102.

[76] 宋则. 确保流通领域畅通须剔除体制性成本 [J]. 中国商贸, 2012, (08): 4 –5.

[77] 洪涛, 彭化. 流通产业的开放与创新——2002 –2003 年我国商贸理论综述 [J]. 北京工商大学学报 (社会科学版), 2004, 73 (03): 5 –11.

[78] 郭冬乐, 方虹. 中国流通产业组织结构优化与政策选择 [J]. 商业经济文荟, 2002, 73 (06): 2 –5.

[79] 宋则, 赵凯. 商贸流通服务业对产业结构合理化和高度化的贡献 [J]. 经济研究参考, 2009, 73 (31): 21 –27.

[80] 王永培, 宣烨. 基于因子分析的我国各地区流通产业竞争力评价——兼论中西部地区流通产业发展对策 [J]. 经济问题探索, 2008, 73 (04): 42 –46.

[81] 文启湘, 赵玻. 新时期我国流通产业政策创新研究 [J]. 财贸经济, 2003 (07): 64 –68.

[82] 夏春玉, 瞿春玲, 李飞. 中国商品流通现代化研究综述 [J]. 商业经济与管理, 2010 (09): 5 –11.

[83] 徐从才. 流通转型: 转型经济研究的一个新视角 [J]. 中国流通经济, 1999 (06): 8 –11.

[84] 赵静宜. 中国流通产业的现状及其未来的发展趋势 [J]. 内蒙古科技与经济, 2009 (11): 11 –12.

[85] 章迪平. 流通业发展方式转变实证研究——以浙江省为例 [J]. 商业经济与管理, 2008 (08): 22 –28.

[86] 付丹丹. 中国流通产业竞争力现状与发展研究 [J]. 北方经贸, 2011 (07): 51 –52.

[87] 刘文, 王菁, 许建军. 我国流通消费领域食品安全现状及对策[J]. 中国食物与营养, 2005 (05): 36 –39.

[88] 洪涛. 2012 –2013 年中国流通业回顾与展望 [J]. 中国市场, 2013

(07): 67-71.

[89] 陈立平. 中国零售业转型创新势在必行 [J]. 商场现代化, 2012 (10): 1.

[90] 张阿丽. 对我国流通服务业的发展历程、现状及对策研究 [J]. 江苏商论, 2009 (04): 12-14.

[91] 杨晓慧. 中国流通业增长效率研究 [D]. 北京: 首都经济贸易大学, 2012.

[92] 芮明杰. 产业经济学 [M]. 上海: 上海财经大学出版社, 2005.

[93] 刘星原. 我国批发与零售环节的地位、作用与演变趋势 [J]. 财贸经济, 2004 (10): 66-70.

[94] 王勤蓉. 如何提高景区餐饮住宿业企业经营的现状分析和应对思考 [J]. 浙江统计, 2008 (11): 26-27.

[95] 张秀生, 陈慧女, 杨刚强. 中国东中西三大经济地带居民收入差距的演变及成因 [J]. 山东社会科学, 2008 (08): 13-18.

[96] 金薇. 我国零售业现状分析及零售业企业的发展对策建议 [J]. 黑龙江对外经贸, 2006 (01): 14-15.

[97] 杨柳. 我国餐饮业的市场现状及发展策略研究 [J]. 北京交通大学学报 (社会科学版), 2006 (03): 69-71.

[98] 刘威. 中部六省餐饮住宿业研究 [J]. 商业经济, 2009 (22): 104-106.

[99] 余云州. 服务流通力的内部结构 [J]. 华南师范大学学报 (社会科学版), 1990 (03): 111-112.

[100] 李佛关, 谢佩洪. 我国品牌的分布与流通产业区域竞争力关联研究 [J]. 华东经济管理, 2012 (09): 92-94.

[101] 依绍华. 流通业对扩大内需的促进机制及对策研究 [J]. 价格理论与实践, 2013 (05): 33-34.

[102] 郑刚, 何郁冰, 陈劲等. “中国制造”如何通过开放式自主创新提升国际竞争力——中集集团自主创新模式的案例研究 [J]. 科研管理, 2008 (04): 95-102.

[103] 王小平, 董燕. 我国零售业市场集中度偏低的原因分析 [J]. 黑龙江对外经贸, 2007 (10): 92-93.

[104] 燕汝贞，李平，曾勇．基于市场冲击成本与机会成本的算法交易策略 [J]. 管理学报，2012 (07)：952 - 959.

[105] 李庭辉，许涤龙．基于匹配性的社会消费品零售总额数据质量评估研究 [J]. 统计与决策，2012 (08)：24 - 27.

[106] 孙静，王亚丽．税收对我国城乡居民收入的再分配效应研究 [J]. 中南财经政法大学学报，2013 (03)：24 - 27.

[107] 孙静，王亚丽．国家通过补贴方式推广节能汽车使用 [J]. 山西财税，2010 (09)：24.

[108] 刘向东，张小军，石明明．中国流通产业增长方式的转型——基于流通增长方式转换模型的实证分析 [J]. 管理世界，2009 (02)：167 - 169.

[109] 刘晓辉，甘顺利．国际货币体系变革思路：由价格稳定与内部均衡生发 [J]. 改革，2010 (01)：61 - 70.

[110] 邓恩．基于菲德模型的电力消费溢出效应分析 [J]. 中国市场，2011 (28)：136 - 137.

[111] 蔡增正．教育对经济增长贡献的计量分析——科教兴国战略的实证依据 [J]. 经济研究，1999 (02)：41 - 50.

[112] 赵萍．中国流通服务业影响力实证研究 [J]. 商业经济与管理，2007 (08)：15 - 19.

[113] 李丽，陈迅．基于投入产出模型的我国产业结构实证分析 [J]. 科学学研究，2009 (02)：202 - 208.

[114] 王宇鹏，许健，吴灿．中国投入产出表直接消耗系数变动研究 [J]. 统计研究，2010 (07)：73 - 77.

[115] 周庆行，童伟伟．中国第三产业中间需求率变动趋势分析 [J]. 山西师大学报（社会科学版），2005 (01)：45 - 47.

[116] 秦耀辰，王喜，徐铭杰．论投入产出潜力对区域可持续发展过程的约束 [J]. 数量经济技术经济研究，2001 (01)：36 - 38.

[117] 王燕，宋辉．影响力系数和感应度系数计算方法的探析 [J]. 价值工程，2007 (04)：40 - 42.

[118] 席雪红．基于感应度系数和影响力系数的主导产业选择研究——以河南省为例 [J]. 探索，2012 (03)：120 - 123.

[119] 寇慧杰，张敦鸿．国际原油价格上涨对中国经济的影响——基于

中国投入产出表的分析［J］．北京石油管理干部学院学报，2006（02）：17 –21.

［120］司增绰．中国流通产业的关联效应与发展路径研究——以批发和零售业为例［J］．山东财经学院学报，2013（05）：28 –36.

［121］王春宇，仲深．流通业对城市经济发展促进作用的实证分析——基于2001—2006年省会城市面板数据［J］．财贸经济，2009（01）：109 –113.

［122］王永培，宣烨．基于因子分析的我国各地区流通产业竞争力评价——兼论中西部地区流通产业发展对策［J］．经济问题探索，2008（04）：42 –46.

［123］刘晓鹏．协整分析与误差修正模型——我国对外贸易与经济增长的实证研究［J］．南开经济研究，2001（05）：53 –56.

［124］孙江永，冼国明．产业关联、技术差距与外商直接投资的技术溢出［J］．世界经济研究，2011（04）：55 –61.

［125］孙明贵．日本消费市场的变化和流通业调整的方向［J］．消费经济，2001（04）：44 –46.

［126］袁建文．基于投入产出和计量经济方法的广东省流通产业分析［J］．广东商学院学报，2009（02）：73 –78.

［127］夏明．我国流通部门的投入产出分析［J］．商业时代，2010（25）：14 –56.

［128］吴为怡，基于投入产出表的山东商贸流通业的分析［D］．济南：山东大学，2012.

［129］宋丕丞．劳动投入、人力资本与流通产业产出分析［J］．北京工商大学学报（社会科学版），2011（05）：33 –39.

［130］周英虎．商品流通企业科技投入的评价与监督方法［J］．广西经济管理干部学院学报，2009（04）：66 –70.

［131］张连刚，李兴蓉．流通产业定位研究进展及趋势［J］．商业经济与管理，2010（03）：11 –16.

［132］CACHON G P，TERWIESCH C. On the Effects of Consumer Search and Firm Entry in a Multiproduct Competitive Market［J］. Marketing Science，2008，27（3）：461 –473.

［133］CASON T N，MAGO S D. Costly Buyer Search in Laboratory Markets with Seller Advertising [J]. The Journal of Industrial Economics, 2010, 58(2): 424-449.

[134] ANDERSON E T, HANSEN K, SIMESTER D. The Option Value of Returns: Theory and Empirical Evidence [J]. Marketing Science, 2009, 28 (3): 405-423.

[135] GUIRY M, MIGI A W, LUTZ R J. Defining and Measuring Recreational Shopper Identity[J]. Journal of the Academy of Marketing Science, 2006, 34 (1): 74-83.

[136] MORRISON M, GAN S, DUBELAAR C, et al. In-store Music and Aroma Influences on Shopper Behavior and Satisfaction [J]. Journal of Business Research, 2011, 64 (6): 558-564.

[137] 洪涛. 利用现代流通开拓农村市场 [N]. 中华合作时报. 2013-1-14 (3).

[138] 赵萍. 流通与消费的七大关系 [J]. 中国商贸, 2008 (1): 120.

[139] 李正明, 岳琳. 促进农村居民消费增长途径和方式研究——基于农户消费情况的抽样调查 [J]. 消费经济, 2011 (1): 34-36.

[140] 张先轸. 流通促进消费最新研究进展: 微观基础综论 [J]. 商业经济与管理, 2013 (1): 14-21.

[141] 荆林波. 中国流通业效率实证分析和创新方向 [J]. 中国流通经济, 2013 (06): 13-17.

[142] 石忆邵, 朱为峰. 商贸流通业竞争力评价初探——以南通市为例 [J]. 财贸研究, 2004 (5): 114-121.

[143] 胡愈. 农村现代物流与农村消费增长相关性研究 [J]. 消费经济, 2007 (2): 38-42.

[144] 王新利. 农村流通体系对农村消费的影响 [J]. 农业经济问题, 2006 (3): 69-71.

[145] 高铁梅. 计量经济分析方法与建模 [M]. 北京: 清华大学出版社, 2006.

[146] 宋则. 关于生产与流通成本结构变化的研究——商品流通成本绝对上升和相对上升的新趋势 [J]. 价格理论与实践, 2012 (7): 11-12.

[147] 谢廷宇, 刘德学. 进出口贸易、技术溢出与创新绩效——基于中

国高科技产业面板数据的分析［J］. 科技进步与对策，2011（12）：16－19.

［148］陈海燕，杨宝臣，李松臣．我国城镇居民消费结构的面板计量分析［J］. 经济纵横，2009（24）：112－114.

［149］张连刚，李兴蓉．中国流通业发展与居民消费增长的实证研究［J］. 广东商学院学报，2010（4）：53－60.

［150］郝爱民．消费升级与我国流通体系的优化［J］. 现代经济探讨，2011（2）：14－18.

［151］房爱卿．我国居民消费需求发展趋势和消费政策研究［M］. 北京：中国经济出版社，2006.

［152］李蕊．流通业对农村经济增长影响力的实证研究［J］. 北京工商大学学报：社会科学版，2008（1）：8－13.

［153］陈海燕，杨宝臣，李松臣．我国城镇居民消费结构的面板计量分析［J］. 经济纵横，2009（24）：112－114.

［154］郝爱民．消费升级与我国流通体系的优化［J］. 现代经济探讨，2011（2）：14－18.

［155］夏春玉，瞿春玲，李飞．中国商品流通现代化研究综述［J］. 商业经济与管理，2010（9）：5－11.

［156］Theodoridis P K，Chatzipanagiotou K C. Store image attributes and customer satisfaction across different customer profiles within the supermarket sector in Greece［J］. European Journal of Marketing，2009，43（5）：708－734.

［157］Masta D A. Competition and product quality in the supermarket industry［J］. The Quarterly Journal of Economics，2011，126（03）：1539－1591.

［158］Hausman J E. Consumer benefits from increased competition in shopping outlets：measuring the effects of walmart［J］. Journal of Applied Econnometrics，2007，22（07）：1157－1177.

［159］Basker E. Noel M. The evolving food chain：competitive effects of Walmarts entry into the supermarket industry［J］. Journao Economics & Management Strategy，2009，18（04）：977－1099.

［160］夏春玉，张闯，梁守砚．城乡互动的双向流通系统：互动机制与建立路径［J］. 财贸经济，2009（10）：106－112.

［161］汪旭辉．大连保税区金鼎国际物流有限公司的运作模式［J］. 物流

技术，2002（08）：41－43.

[162] 丁俊发．流通创新驱动的十大对策［J］．中国流通经济，2013（02）：12－15.

[163] 向佐谊，柳思维．基于分工与流通费用视角的流通产业演进机理探析［J］．湘潭大学学报（哲学社会科学版），2011（06）：25－30.

[164] 晁钢令，王丽娟．我国消费率合理性的评判标准——钱纳里模型能解释吗？［J］．财贸经济，2009（04）：99－103.

[165] 徐振宇．提升农产品流通效率　促进经济增长方式转变［J］．北京工商大学学报（社会科学版），2007（06）：6－9.

[166] 李颋，徐从才．论现代流通成本［J］．商业经济与管理，2006（12）：9－13.

[167] 林英泽，陈建中．降低流通成本　提高流通效率的对策建议［J］．铁路采购与物流，2013（01）：51－54.

[168] 蔡进．提高流通效率是加快经济增长的重要手段［J］．中国经贸，2012（06）：40－43.

[169] 杨文举．技术效率、技术进步、资本深化与经济增长：基于 DEA 的经验分析［J］．世界经济，2006（05）：73－83.

[170] 张磊，王娜，谭向勇．农产品流通效率的概念界定及评价指标设计［J］．华东经济管理，2011（04）：18－21.

[171] 方悦．基于 DEA 模型的新疆流通业与第二产业协调发展分析［J］．黑龙江对外经贸，2011（11）：99－100.

[172] 霍云福，王玉彩．基于 DEA 的城市商贸流通电子商务竞争力比较［J］．经营与管理，2013（06）：71－73.

[173] 郑月明，王伟．FDI 对我国东部地区就业影响的动态效应——基于 GMM 和 SYS－GMM 分析方法［J］．工业技术经济，2010（02）：105－109.

[174] 丁宁．流通创新与中国居民消费率提升［J］．北京工商大学学报（社会科学版），2013（03）：7－13.

[175] 李美娟，陈国宏．数据包络分析法（DEA）的研究与应用［J］．中国工程科学，2003（06）：88－94.

[176] 宋成伟．数据包络分析法评价技术进步的效果［J］．技术经济与管理研究，2008（05）：15－16.

[177] 吕景胜，邓汉．全流通条件下上市公司股权治理结构对代理成本的影响研究——基于2009年中小板制造类上市公司的经验数据分析 [J]. 中国软科学，2010 (11)：136－143.

[178] 孙晓燕．试论中小流通企业学习资源库构建与人才强商战略 [J]. 商业时代，2013 (14)：87－88.

[179] 吴传荣，曾德明，陈英武．高技术企业技术创新网络的系统动力学建模与仿真 [J]. 系统工程理论与实践，2010 (04)：587－593.

[180] 徐红罡，保继刚．系统动力学原理和方法在旅游规划中的运用 [J]. 经济地理，2003 (05)：704－709.

[181] 霍瑞丽．动力系统中几个概念之间的联系 [J]. 重庆工商大学学报（自然科学版），2010 (03)：218－219.

[182] 丁以中．系统动力学方法中计算步长DT的取值原则探讨 [J]. 上海海运学院学报，1993 (04)：1－5.

[183] 桂寿平，朱强，陆丽芳等．区域物流系统动力学模型及其算法分析 [J]. 华南理工大学学报（自然科学版），2003 (10)：36－40.

[184] 廖志高，陈梅．基于系统动力学的广西物流的仿真研究 [J]. 制造业自动化，2011 (09)：99－101.

[185] 侯秀明，封学军，纪军等．基于系统动力学的物流与经济协同研究 [J]. 物流技术，2012 (03)：30－32.

[186] 肖劲松．中小流通企业的差异化营销战略 [J]. 江苏商论，2006 (12)：15－16.

[187] 张生玲．改革开放以来我国流通体制改革发展理论回顾 [J]. 中国流通经济，2009 (04)：16－19.

[188] 杨萍．我国固定资产投资现状与发展分析 [J]. 建筑经济，2007 (06)：8－10.

[189] 张良卫，黎钰婷，张琼等．财政税收政策：支持流通发展、打造流通环境 [J]. 现代商业，2012 (15)：23－25.

[190] 王绪龙，胡碧玉．农业流通补贴对农户经营行为影响分析 [J]. 内江师范学院学报，2005 (06)：72－75.

[191] 王水平．基于城镇化视角的中国流通产业发展空间研究 [J]. 财贸研究，2012 (06)：29－34.

[192] 王晓东，张昊．中国国内市场分割的非政府因素探析——流通的渠道、组织与统一市场构建 [J]. 财贸经济，2012 (11)：85－92.

[193] 许明星，王健，胡永仕．区域流通产业发展模式的识别与优化——以福建省为例 [J]. 北京工商大学学报（社会科学版），2012 (05)：37－45.

[194] 荆林波，王雪峰．我国流通业发展现状、存在的问题及对策 [J]. 中国流通经济，2012 (02)：15－20.

[195] 张素秋．评《中国流通产业政策研究》[J]. 宏观经济研究，1999 (08)：62－63.

[196] 夏春玉，任博华．中国流通政策的构建——基于美日流通政策的比较研究 [J]. 经济与管理研究，2006 (08)：48－54.

[197] 韩耀，何广前．流通技术结构变迁与流通产业的发展 [J]. 北京工商大学学报（社会科学版），2006 (05)：1－5.

[198] 流通创新理论与对策研究课题组．业态变迁学说及其促进我国流通创新的政策建议 [J]. 财贸经济，2003 (01)：70－75.

[199] 朱荣珍，鲁天婵．商品流通企业增值税税基的纳税筹划 [J]. 中国证券期货，2011 (03)：58.

[200] 肖赞军，文启湘．流通企业的规模、规模经济与核心竞争力——兼论中国流通企业的规模化路径 [J]. 河北经贸大学学报，2007 (04)：37－42.

[201] 王朝辉．市场结构、流通能力与我国农产品流通企业扩张绩效 [J]. 经济学家，2008 (04)：94－102.

[202] 尚琤．美国流通法规概观 [J]. 中国商贸，2010 (17)：164－165.

[203] 沈芳．流通费用和交易费用的比较研究 [J]. 经济纵横，2009 (09)：20－24.

[204] 刘向东．流通费用理论的创新与发展 [J]. 经济理论与经济管理，2002 (11)：70－73.

[205] 田源，徐寿波．基于大物流理论的物流效率评价与发展规律研究 [J]. 生产力研究，2008 (06)：54－56.

[206] 杨为勇．"出口转内销"的思考 [J]. 消费导刊，2009 (14)：74－94.

[207] 林新波．流通业人才培养体系创新的思考 [J]．中国市场，2011 (32)：167－169.

[208] 刘建湖．绿色商业与商品经济产业生态体系构建 [J]．商业时代，2007 (23)：11－13.

[209] 刘建湖．以现代信息技术为支撑　全面提升流通领域商品质量监管水平 [J]．工商行政管理，2007 (03)：57－60.

[210] 马环宇．外资流通企业在我国超速扩张的影响 [J]．商业时代，2012 (25)：23－24.

[211] 郑勇军等课题组．现代流通业发展与新型城镇化——以浙江省为例 [J]．商业经济与管理，2014 (3)：5－11.

[212] 马克思．德意志意识形态 [M]．北京：人民出版社，1961.

[213] 杨小凯，张永生．新兴古典经济学和超边际分析 [M]．北京：中国人民大学出版社，2000.

[214] 王水平．基于城镇化视角的中国流通产业发展空间研究 [J]．财贸研究，2012，(6)：29－34.

[215] 晏维龙．中国城市化对流通业发展影响的实证研究 [J]．财贸经济，2006，(3)：55－59.

[216] 朱发仓，苏为华．城市化水平对流通业发展影响的 Panel Data 证据 [J]．财贸经济，2007，(2)：120－125.

[217] 王德章．流通业促进城市经济发展的实证分析 [J]．财贸经济，2007，(10)：98－102.

[218] 陈平．我国流通产业发展与城市化进程关系的实证研究 [J]．时代经贸，2008，(109)：49－51.

[219] 王春宇．流通业对城市经济发展促进作用的实证分析 [J]．财贸经济，2009，(1)：109－113.

[220] 陈阿兴．“无徽不成镇”的现代启示——兼论流通业发展与城镇化质量提升 [J]．财贸研究，2015，(6)：1－4.

[221] 赵文丽．城市化与商贸流通业发展的动态计量分析——以长江三角洲为例 [D]．浙江：浙江工商大学，2008.

[222] 曹静．中国城市化与流通产业关系的定量分析 [J]．上海商学院学报，2011，(2)：13－17.

[223] 从颖睿. 流通业发展与城镇化——基于面板数据模型的实证研究[J]. 中国流通经济，2014，(7)：31 -38.

[224] 方聪龙. 新型城镇化进程中我国流通体系的调整与优化 [D]. 厦门：厦门大学，2014.

[225] 熊曦，柳思维. 商贸流通业与新型城镇化协同发展水平测度研究[J]. 广西社会科学，2015，(8)：71 -75.

[226] 丁宁. 流通业在城镇化促进农业现代化发展中的门槛效应 [J]. 财贸经济，2016 (4)：149 -161.

[227] 高铁梅. 计量经济分析方法与建模 [M]. 北京：清华大学出版社，2009：267 -314.

[228] Arellano，Bond. Some Tests of Specisication for Panel Data：Monte Carlo Evidence and an Application to Employment Equations [J]. Review of EconomicsStudies，1991，(2).

[229] 陈强. 计量经济学及 Stata 应用 [M]. 高等教育出版社，2015 (7).

[230] 赵霞. 我国流通服务业与制造业互动的产业关联分析与动态比较[J]. 商业经济与管理，2012 (11)：5 -14.

[231] 宗颖. 江苏省流通业竞争力评价研究——基于 13 个地级市层面的分析 [J]. 南京财经大学学报，2008 (2)：7 -11.

[232] 张连刚. 流通产业定位研究进展及趋势 [J]. 商业经济与管理，2010 (3)：11 -16.

[233] 丹宝坤，刘继兵. 商贸流通业调整对新型城镇化发展的作用分析[J]. 商业经济研究，2016 (1)：11 -13.

[234] 李爽. 新型城镇化下城市商贸流通企业的发展路径调整 [J]. 商业经济研究，2016 (2)：87 -89.

[235] 徐从才. 流通理论的研究的比较综合与创新 [J]. 财贸经济，2006 (4)：27 -96.